以案释法

民事纠纷法律适用指南以案释法丛书

人身伤害赔偿纠纷

法律适用指南

中国社会科学院法学研究所法治宣传教育与公法研究中心◎组织编写

总 顾 问：张苏军
总 主 编：莫纪宏
本册主编：陈百顺 陈 娟

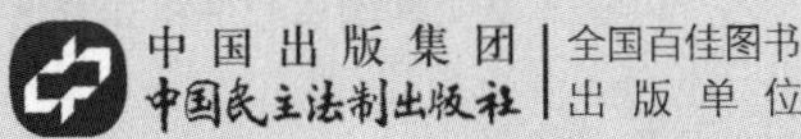

中国出版集团
中国民主法制出版社
全国百佳图书出版单位

图书在版编目（CIP）数据

人身伤害赔偿纠纷法律适用指南 / 中国社会科学院法学研究所法治宣传教育与公法研究中心组织编写. --北京 : 中国民主法制出版社，2016.11

（民事纠纷法律适用指南以案释法丛书）

ISBN 978-7-5162-1356-8

Ⅰ.①人… Ⅱ.①中… Ⅲ.①人身权－侵权行为－赔偿－法律适用－中国－指南 Ⅳ.①D923.15-62

中国版本图书馆CIP数据核字（2016）第276604号

责任编辑 / 熊林林
装帧设计 / 郑文娟　张照雷

书　　名 / 人身伤害赔偿纠纷法律适用指南
本册主编 / 陈百顺　陈　娟

出版·发行 / 中国民主法制出版社
社　　址 / 北京市丰台区右安门外玉林里7号（100069）
电　　话 / 010-62155988
传　　真 / 010-62151293
经　　销 / 新华书店
开　　本 / 16开　710mm×1000mm
印　　张 / 15.75
字　　数 / 216千字
版　　本 / 2017年1月第1版　　2017年1月第1次印刷
印　　刷 / 北京精乐翔印刷有限公司

书　　号 / ISBN 978-7-5162-1356-8
定　　价 / 40.00元

丛书编委会名单

总　序

搞好法治宣传教育　营造良好法治氛围

全面推进依法治国，是坚持和发展中国特色社会主义，努力建设法治中国的必然要求和重要保障，事关党执政兴国、人民幸福安康、国家长治久安。

我们党长期重视依法治国，特别是党的十八大以来，以习近平同志为核心的党中央对全面依法治国作出了重要部署，对法治宣传教育提出了新的更高要求，明确了法治宣传教育的基本定位、重大任务和重要措施。十八届三中全会要求“健全社会普法教育机制”；十八届四中全会要求“坚持把全民普法和守法作为依法治国的长期基础性工作，深入开展法治宣传教育”；十八届五中全会要求“弘扬社会主义法治精神，增强全社会特别是公职人员尊法学法守法用法观念，在全社会形成良好法治氛围和法治习惯”；十八届六中全会要求“党的各级组织和领导干部必须在宪法法律范围内活动，决不能以言代法、以权压法、徇私枉法”。习近平总书记多次强调，领导干部要做尊法学法守法用法的模范。法治宣传教育要创新形式、注重实效，为我们做好工作提供了根本遵循。

当前，我国正处于全面建成小康社会的决胜阶段，依法治国在党和国家工作全局中的地位更加突出，严格执法、公正司法的要求越来越高，维护社会公平正义的责任越来越大。按照全面依法治国新要求，深入开展法治宣传教育，充分发挥法治宣传教育在全面依法治国中的基础作用，推动全社会树立法治意识，为“十三五”时期经济社会发展营造良好法治环境，为实现“两个一百年”奋斗目标和中华民族伟大复兴的中国梦作出新贡献，责任重大、意义重大。

为深入贯彻党的十八大和十八届三中、四中、五中、六中全会精神，贯彻落实习近平总书记系列重要讲话精神，特别是依法治国重要思想，深入扎实地做好“七五”普法工作，中国社会科学院法学研究所联合中国民主法制出版社，经过反复研究、精心准备，特组织国内从事法律教学、研究和实务的专家学者，在新一轮的五年普法规划实施期间，郑重推出“全面推进依法治国精品书库（六大系列）”，即《全国“七五”普法系列教材（以案释法版，25册）》《青少年法治教育系列教材（法治实践版，30册）》《新时期法治宣传教育工作理论与实务丛书（30册）》《“谁执法谁普法”系列丛书（以案释法版，80册）》《“七五”普法书架——以案释法系列丛书（60册）》和《“谁执法谁普法”系列宣传册（漫画故事版，100册）》。

其中编辑出版“以案释法”丛书是贯彻落实十八届四中全会决定关于建立法官、检察官、行政执法人员和律师以案释法制度的重要抓手，是深化法治宣传教育的有效途径，更是推动全社会树立法治意识的有力举措，对于落实国家机关“谁执法谁普法”普法责任制，促进法治社会建设具有重要意义。

为了深入扎实地做好“以案释法”工作，我们组织编写了这套《“七五”普法书架——以案释法系列丛书（60册）》。该丛书内容包括公民权益法律保护和违法犯罪预防、民事纠纷处理、大众创业法律风险防范、阳光执法、法治创建等有关典型案例剖析。全书采取知识要点、以案释法、法条链接等形式，紧紧围绕普法宣传的重点、法律规定的要点、群众关注的焦点、社会关注的热点、司法实践的难点，结合普法学习、法律运用和司法实践进行全面阐释，深入浅出，通俗易懂，具有较强的实用性和操作性，对于提高广大人民群众法律素质，增强依法维权能力，维护社会和谐稳定具有积极意义。

衷心希望丛书的出版，能够教育引导社会公众自觉尊法学法守法用法，为形成办事依法、遇事找法、解决问题用法、化解矛盾靠法新常态，为全面推进依法治国营造良好的法治环境。

本书编委会
2016年10月

目 录 CONTENTS

第一章 一般规定

第二章 消费与产品责任

附　录

第一章　一般规定

1. 为获得报酬主动为他人卸货受伤，能否要求货主承担赔偿责任?

【知识要点】

劳务关系中，提供劳务人发生人身伤害，能否要求接受劳务的一方进行赔偿，关键看他们之间形成的是何种法律关系，如果形成的是雇佣关系，雇主应当承担赔偿责任；如果形成的是承揽关系，定作人不承担赔偿责任，但定作人对定作、指示或者选人有过失的，应当承担相应的赔偿责任。在实践中，需要劳务服务的一方，为避免损失，可以将劳务发包出去，与提供劳务的一方订立承揽合同，这样需要劳务的一方在提供劳务者于劳动过程中受到的伤害可以免除赔偿责任。提供劳务者，可以同提供劳务的一方建立明确的雇佣合同，这样就可以使自己的人身安全得到保障。

典型案例

2012 年 3 月 24 日下午，曾某从一位商人处购买一汽车麸皮。由于货站所在地在装卸货物方面已经形成习惯：无论谁家门市有货物，当地人都会主动前去帮忙卸货，而货主不论卸货人有多少，仅按实际的货物吨数以较为固定的价格，给付卸货人费用，由卸货人自行分配。当日，尹某等人看见曾某有货物要卸，便与他人一起前去为曾某卸货。在卸货过程中，由于货物堆放过高，一麸皮包突然掉落，砸中正在车斗边扛麸皮的尹某。后尹某仅按常规领到 20 元的劳动报酬。尹某受伤后，在医院治疗。出院后要求曾某赔偿其各项损失，双方因协商未成，尹某向法院起诉，要求曾某赔偿其损失 13500 元。

【以案释法】

《最高人民法院关于审理人身损害赔偿案件适用法律若干问题的解释》（以下简称《解释》）第九条规定："雇员在从事雇佣活动中致人损害的，雇主应当承担赔偿责任；雇员因故意或者重大过失致人损害的，应当与雇主承担连带赔偿责任。雇主承担连带赔偿责任的，可以向雇员追偿。前款所称'从事雇佣活动'，是指从事雇主授权或者指示范围内的生产经营活动或者其他劳务活动。雇员的行为超出授权范围，但其表现形式是履行职务或者与履行职务有内在联系的，应当认定为'从事雇佣活动'。"考察雇佣关系是否成立，主要看以下几点：(1) 双方是否有书面或口头合同；(2) 雇员是否获得报酬；(3) 雇员是否以提供劳务为内容；(4) 雇员是否受雇主的控制、指挥和监督。根据合同法第二百五十一条的规定，所谓承揽合同，是指"承揽人按照定作人的要求完成工作，交付工作成果，定作人给付报酬的合同。承揽包括加工、定作、修理、复制、测试、检验等工作"。承揽合同中，提供劳务的一方为承揽人。在实践中，应当依据下列因素来区分雇佣关系和承揽关系：(1) 工作对于雇主的商业行为而言是否"完整"和"不可缺少"。如果是，就意味着这些工作不是临时应急的，应当认为是雇员。(2) 报酬的给付以工作时间还是工作效果为标准，雇佣通常以工作时间的长短作为工资的依据，而承揽人的报酬则以工作效果来判断。(3) 工作地点、工作时间、工作进程是否由劳务提供方自行决定。如果其能够自行决定，自然是承揽人。如果需要根据对方的意思来决定，则为雇员。(4) 是谁提供工作的工具和设备。雇主一定要为雇员提供劳动工具和设备，但承揽人一般是自备工具。(5) 领取工资的方式是固定的还是一次性的。雇员领取工资的方式一般是比较固定的，但承揽人则比较自由，一般是一次性领取。(6) 雇主中止或者解除雇佣关系的权利大小。雇员一般受到法律更强有力的保护，雇主的权利小一些。(7) 工作的性质。如果以完成工作成果为目的，提供劳务仅仅是完成工作成果的手段，则为承揽；如果该工作的目的只是单纯的提供劳务，则为雇佣。

本案中，原告主动临时为被告卸货，一次性结算报酬，双方之间不存在监督、管理的关系，不符合雇佣关系的法律特征，而是独立的合同关系，应当认定为承揽合同。《解释》第十条规定："承揽人在完成工作过程中对第三人造成损害或者造成自身损害的，定作人不承担赔偿责任。但定作人对定作、指示或者选任有过失的，应当承担相应的赔偿责任。"侵权责任法第六条规定："行为人因过错侵害他人民事权益，应当承担侵权责任。根据法律

规定推定行为人有过错，行为人不能证明自己没有过错的，应当承担侵权责任。”本案中，双方之间是承揽合同关系，原告尹某造成自身损害，被告曾某没有过错，不应当承担赔偿责任。

法条链接

中华人民共和国侵权责任法

第六条 行为人因过错侵害他人民事权益，应当承担侵权责任。

根据法律规定推定行为人有过错，行为人不能证明自己没有过错的，应当承担侵权责任。

第七条 行为人损害他人民事权益，不论行为人有无过错，法律规定应当承担侵权责任的，依照其规定。

最高人民法院关于审理人身损害赔偿案件适用法律若干问题的解释

第九条第一款 雇员在从事雇佣活动中致人损害的，雇主应当承担赔偿责任；雇员因故意或者重大过失致人损害的，应当与雇主承担连带赔偿责任。雇主承担连带赔偿责任的，可以向雇员追偿。

2. 雇员遭到他人伤害，雇主和致害人应当如何承担赔偿责任?

【知识要点】

第三人造成雇员人身损害，雇员既可以向该第三人或者其雇主、所属法人等赔偿义务人请求赔偿，又可以请求雇主和直接侵权人进行赔偿，双方承担的是连带责任，雇员可以直接向有赔偿能力的人提出赔偿请求。需要注意的是，属于《工伤保险条例》调整的劳动关系和工伤保险范围内的，不适用上述规定。

典型案例

2012 年 6 月 10 日上午，村民郭甲受雇在郭乙的建筑队工地上劳动。郭乙租用郭丙的吊车施工，该吊车装有 380 伏的发电机作为动力装置，郭丙亲自操作吊车施工。当施工至大约上午 10 点半时，正在施工的民工发现吊车漏电，立即通知了开吊车的郭丙。郭丙草草检查了一下，又重新

开机施工。当施工到上午11点多时，郭甲在卸吊车吊上来的灰浆时，被电击倒昏迷，后经抢救无效死亡。郭甲的亲属作为原告，要求被告郭乙及被告郭丙承担赔偿责任。

【以案释法】

《最高人民法院关于审理人身损害赔偿案件适用法律若干问题的解释》第十一条第一款规定："雇员在从事雇佣活动中遭受人身损害，雇主应当承担赔偿责任。雇佣关系以外的第三人造成雇员人身损害的，赔偿权利人可以请求第三人承担赔偿责任，也可以请求雇主承担赔偿责任。雇主承担赔偿责任后，可以向第三人追偿。"侵权责任法第三十五条规定："个人之间形成劳务关系，提供劳务一方因劳务造成他人损害的，由接受劳务一方承担侵权责任。提供劳务一方因劳务自己受到损害的，根据双方各自的过错承担相应的责任。"在本案中，被告郭丙作为直接侵权人应当承担侵权赔偿责任，同时，被告郭甲作为雇主对于雇员郭乙的人身安全负有保护责任，雇员在为其工作中受到伤害，雇主亦应承担赔偿责任。这就是说，雇主和侵权第三人都应承担责任，但二者承担责任的原因是不同的。原告既可以基于被告郭丙的侵权行为向其主张权利，也可以基于雇员同雇主之间的雇佣关系向被告郭甲主张权利，并且这两个请求权是分别独立的。侵权第三人郭丙和雇主郭甲向原告所负的责任，其内容是完全相同的，只要其中一人向原告履行了赔偿义务，原告就不能再向另一人求偿。被告郭丙作为直接的侵权行为人是最终的责任承担者，雇主郭甲在承担了赔偿责任后，可以向被告郭丙追偿。

法条链接

中华人民共和国侵权责任法

第三十五条 个人之间形成劳务关系，提供劳务一方因劳务造成他人损害的，由接受劳务一方承担侵权责任。提供劳务一方因劳务自己受到损害的，根据双方各自的过错承担相应的责任。

最高人民法院关于审理人身损害赔偿案件适用法律若干问题的解释

第十一条第一款 雇员在从事雇佣活动中遭受人身损害，雇主应当承担赔偿责任。雇佣关系以外的第三人造成雇员人身损害的，赔偿权利人可以请求第三人承担赔偿责任，也可以请求雇主承担赔偿责任。雇主承担赔偿责任后，可以向第三人追偿。

3. 雇工受到人身伤害，工程的发包人、分包人应否承担赔偿责任?

【知识要点】

在工程建设中，雇员因安全事故遭受人身损害的，可以从两方寻求救济：一是其雇主；二是知道或者应当知道接受发包或者分包业务的雇主为没有相应资质的发包人和分包人。他们对雇员遭受的伤害承担连带赔偿责任。一般来说，发包人或者分包人比雇主的经济支付能力更强，雇员可以直接要求其承担赔偿责任。一般来说，只要发包人或者分包人将工程发包或分包给无资质的雇主的，应当推定其知道或者应当知道，除非其能举证说明自己被欺骗或者因某种原因确实不知道，否则，就要承担赔偿责任。

典型案例

被告李某取得了一块土地的使用权，并在该土地上建筑综合楼一幢。2004年7月21日，被告李某将该工程发包给被告郝某承建。工程开工后，被告郝某又与被告邵某签订了一份“施工协议书”，将该工程的木工转包给被告邵某负责。2004年10月26日，邵某将朱某召集到工地做木工，朱某的劳动报酬由邵某发放。2004年12月24日下午4时许，原告朱某在二楼接递由三楼传下来的钢管时，由于钢管的重力作用，朱某与钢管一起从二楼坠落到一楼的地面上，当即昏迷。随即被送往医院救治，并住院治疗13天，经法医鉴定朱某外伤致脾脏破裂并切除，属8级伤残。法院查明，被告李某是综合楼的所有权人，将该工程发包给没有建设施工许可证及相应资质证书的被告郝某承建，且对该工程未尽到安全监督管理义务。被告郝某在工程建设过程中，未搭建好外脚手架，无安全网等必要的安全防范措施。

【以案释法】

我国侵权责任法第三十五条规定：“个人之间形成劳务关系，提供劳务一方因劳务造成他人损害的，由接受劳务一方承担侵权责任。提供劳务一方因劳务自己受到损害的，根据双方各自的过错承担相应的责任。”《最高人民法院关于审理人身损害赔偿案件适用法律若干问题的解释》第十一条第二款规定：“雇员在从事雇佣活动中因安全生产事故遭受人身损害，发包人、分包人知道或者应当知道接受发包或者分包业务的雇主没有相应资质或者安全

生产条件的，应当与雇主承担连带赔偿责任。”构成此种连带责任，除应当具备雇员职务行为受害责任的构成要件之外，还需要符合两个条件：第一，该人身损害因安全生产事故所造成，即因雇主未具备法律、行政法规和国家标准或者行业规定的安全生产条件或者相应资质导致了损害的发生。第二，发包人、分包人在进行发包或分包时，存在选任的过失，即发包人、分包人知道或者应当知道接受发包或者分包业务的雇主没有相应资质或者安全生产条件而仍然将标的发包或分包给该雇主。

本案中，被告李某作为综合楼的发包方，理应知晓工程建设方面的法律、法规，但其却将该工程发包给无建设施工许可证及相应资质证书的被告郝某承建，破坏了正常的建筑市场秩序，而且也不按照有关规定对工程在施工建设过程中的安全措施予以监督，对施工安全隐患熟视无睹，导致原告朱某摔伤结果与其违法发包之间存在一定的因果关系。故被告李某应负一定的过错责任。被告郝某在明知自己没有取得建设工程施工许可证等应当具备的资质条件的情况下，承建综合楼，本身与法相悖，且在工程建设过程中，理应知晓如何采取必要的安全防护措施、消除事故隐患，其盲目施工、忽视安全，致原告朱某摔伤与其无安全保护错误之间存在必然的因果关系，因此，被告郝某应负主要过错责任。被告邵某是工程木工负责人，原告朱某是被邵某召集到工地的，其劳动报酬也是由其发放的。故朱某与邵某之间存在雇主与雇工的关系。因此，雇主对雇工在用工期间负有管理责任，因邵某对雇工管理不力，应负一定的责任。原告朱某站在高层建筑上作业，应当知道危险性，却不顾人身安全违规传递钢管，致使其从二楼坠落在地，故对自己的损害也应承担一定的责任。发包人、分包人与雇主对雇员承担连带责任，但其内部责任的分担，应当根据其各自对损害发生的原因力及过错程度来确定。

法条链接

中华人民共和国侵权责任法

第三十五条　个人之间形成劳务关系，提供劳务一方因劳务造成他人损害的，由接受劳务一方承担侵权责任。提供劳务一方因劳务自己受到损害的，根据双方各自的过错承担相应的责任。

最高人民法院关于审理人身损害赔偿案件适用法律若干问题的解释

第十一条第二款　雇员在从事雇佣活动中因安全生产事故遭受人身损害，发包人、分包人知道或者应当知道接受发包或者分包业务的雇主没有相应资质或者安全生产条件的，应当与雇主承担连带赔偿责任。

4. 义务帮工致人损害，被帮人应否承担赔偿责任?

【知识要点】

在现实生活中，帮工人或者被帮工人无论是受到伤害还是致人伤害，一般被帮工人都承担责任。但是，帮工人因帮工活动遭受第三人侵权的，由第三人承担赔偿责任，第三人不能确定或者没有赔偿能力的，可以由被帮工人适当补偿。但是，如果一名帮工人受到另一名帮工人伤害的，就不属于第三人侵害，应当按照帮工人致人损害来处理。在这种情况下，受害的帮工人可以要求侵权帮工人和被帮工人承担连带赔偿责任。

典型案例

孙某与郭某同为某中学教师，交情甚好。2011 年 8 月 25 日，郭某因其子考取大学而设宴，孙某和郭某之侄同为郭某帮忙，其后均在郭某家中饮酒，酒后处于醉酒状态的郭某侄子手持菜刀而出，在行至院中时与孙某相遇，将孙某砍致重伤，后孙某在医院经抢救脱险，并支付医疗费 25000 余元，其伤经法医评定为伤残 8 级。2012 年 4 月，郭某侄子因伤害罪被判刑，孙某于 2012 年 7 月向法院提起民事诉讼，请求责令郭某及其侄子赔偿医疗费、误工费、营养费、残疾者生活补助费及精神损害抚慰金等。

【以案释法】

我国侵权责任法第三十五条规定："个人之间形成劳务关系，提供劳务一方因劳务造成他人损害的，由接受劳务一方承担侵权责任。提供劳务一方因劳务自己受到损害的，根据双方各自的过错承担相应的责任。"《最高人民法院关于审理人身损害赔偿案件适用法律若干问题的解释》第十三条规定："为他人无偿提供劳务的帮工人，在从事帮工活动中致人损害的，被帮工人应当承担赔偿责任。被帮工人明确拒绝帮工的，不承担赔偿责任。帮工人存在故意或者重大过失，赔偿权利人请求帮工人和被帮工人承担连带责任的，人民法院应予支持。"由此可见，在帮工活动中，造成帮工人之人身损害的，在对第三人责任的承担上，原则上适用无过错责任原则，即由被帮工人承担赔偿责任；但帮工人对其加害行为存在故意或重大过失的，则由被帮工人和帮工人承担连带责任。在帮工人与被帮工人的内部关系上，即被帮工人承担

责任后的追偿权上，在被帮工人承担连带责任的情况下，其有权向帮工人追偿。

本案中，郭某因其子考取大学而设宴，郭某之侄为郭某帮忙，其行为显然属于帮工。发生侵权行为时，虽然宴会已经结束，但在实践中，在帮工的事务完成之后，通常被帮工人都会设宴招待，以示感谢。从这一意义上讲，依据我国民间通常的风俗习惯，该过程是帮工活动的自然延伸。其显然与帮工活动存在内在联系。再者，孙某和郭某的侄子在郭某家中饮酒，其并未脱离帮工地点。而且基于帮工人与被帮工人之间的身份关系，在此情形下，被帮工人往往还有一定的支配帮工人的权利。因此，本案中的情形可以认为构成被帮工人的责任，故而，应当由郭某作为被帮工人承担赔偿责任。郭某侄子致人伤害的行为是出于故意，郭某在承担赔偿责任后还可以向其侄子行使追偿权。

法条链接

中华人民共和国侵权责任法

第三十五条　个人之间形成劳务关系，提供劳务一方因劳务造成他人损害的，由接受劳务一方承担侵权责任。提供劳务一方因劳务自己受到损害的，根据双方各自的过错承担相应的责任。

最高人民法院关于审理人身损害赔偿案件适用法律若干问题的解释

第十三条　为他人无偿提供劳务的帮工人，在从事帮工活动中致人损害的，被帮工人应当承担赔偿责任。被帮工人明确拒绝帮工的，不承担赔偿责任。帮工人存在故意或者重大过失，赔偿权利人请求帮工人和被帮工人承担连带责任的，人民法院应予支持。

5. 幼儿被其他幼儿伤害致残，监护人和幼儿园应当如何分担责任?

【知识要点】

幼儿在幼儿园被其他幼儿伤害致残的，由致害幼儿的监护人和对损害发生有过错的幼儿园共同承担责任。致害幼儿的监护人承担的是无过错责任，只要自己孩子致他人损害，就必须承担赔偿责任。而幼儿园只承担过错责

任，幼儿园对损害的发生没有过错的，可以免责。致害幼儿的监护人和对损害发生有过错的幼儿园承担的并不是连带赔偿责任，双方对责任的分担是有比例的，一般先由有过错的幼儿园承担应承担的责任，剩下的由致害幼儿的监护人承担。

典型案例

2012 年 7 月 4 日，某幼儿园课间活动时，班主任老师赵某趁此时间回家给孩子喂奶。幼儿贾某与幼儿陈某在一起玩耍时，贾某将陈某的右手食指砸伤，经法医鉴定，构成十级伤残，造成各种损失共计 8000 元。之后，幼儿园的老师给凑了 2000 元，其余款项没有着落。为此，陈某的父母以法定代理人的身份将贾某及幼儿园诉至法庭。

【以案释法】

根据我国民法通则第一百三十三条的规定，无民事行为能力人造成他人损害的，由监护人承担民事责任。根据此规定，凡无民事行为能力人致他人损害，其监护人都应承担民事责任，也就是说，监护人在这种情况下的民事责任，是由法律直接规定的，而不考虑监护人对被监护人平时教育、管教是否足够，也不考虑无民事行为能力人本人的年龄、智力及其判断能力。本案中，无民事行为能力人贾某致他人损害，应由其被监护人贾某的父母承担部分民事责任，但这不是由贾某的父母平时对贾某教育不够这个事实原因决定的，而是一种无过错责任。

我国侵权责任法第三十八条规定："无民事行为能力人在幼儿园、学校或者其他教育机构学习、生活期间受到人身损害的，幼儿园、学校或者其他教育机构应当承担责任，但能够证明尽到教育、管理职责的，不承担责任。"《最高人民法院关于贯彻执行〈中华人民共和国民法通则〉若干问题的意见（试行）》第一百六十条规定："在幼儿园、学校生活、学习的无民事行为能力人或者在精神病院治疗的精神病人，受到伤害或者给他人造成损害，单位有过错的，可以责令这些单位适当给予赔偿。"《最高人民法院关于审理人身损害赔偿案件适用法律若干问题的解释》第七条第一款规定："对未成年人依法负有教育、管理、保护义务的学校、幼儿园或者其他教育机构，未尽职责范围内的相关义务致使未成年人遭受人身损害，或者未成年人致他人人身损害的，应当承担与其过错相应的赔偿责任。"根据此规定，幼儿园这类对学龄前幼儿实施保育和教育的单位，对在园生活、学习的幼儿致他人损害

的，是以过错原则来确定其民事责任的，而且是一种有限的责任。所谓过错，即指其在保育和教育上的失职。本案幼儿教师赵某擅离工作岗位回家，致不能发现事故苗头和及时制止事故的发生，就是教师在保育、教育职责上的严重失职行为，也就是幼儿园的过错。所谓有限，即指对无民事行为能力人致他人损害的，不能承担全部民事责任，要和监护人一起来分担民事责任。

法条链接

中华人民共和国民法通则

第一百三十三条第一款 无民事行为能力人、限制民事行为能力人造成他人损害的，由监护人承担民事责任。监护人尽了监护责任的，可以适当减轻他的民事责任。

中华人民共和国侵权责任法

第三十八条 无民事行为能力人在幼儿园、学校或者其他教育机构学习、生活期间受到人身损害的，幼儿园、学校或者其他教育机构应当承担责任，但能够证明尽到教育、管理职责的，不承担责任。

最高人民法院关于贯彻执行《中华人民共和国民法通则》若干问题的意见（试行）

第一百六十条 在幼儿园、学校生活、学习的无民事行为能力人或者在精神病院治疗的精神病人，受到伤害或者给他人造成损害，单位有过错的，可以责令这些单位适当给予赔偿。

最高人民法院关于审理人身损害赔偿案件适用法律若干问题的解释

第七条第一款 对未成年人依法负有教育、管理、保护义务的学校、幼儿园或者其他教育机构，未尽职责范围内的相关义务致使未成年人遭受人身损害，或者未成年人致他人人身损害的，应当承担与其过错相应的赔偿责任。

6. 儿童在幼儿园中因食物致死，责任应当由谁承担？

【知识要点】

根据我国法律规定，无民事行为能力人在幼儿园、学校或者其他教育机

构学习、生活期间受到人身损害的，幼儿园、学校或者其他教育机构应当承担责任，但能够证明其尽到教育、管理职责的，不承担责任。

典型案例

庄某（4周岁）就读于某幼儿园。某日上午9时左右，庄某参加了老师组织的全园儿童做早操活动。活动中老师们突然发现庄某倒在地上，立即将其抱到附近医院，但经抢救无效庄某死亡。事后在死者父母的要求下公安局解剖尸体，发现庄某咽喉部卡有一颗荔枝。经鉴定，死者系异物阻塞呼吸道窒息死亡。为此，庄某的父母将该幼儿园告上法庭，要求赔偿死亡补偿费、丧葬费、交通费、误工费等。

【以案释法】

我国侵权责任法第三十八条规定："无民事行为能力人在幼儿园、学校或者其他教育机构学习、生活期间受到人身损害的，幼儿园、学校或者其他教育机构应当承担责任，但能够证明尽到教育、管理职责的，不承担责任。"《最高人民法院关于审理人身损害赔偿案件适用法律若干问题的解释》第七条规定："对未成年人依法负有教育、管理、保护义务的学校、幼儿园或者其他教育机构，未尽职责范围内的相关义务致使未成年人遭受人身损害，或者未成年人致他人人身损害的，应当承担与其过错相应的赔偿责任。第三人侵权致未成年人遭受人身损害的，应当承担赔偿责任。学校、幼儿园等教育机构有过错的，应当承担相应的补充赔偿责任。"本条是关于学校、幼儿园或者其他教育机构（以下简称教育机构）对在其就学的未成年人受到人身损害或致他人人身损害时，应当承担何种责任的规定。其旨在解决教育机构的责任性质究竟为监护人责任还是一般的过错责任的问题。依据本条的规定，教育机构对在其中就学的未成年人所承担的并非监护义务，而是法律、法规所赋予的教育、管理、保护义务。在违反此种义务的情况下，即应当认定教育机构存在过错，应就其过错承担责任。

具体而言，一方面，教育机构在因自己的过错造成未成年人人身损害或者未成年人致他人人身损害的情况下，应当就其过错承担相应的责任；另一方面，在未成年人因第三人的行为遭受人身损害时，学校未尽到保护义务时，承担补充赔偿责任。因此，从现行立法来看，其明确强调教育机构仅对在其就学的未成年人承担教育、管理、保护义务，而没有明文规定教育机构负有与监护人相同的监护义务，也没有明确受监护人委托而承担起监护义务

的人负有与监护人同样的责任。

综上，学校承担的并不是监护责任，而是违反职责义务的侵权责任，学校依其过错确定责任。本案被告幼儿园应对无民事行为能力的幼儿进行照顾和看管，尤其是饮食方面。虽然原告庄某吞咽的荔枝不是幼儿园发放的，但被告应对幼儿园里的幼儿吞食物品的行为予以照管。被告幼儿园不知庄某吞咽的荔枝从何而来，也不知其何时吞咽，说明其未尽到妥善照管的义务，具有过错，应当承担相应的赔偿责任。

法条链接

中华人民共和国侵权责任法

第三十八条 无民事行为能力人在幼儿园、学校或者其他教育机构学习、生活期间受到人身损害的，幼儿园、学校或者其他教育机构应当承担责任，但能够证明尽到教育、管理职责的，不承担责任。

最高人民法院关于审理人身损害赔偿案件适用法律若干问题的解释

第七条 对未成年人依法负有教育、管理、保护义务的学校、幼儿园或者其他教育机构，未尽职责范围内的相关义务致使未成年人遭受人身损害，或者未成年人致他人人身损害的，应当承担与其过错相应的赔偿责任。

第三人侵权致未成年人遭受人身损害的，应当承担赔偿责任。学校、幼儿园等教育机构有过错的，应当承担相应的补充赔偿责任。

7. 课外时间学生摔伤，学校应否承担赔偿责任?

【知识要点】

学生在课外时间内、在学校控制的范围内发生的人身损害，应当根据学校过错的大小要求其承担相应的赔偿责任。应当由学校负担的赔偿金，学校应当负责筹措；学校无力完全筹措的，应当由学校的主管部门进行协助筹措。同时，县级以上人民政府教育行政部门或者学校举办者有条件的，可以通过设立学生伤害赔偿准备金等多种形式，依法筹措伤害赔偿金，以防止事故发生后学校无力进行赔偿。

典型案例

2013年5月9日中午，某中心小学学生陈某与同学孙某、刘某在该中心小学下设的教学点围墙外玩单杠时，在互相拉扯过程中致陈某从单杠上摔下。陈某随即被送往医院治疗，经医院诊断为“脾破裂、巨脾症”，并进行手术摘除了脾脏。陈某的伤情经法医鉴定为伤残5级。此后，陈某家长就赔偿事宜经与孙某家长、刘某家长以及学校协商未果，故陈某家长以陈某名义向法院起诉，请求法院判令孙某、刘某和学校三被告赔偿其医药费、住院伙食补助费、护理费、残疾者生活补助费。

【以案释法】

我国侵权责任法规定了教育机构侵权的民事责任。该法第三十二条规定：“无民事行为能力人、限制民事行为能力人造成他人损害的，由监护人承担侵权责任。监护人尽到监护责任的，可以减轻其侵权责任。有财产的无民事行为能力人、限制民事行为能力人造成他人损害的，从本人财产中支付赔偿费用。不足部分，由监护人赔偿。”第三十九条规定：“限制民事行为能力人在学校或者其他教育机构学习、生活期间受到人身损害，学校或者其他教育机构未尽到教育、管理职责的，应当承担责任。”第四十条规定：“无民事行为能力人或者限制民事行为能力人在幼儿园、学校或者其他教育机构学习、生活期间，受到幼儿园、学校或者其他教育机构以外的人员人身损害的，由侵权人承担侵权责任；幼儿园、学校或者其他教育机构未尽到管理职责的，承担相应的补充责任。”学校对日常事务及其场所和秩序有管理的义务。学校对其所在场所正常秩序的管理，不仅限于在工作期间，也包括非工作期间。学校既然占有和控制着一定的场所及场所上的设施设备等，依法就产生了学校对自己的事、物的谨慎管理的职责，同时也产生了学校对任何第三人利益的保护义务。如本案，学校在放学后对其控制区域内的正常秩序仍需严于管理，特别是在其服务对象为无民事行为能力人和限制民事行为能力人的情况下，更加重了其管理特别是对特定对象人身安全保护的责任。本案中，作为体育运动器械的单杠本身具有一定的危险性，学校将单杠放置于围墙之外，明知会有未成年学生攀爬，并应预见可能会摔伤，却疏于管理，存在一定的过错，故学校应当承担相应的责任。原、被告在玩单杠时互相拉扯，可能失手摔伤自己，也可能把他人扯下单杠致他人损害，这种危险性是其不能完全意识到的，学校对这种危险行为有管理责任。但本

案中并未见有人制止这种行为，即应推定学校疏于管理，应对原告受到的损害承担一定的责任。因此，刘某、孙某和学校三被告应当共同赔偿原告陈某的损失。

法条链接

中华人民共和国侵权责任法

第三十二条 无民事行为能力人、限制民事行为能力人造成他人损害的，由监护人承担侵权责任。监护人尽到监护责任的，可以减轻其侵权责任。

有财产的无民事行为能力人、限制民事行为能力人造成他人损害的，从本人财产中支付赔偿费用。不足部分，由监护人赔偿。

第三十九条 限制民事行为能力人在学校或者其他教育机构学习、生活期间受到人身损害，学校或者其他教育机构未尽到教育、管理职责的，应当承担责任。

第四十条 无民事行为能力人或者限制民事行为能力人在幼儿园、学校或者其他教育机构学习、生活期间，受到幼儿园、学校或者其他教育机构以外的人员人身损害的，由侵权人承担侵权责任；幼儿园、学校或者其他教育机构未尽到管理职责的，承担相应的补充责任。

8. 学生在与教师进行对抗性体育运动时受伤，学校及教师应否承担赔偿责任?

【知识要点】

学生在校期间，与教师进行对抗性体育运动时受到损害，学校及教师应承担赔偿责任，学校在赔偿后可以向责任老师进行追偿。为减少因意外伤害给青少年及其家庭带来的损失，学校应该为每一名学生上保险，这是有效处理学生意外伤害的好办法。但保险机构与学校或老师的赔偿责任并不冲突，受害人可以同时申请。

典型案例

原告小刚系某小学六年级学生，被告刘某系该小学体育教师。2012年11月29日上午第二节课间休息时，刘某与其他教师在学校操场上踢足球，小刚等同学见到后即参与到踢球队伍中。在踢球过程中，刘某的踢球行为致小刚小腿受伤，刘某等教师随即将小刚送往医院救治。后经医院诊断为胫腓骨骨折（右）、胫骨远端骺损伤（右）。当天医疗费由刘某垫付。经鉴定小刚伤残等级属10级。小刚的法定代理人向人民法院起诉称：小刚是未成年人，在学校学习期间，学校不仅没有尽到应尽的责任和义务，反而发生了由其教师直接造成的人身伤害。要求判令学校和刘某赔偿有关损失。

【以案释法】

我国侵权责任法规定了教育机构侵权的民事责任。该法第三十九条规定："限制民事行为能力人在学校或者其他教育机构学习、生活期间受到人身损害，学校或者其他教育机构未尽到教育、管理职责的，应当承担责任。"第四十条规定："无民事行为能力人或者限制民事行为能力人在幼儿园、学校或者其他教育机构学习、生活期间，受到幼儿园、学校或者其他教育机构以外的人员人身损害的，由侵权人承担侵权责任；幼儿园、学校或者其他教育机构未尽到管理职责的，承担相应的补充责任。"参与对抗性是具有一定危险的体育活动，属自愿承担危险的行为，参与人在这种活动中受到人身伤害，在合理的范围内，加害行为人及活动组织者免责，故而在侵权损害赔偿诉讼中，自愿承担危险是被告享有和可以主张的免责抗辩的正当理由。自愿承担危险要求受害人能够意识到危险的存在，且具有参与此项危险运动的一般人所能具有的防范、避免一定危险的技能，并具有能够亲自作出自愿承担危险的意思表示的行为能力。而且在具有人身接触和冲撞行为的对抗性竞技活动中，一般要求在一定年龄段的自然人之间进行，这正是考虑到自然人的智力、体力及生理发育的相互适应程度，因而在这种对抗性竞技活动中，自愿承担危险应当建立在行为能力大体相当的自然人之间的基础之上。据此，学校老师之间踢球，是成年人之间进行的活动，小学六年级的学生也参与其中，无论是从生理发育、体力、技巧技能上，还是从认识、防范危险的意识上，双方都不在同一层次上，双方之间没有相适应的自愿承担危险的基础。虽然本案踢球发生在课间休息时，老师踢球也不是履行教学职责的行为，但

此时未成年学生仍在学校保护的时间和区域范围内，老师也应当意识到在成年人之间进行这种对抗性活动时，未成年人参与其中的不适应性，因而作为成年人的老师负有更高的注意义务。基于这种认识，本案自愿承担危险的认定，就不能成为被告方完全免责的抗辩理由，只能成为被告方减轻责任的抗辩理由。法院应判令被告学校及刘某对原告小刚承担赔偿责任。

法条链接

中华人民共和国侵权责任法

第三十九条　限制民事行为能力人在学校或者其他教育机构学习、生活期间受到人身损害，学校或者其他教育机构未尽到教育、管理职责的，应当承担责任。

第四十条　无民事行为能力人或者限制民事行为能力人在幼儿园、学校或者其他教育机构学习、生活期间，受到幼儿园、学校或者其他教育机构以外的人员人身损害的，由侵权人承担侵权责任；幼儿园、学校或者其他教育机构未尽到管理职责的，承担相应的补充责任。

9. 学生在校突患急病身亡，学校应否承担责任?

【知识要点】

学生在校期间突发疾病或者受到伤害，学校发现但未根据实际情况及时采取相应的措施，导致不良后果加重的，学校应当依法承担相应的责任。但对于一些暴发性急症，属于人类无法控制的一种自然因素，其救治的希望很小，学校尽到注意义务的，不承担赔偿责任。因此，学生在学校期间因患病而致伤残或者死亡的，学生家长必须举证是因学校保护不力，耽误了救治的时机造成了损害后果，这样学校才承担赔偿责任。在发生学生伤害事故后，学校同学生家长可以通过协商方式解决，也可以书面请求主管教育行政部门进行调解，并应当在受理申请之日起 60 日内完成调解。对经调解达成的协议，一方当事人不履行或者反悔的，另一方可以依法提起诉讼。

典型案例

2012年1月27日，原告宋某与被告某外语学校（私立学校，全封闭式管理）签订《学生就学协议》，将其子宋某某（8周岁）送入该校一年级（1）班学习。宋某某在入学时，按学校规定交纳学籍费、学杂费等共计15000元。该就学协议规定：校方出资为学生办理人身保险，如发生意外事故，由保险公司、校方和家长协商确定民事责任。该年9月23日早7时许，宋某某所在班的班主任发现宋某某有些异常，就将其送往校医务室检查。在校医检查中，宋某某突然开始抽搐，校医对其进行抢救。班主任先到小学部向校领导汇报宋某某病情，然后给宋某某家长宋某打电话，告诉宋某某病情。宋某到校后，校医向宋某及其妻子谈了宋某某的病情，并催促其把宋某某送大医院治疗。宋某将宋某某送到某市第二人民医院诊治。该院诊断宋某某病症为脑干型乙型脑炎。此时学校派人到医院看望，并四处为宋某之子请名医会诊。宋某某因病情严重，经医院抢救无效死亡。宋某以其子在学校学习期间得病，学校延误治疗造成其子死亡为理由，向法院起诉，请求法院判决被告赔偿医疗费、丧葬费、误工费、陪护费等共计8万元，并应退回宋某某入学时所交各项费用15000元。被告某外语学校答辩称：学校发现宋某某身体不适，班主任即将其送往校医务室治疗，并与其家长联系。因校医务室设备不足，在宋某某家长到后，校医即催促家长送其去大医院检查。宋某某是患脑干型乙型脑炎死亡，此病在医学上是暴发性急症，救治希望较小，请求法院驳回原告的诉讼请求。

【以案释法】

我国侵权责任法规定了教育机构侵权的民事责任。该法第三十九条规定："限制民事行为能力人在学校或者其他教育机构学习、生活期间受到人身损害，学校或者其他教育机构未尽到教育、管理职责的，应当承担责任。"第四十条规定："无民事行为能力人或者限制民事行为能力人在幼儿园、学校或者其他教育机构学习、生活期间，受到幼儿园、学校或者其他教育机构以外的人员人身损害的，由侵权人承担侵权责任；幼儿园、学校或者其他教育机构未尽到管理职责的，承担相应的补充责任。"宋某某在校期间因患脑干型乙型脑炎而导致突然死亡，学校对此应否承担赔偿责任，应从以下几个方面来认定：

第一，学校和学生之间是一种学习合同关系。在本案被告属全封闭管理型私立学校情况下，学校除有提供良好的学习条件的义务外，还有提供良好的生活服务及卫生保健服务的义务。但是，宋某某所患病症并不属学校提供生活服务不良所造成的，而是一种传染性的暴发性急症，学校的医务室是无法预测、预防和救治的。因此，不能认为是在校期间患病，就认为学校有责任，这实属一种偶然的自然因素造成的。同时，校医务室所能提供的卫生保健服务，不能要求其必须达到正规医院的水平，它只是针对一般常见病及常见外伤做常规处置和临时处置。所以，校医在做了常规处置后即要求送患者去大医院治疗，处置应是得当的，符合其可提供的卫生保健服务的水准要求。据此，宋某所主张的学校延误其子的治疗，是没有事实依据的。

第二，脑干型乙型脑炎这种暴发性急症，目前仍是人类无法控制的一种疾病，其救治希望很小，即便是对医院而言，也不能因救治无效而追究其责任，更何况对从事教学的普通学校。学校对宋某某虽无因合同违约或侵权损害方面的赔偿责任，但因学习合同的一方主体死亡，使合同出现了应予终止履行的事由。在这种情况下，学校作为提供学习给付的一方，无须再提供学习给付，故也不能取得给付的对价，因此除对已为给付部分的对价应由学校取得外，已预收的全部对价中的剩余部分应返给宋某。

第三，本案中，只能是学校自愿给予补偿。也就是说，在合同关系下，学校作为合同一方当事人，应负的是违约赔偿责任；在损害赔偿关系中，学校应是损害事实的一方当事人，才有分担责任或给予对方补偿的可能。学校在合同关系中没有违约，又不是宋某之子患病抢救无效死亡事实中的一方当事人，就只有自愿补偿这一种依据作为处理依据。

法条链接

中华人民共和国侵权责任法

第三十九条　限制民事行为能力人在学校或者其他教育机构学习、生活期间受到人身损害，学校或者其他教育机构未尽到教育、管理职责的，应当承担责任。

第四十条　无民事行为能力人或者限制民事行为能力人在幼儿园、学校或者其他教育机构学习、生活期间，受到幼儿园、学校或者其他教育机构以外的人员人身损害的，由侵权人承担侵权责任；幼儿园、学校或者其他教育机构未尽到管理职责的，承担相应的补充责任。

10. 小学生不堪体罚而自缢，学校和老师应当如何承担责任?

【知识要点】

我国禁止老师体罚学生。学生在受到老师的虐待、体罚时，一定要向有关部门及时反映，避免给自己造成更大的伤害。同时，一旦因老师体罚造成学生身体伤害的，要及时向学校进行索赔，并可根据教师法的规定，要求学校的行政主管部门对责任教师给予处分或者解聘。后果严重的，还可以要求精神赔偿。

典型案例

小红（女）是某小学三年级（2）班的学生。2011 年 12 月 28 日，小红因为在上自习时与一男同学互洒墨水，二人都被老师张某喊到办公室。张某命令两个小学生对打耳光，并要打出声来，直到小红被打哭，张某才叫那名男学生住手。小红被打后，当即出现面部疼痛、头昏症状。一个星期后，小红又出现失眠、多梦、恐惧、哭闹、扯头发、撕衣服等症状，因此被送到医院精神科治疗。医生怀疑其患了癔症。不久，小红趁家人不注意，就在床架上自缢，结束了自己的生命。因女儿在学校受辱而上吊自尽，小红的父母遂将该小学和张某告上法院，要求判决被告人予以人身损害赔偿。

【以案释法】

我国侵权责任法和《最高人民法院关于审理人身损害赔偿案件适用法律若干问题的解释》都规定了教育机构侵权的民事责任。侵权责任法第三十二条规定:“无民事行为能力人、限制民事行为能力人造成他人损害的，由监护人承担侵权责任。监护人尽到监护责任的，可以减轻其侵权责任。有财产的无民事行为能力人、限制民事行为能力人造成他人损害的，从本人财产中支付赔偿费用。不足部分，由监护人赔偿。”第三十九条规定:“限制民事行为能力人在学校或者其他教育机构学习、生活期间受到人身损害，学校或者其他教育机构未尽到教育、管理职责的，应当承担责任。”第四十条规定:“无民事行为能力人或者限制民事行为能力人在幼儿园、学校或者其他教育机构学习、生活期间，受到幼儿园、学校或者其他教育机构以外的人员人身损害的，由侵权人承担侵权责任；幼儿园、学校或者其他教育机构未尽到管

理职责的，承担相应的补充责任。”《最高人民法院关于审理人身损害赔偿案件适用法律若干问题的解释》第七条规定：“对未成年人依法负有教育、管理、保护义务的学校、幼儿园或者其他教育机构，未尽职责范围内的相关义务致使未成年人遭受人身损害，或者未成年人致他人人身损害的，应当承担与其过错相应的赔偿责任。第三人侵权致未成年人遭受人身损害的，应当承担赔偿责任。学校、幼儿园等教育机构有过错的，应当承担相应的补充赔偿责任。”根据本条的规定，教育机构应当按照下列规则来承担责任：一是因教育机构的过错而造成未成年人人身损害的情况下，教育机构应当承担与其过错相应的赔偿责任。这主要是针对作为受害人的未成年人及其监护人有过失而言的。二是因教育机构的过错而使未成年人造成他人人身损害的情况下，教育机构也应当承担与其过错相应的赔偿责任。此种情况下，教育机构的过错与未成年人及其监护人的过错，共同构成致害原因。三是在第三人侵权致未成年人遭受人身损害的，教育机构有过错的，则应当承担相应的补充赔偿责任。这种情况下，实际上是教育机构未尽其安全保障义务。

本案中，小红因为在上自习时与另一男同学互洒墨水，被老师张某命令两个小学生对打耳光。小红被打后，当即出现面部疼痛、头昏，后又出现失眠、多梦、恐惧、哭闹、扯头发、撕衣服等症状，被怀疑患了癔症。后又在床架上自缢，显然与张某的体罚行为有关，因此，被告张某及其学校均应承担赔偿责任。

法条链接

中华人民共和国侵权责任法

第三十二条 无民事行为能力人、限制民事行为能力人造成他人损害的，由监护人承担侵权责任。监护人尽到监护责任的，可以减轻其侵权责任。

有财产的无民事行为能力人、限制民事行为能力人造成他人损害的，从本人财产中支付赔偿费用。不足部分，由监护人赔偿。

第三十九条 限制民事行为能力人在学校或者其他教育机构学习、生活期间受到人身损害，学校或者其他教育机构未尽到教育、管理职责的，应当承担责任。

第四十条 无民事行为能力人或者限制民事行为能力人在幼儿园、学校或者其他教育机构学习、生活期间，受到幼儿园、学校或者其他教育机构以外的人员人身损害的，由侵权人承担侵权责任；幼儿园、学校或者其他教育机构未尽到管理职责的，承担相应的补充责任。

最高人民法院关于审理人身损害赔偿案件适用法律若干问题的解释

第七条 对未成年人依法负有教育、管理、保护义务的学校、幼儿园或者其他教育机构，未尽职责范围内的相关义务致使未成年人遭受人身损害，或者未成年人致他人人身损害的，应当承担与其过错相应的赔偿责任。

第三人侵权致未成年人遭受人身损害的，应当承担赔偿责任。学校、幼儿园等教育机构有过错的，应当承担相应的补充赔偿责任。

11. 多人共同侵权，应当如何进行赔偿?

【知识要点】

侵权损害后果由两人或者两人以上共同造成的，应当作为共同侵权人，承担连带责任。无民事行为能力人在幼儿园、学校或者其他教育机构学习、生活期间受到人身损害的，幼儿园、学校或者其他教育机构应当承担责任，但能够证明尽到教育、管理职责的，不承担责任。如果被害人对造成侵权后果有过错的，应认定为混合过错责任，应减轻加害者的侵权责任。

典型案例

朱某是某村的一名乡村医生，持有乡村医生行医许可证。一日上午，他到本地的幼儿园给小朋友打针。那天打完针后，幼儿园里许多小孩团团围住他，讨要用过的一次性针筒。他将一支针头未取下的一次性针筒递给一个小女孩高某。打针后的第二天，高某某带着6周岁的高某来看眼伤。高某的左眼红肿，眼球上有一个小白点。朱某看不了，就让他们去该市眼科医院门诊。当时，高家父母都没有说眼睛是如何受伤的。女孩高某的母亲为此说明：当时他们也不明了原因，只是到了该市眼科医院后，在医生的询问下，女儿才说出了事发经过——她在用一次性针筒给布娃娃“打针”时不小心刺伤了自己的眼睛。

小女孩的眼睛伤得很重。在该市眼科医院住院两天后，转入另一医院。经诊断，她的左眼为穿透伤后继发全眼球炎，眼睛已经无法保住，只得做了左眼内剜出手术，后来又到上海一家医院安装了假眼。经该市公安局法医鉴定为7级伤残。

后来，高某的法定代理人高某某向该市人民法院起诉，状告朱某、镇政府、镇中心幼儿园，因本案中的幼儿园归镇政府直接领导，所以高某要求三被告共同承担人身伤害赔偿责任。

【以案释法】

这起因一次性针筒针头扎瞎女童左眼引起的医疗纠纷，是一起比较特殊的医疗纠纷，之所以说其比较特殊是因为它与其他医疗纠纷不同：一般的医疗纠纷是医患双方在诊疗护理过程中产生的纠纷，而这起医疗纠纷的侵权主体还多了个幼儿园，并且这起纠纷不是发生在诊疗护理过程中，而是因为一名乡村医生将一支一次性针筒给了一名6周岁的女童引起的。

在这起医疗纠纷中，应当采用侵权责任法上的混合过错和共同侵权理论作为判决的依据，侵权责任法上所说的混合过错，是指对侵权行为所造成的损害结果的发生或扩大，不仅加害人有过错，而且受害人也有过错。我国确认混合过错责任的法律依据是民法通则第一百三十一条和侵权责任法第二十六条，被侵权人对损害的发生也有过错的，可以减轻侵权人的责任。共同侵权是指二人以上共同实施侵权行为，造成他人损害的侵权行为。共同侵权人通常承担连带责任。

在本案中，作为加害方的朱某和幼儿园与作为受害方的高某的父母均有过错。就乡村医生朱某的过错而言，作为一名持有该市村级卫生人员行医许可证的乡村医生，他应该知道对于一次性针筒用完后应及时销毁处理，并且当他把本应销毁而未销毁的带有针头的一次性针筒给6周岁的高某时，应当预见到高某拿着这支针筒会导致扎瞎眼睛这种不良后果的发生，而他却没有预见到。应当预见到而没预见到，说明他主观上有疏忽大意的过错。就幼儿园而言，因为在幼儿园的儿童，对其身体健康不像完全民事行为能力人那样具有全面的知识和自我保护能力，所以幼儿园的工作人员对在幼儿园的儿童应保护其身体健康和人身安全，防止其受到伤害。而该幼儿园的教师知道高某拿了一次性针筒却没有要过来作妥善处理，应尽的注意义务却没有尽到，说明其对不良后果的发生有过错，因为教师是幼儿园的工作人员，所以幼儿园有过错。就高某父母而言，他们作为高某的法定监护人有保护自己6周岁的女儿高某身体健康的职责，而他们却没有尽到这种职责，这说明他们监护不周，对不良后果的发生有过错。上述三个主体的三种行为互相配合，导致了女童高某左眼失明这种不良后果的发生。另外，在本案中虽说有三个主体，但还是两方当事人，即加害方（朱某和幼儿园）和受害方（高某），并且仅有受害方高某受到了损害。

综上所述，高某左眼失明的不良后果是由朱某和幼儿园与高某父母的混合过错行为造成的，所以两方都应承担一定的责任。

在说明了三个主体都应承担一定的责任后，下面具体分析一下三个主体各自具体应承担多大的责任。确定混合过错责任的基本方法是比较过错和原因力，以比较过错为主要的决定因素，以原因力的大小作为相对的调整因素，综合确定混合过错责任。比较过错即在混合过错中，通过确定并比较加害人和受害人的过错程度，以决定责任的承担和责任的范围。我国司法实践中所采用的比较过错的方法是将双方当事人的过错程度具体确定为一定的比例，从而确定出责任范围。在混合过错中，依据何种标准判定双方的过错程度，是认定过错相抵责任的关键，我国司法实践中所采用的方法是根据注意义务的内容和注意标准来决定过失的轻重。

在本案中，加害方朱某和幼儿园教师的行为属于共同加害行为。共同加害行为，又叫狭义上的共同侵权行为，是指两个或两个以上的行为人基于共同的故意或过失侵犯他人的合法权益从而造成损害的行为。① 本案的加害方是朱某和幼儿园，而受害方只有高某一人，双方对于高某左眼失明的不良后果的发生朱某和某幼儿园与高某的父母均具有过失，所以应为同等责任。但是，因为双方行为程度的不同，对原因力的大小产生影响，应该适当调整责任范围，赔偿责任应在同等责任的基础上增加朱某和幼儿园的责任。

法条链接

中华人民共和国民法通则

第一百三十一条 受害人对于损害的发生也有过错的，可以减轻侵害人的民事责任。

中华人民共和国侵权责任法

第八条 二人以上共同实施侵权行为，造成他人损害的，应当承担连带责任。

第二十六条 被侵权人对损害的发生也有过错的，可以减轻侵权人的责任。

第三十八条 无民事行为能力人在幼儿园、学校或者其他教育机构学习、生活期间受到人身损害的，幼儿园、学校或者其他教育机构应当承担责任，但能够证明尽到教育、管理职责的，不承担责任。

---

① 参见魏振瀛主编：《民法》，北京大学出版社2000年版，第722页。

12. 辱骂侵犯他人人格权，录音证据能否作为有效证据？

【知识要点】

在诉讼中运用录音证据，我们要注意以下几点：一是录音取得的方式必须合法。只要没有侵犯到他人的合法权益，特别是隐私权之类，法院对该类证据的支持率是很高的。二是应当有其他证据相印证。对于单一的录音证据，法院不会作为定案的依据。三是该录音必须直接指向待证明的事实，其陈述应当清晰，语气应当是肯定的。假设、反问、设问语句所表述并据以推断的事实，不能确定其证据效力。

典型案例

2012年10月，刘某家中被盗，丢失了现金25000元，刘某怀疑是邻居范某所为，就向公安机关报案。公安机关立案后，排除了范某作案的可能。刘某丢失巨款，心里非常难受，每日在村里辱骂，并多次提到钱是范某偷的，范某为此多次同刘某争吵，在争吵过程中，范某对刘某的辱骂进行了录音，并以此作为证据向法院提起诉讼，要求刘某赔礼道歉。庭审中，法院对范某提供的证据进行了播放，经过质证，对此证据的效力进行了认定。

【以案释法】

《最高人民法院关于民事诉讼证据的若干规定》第六十八条规定："以侵害他人合法权益或者违反法律禁止性规定的方法取得的证据，不能作为认定案件事实的依据。"该规定明确了非法证据的判断标准，即除以侵害他人合法权益（如故意违反社会利益和社会公德侵害他人隐私）或者以违反法律禁止性规定的方法（如窃听）取得的证据外，其他情形不得视为非法证据。在本案中，范某偷录的行为并没有违反社会公共利益，也没有侵害他人隐私，应当是合法有效的证据。

法条链接

最高人民法院关于民事诉讼证据的若干规定

第六十八条　以侵害他人合法权益或者违反法律禁止性规定的方法取得的证据，不能作为认定案件事实的依据。

13. 没有使用真实姓名而登报宣扬他人隐私，是否构成侵害名誉权？

【知识要点】

在侵害名誉权案件中，一般采用推定的方法确认损害事实是否发生，对于自然人来说，只要侵权报道发表，就可以依法向人民法院提起诉讼，而不用再提出侵权造成损害的其他事实与证据。

典型案例

常某的丈夫段某向其提出离婚。常某认为这是张某与丈夫段某关系密切造成的，便找到某晚报社，向记者提供了张某写给段某的信、段某写给张某的便条、常某与段某的感情和家庭情况、常某向法院提交的离婚答辩状，随后某晚报记者根据常某提供的上述材料，采写了题为《狠心丈夫欲娶“二奶”抛贤妻》的新闻报道，刊登于该晚报社会生活版。主要内容是以化名披露段某与“二奶”张某同居达5年之久，“二奶”不愿意打胎以死相逼，丈夫才向一直蒙在鼓里的妻子常某吐露真情，并逼其离婚。张某认为常某捏造事实、造谣中伤，同时某晚报社的新闻报道严重失实，极大地侵害了自己的名誉权，要求二被告停止侵害，恢复名誉，消除影响，并赔偿精神损失费10万元。

【以案释法】

侵权作品损害特定人名誉，一般是通过对特定人某方面或几个方面的社会表现的不当描述造成的，所刊载的内容必须有特定人物或陈述的方式，或者任何其他特征和背景情况足以使一般人合理推知其所指为某一特定人时即构成特定指向。文章《狠心丈夫欲娶“二奶”抛贤妻》中，虽然没有使用“张某”本人的姓名，但采用了相同的姓及相近的名字“张某某”来描述，所描述的情节针对的正是现实生活中的特定人物，使熟悉原告的读者一看便知道这个叫“张某某”的人物是在影射原告。某晚报社所刊登的这篇文章，其素材是来源于常某的不实口述和一些书面材料，文章内容提到了丈夫和“二奶”同居5年，“二奶”不愿意打胎以死相逼，等等。这些字眼和内容在客观上造成了对原告名誉权的损害。故此，某晚报社因审查不严格，发表了涉及他人隐私的文章，应当承担侵权责任。根据《最高人民法院关于审理名誉权案件若干问题的

解释》的规定，主动提供新闻材料，致使他人名誉受到损害的，应当认定为侵害他人名誉权。常某主动向某晚报社提供的新闻材料，应当是明知的、自觉的，是希望通过某晚报社发表传播出去的，因而对由此造成的后果应当承担责任。

法条链接

最高人民法院关于审理名誉权案件若干问题的解释

七、问：因提供新闻材料引起的名誉权纠纷，如何认定是否构成侵权？

答：因提供新闻材料引起的名誉权纠纷，认定是否构成侵权，应区分以下两种情况：

（一）主动提供新闻材料，致使他人名誉受到损害的，应当认定为侵害他人名誉权。

（二）因被动采访而提供新闻材料，且未经提供者同意公开，新闻单位擅自发表，致使他人名誉受到损害的，对提供者一般不应当认定为侵害名誉权；虽系被动提供新闻材料，但发表时得到提供者同意或者默许，致使他人名誉受到损害的，应当认定为侵害名誉权。

14. 未经当事人同意而安排实习医生旁观妇检过程，是否侵犯了患者的隐私权？

【知识要点】

在医院医生给病人治疗的过程中，医院经常不经患者同意而擅自安排实习医生进行观摩，在一般的治疗当中，这是被允许的。但是，在治疗过程中，需要暴露患者某一特定隐私部位的，就需要征得患者的同意，如果未经患者同意，就是一种侵权行为。患者可以要求医院对自己赔礼道歉，恢复名誉。当该行为给患者造成严重影响的，比如，患者精神上受到严重刺激，精神恍惚的或者造成患者自杀的，受害人及其家属可以要求精神损害赔偿。因此，在该类事件中，一方面医院要尊重患者的个人意愿；另一方面患者对医院安排实习人员观摩的要积极同医院进行交涉，维护自己的合法权益，以避免更大的损害发生。

典型案例

李某到某医院接受妇科检查。在检查过程中，某医院安排了多名实习医生旁观检查过程。李某感到非常难堪，要求负责检查的医生让实习医生离开，检查医生以“他们都是实习医生，没关系”为由，未予理睬，并一边检查一边向实习医生介绍各部位的名称、症状等，其间夹杂着实习医生的嬉笑声。事后，李某以某医院未经其同意，安排实习医生旁观妇检过程的行为侵犯其隐私权为由，向当地人民法院提起诉讼，要求某医院赔礼道歉并赔偿精神损失费5万元。某医院认为，该院作为教学和实习医院，安排实习生旁观医疗检查过程是完全正常的，不构成对隐私权的侵犯。按照惯例，医院在事先不会征求患者的意见，医疗管理法律、法规也没有禁止这样做。

【以案释法】

民法通则第一百零一条规定：“公民、法人享有名誉权，公民的人格尊严受法律保护，禁止用侮辱、诽谤等方式损害公民、法人的名誉。”执业医师法第二十二条第三项规定：“医师在执业活动中履行下列义务：……（三）关心、爱护、尊重患者，保护患者的隐私。”第三十七条第九项规定：“医师在执业活动中，违反本法规定，有下列行为之一的，由县级以上人民政府卫生行政部门给予警告或者责令暂停六个月以上一年以下执业活动；情节严重的，吊销其执业证书；构成犯罪的，依法追究刑事责任：……（九）泄露患者隐私，造成严重后果的”。上述法律规定体现了对公民，包括病人的隐私权的保护。所谓隐私权，是指“自然人享有的对自己的个人秘密和个人私生活进行支配并排除他人干涉的一种人格权。”而公民的身体肌肤形态（特别是性器官）等秘密应当属于个人信息的范畴，权利人对该信息有权加以控制和保密，禁止他人非法公开。在本案中，李某接受妇科检查时，身体（包括性器官）暴露，应当属于隐私权保护的范畴。

李某曾向检查医生提出让实习医生离开，说明李某并不同意在实习医生面前暴露她的身体肌肤，而检查医生在病人不同意的情况下，以“他们都是实习医生，没关系”为由，未予理睬，并一边检查一边向实习医生介绍各部位的名称、症状等，显然侵犯了李某的隐私权。

李某的检查医生是某医院的工作人员，其在履行职责的过程中实施了侵权行为，法律责任应当由某医院承担。民法通则第一百二十条第一款规定：

“公民的姓名权、肖像权、名誉权、荣誉权受到侵害的，有权要求停止侵害，恢复名誉，消除影响，赔礼道歉，并可以要求赔偿损失。”《最高人民法院关于确定民事侵权精神损害赔偿责任若干问题的解释》第八条规定：“因侵权致人精神损害，但未造成严重后果，受害人请求赔偿精神损害的，一般不予支持，人民法院可以根据情形判令侵权人停止侵害、恢复名誉、消除影响、赔礼道歉。因侵权致人精神损害，造成严重后果的，人民法院除判令侵权人承担停止侵害、恢复名誉、消除影响、赔礼道歉等民事责任外，可以根据受害人一方的请求判令其赔偿相应的精神损害抚慰金。”根据上述法律规定，某医院应当在实习医生范围内消除所造成的不良影响，为李某恢复名誉，同时向李某赔礼道歉。但由于检查医生侵犯李某隐私权的后果仅仅局限于少数实习医生范围内，可以认为没有造成严重的后果，某医院不必承担精神损害的赔偿责任。

法条链接

中华人民共和国民法通则

第一百零一条 公民、法人享有名誉权，公民的人格尊严受法律保护，禁止用侮辱、诽谤等方式损害公民、法人的名誉。

中华人民共和国执业医师法

第二十二条 医师在执业活动中履行下列义务：

（一）遵守法律、法规，遵守技术操作规范；

（二）树立敬业精神，遵守职业道德，履行医师职责，尽职尽责为患者服务；

（三）关心、爱护、尊重患者，保护患者的隐私；

（四）努力钻研业务，更新知识，提高专业技术水平；

（五）宣传卫生保健知识，对患者进行健康教育。

第三十七条 医师在执业活动中，违反本法规定，有下列行为之一的，由县级以上人民政府卫生行政部门给予警告或者责令暂停六个月以上一年以下执业活动；情节严重的，吊销其执业证书；构成犯罪的，依法追究刑事责任：

（一）违反卫生行政规章制度或者技术操作规范，造成严重后果的；

（二）由于不负责任延误急危患者的抢救和诊治，造成严重后果的；

（三）造成医疗责任事故的；

（四）未经亲自诊查、调查，签署诊断、治疗、流行病学等证明文件或

者有关出生、死亡等证明文件的；

（五）隐匿、伪造或者擅自销毁医学文书及有关资料的；

（六）使用未经批准使用的药品、消毒药剂和医疗器械的；

（七）不按照规定使用麻醉药品、医疗用毒性药品、精神药品和放射性药品的；

（八）未经患者或者其家属同意，对患者进行实验性临床医疗的；

（九）泄露患者隐私，造成严重后果的；

（十）利用职务之便，索取、非法收受患者财物或者牟取其他不正当利益的；

（十一）发生自然灾害、传染病流行、突发重大伤亡事故以及其他严重威胁人民生命健康的紧急情况时，不服从卫生行政部门调遣的；

（十二）发生医疗事故或者发现传染病疫情，患者涉嫌伤害事件或者非正常死亡，不按照规定报告的。

中华人民共和国侵权责任法

第五十四条 患者在诊疗活动中受到损害，医疗机构及其医务人员有过错的，由医疗机构承担赔偿责任。

第六十二条 医疗机构及其医务人员应当对患者的隐私保密。泄露患者隐私或者未经患者同意公开其病历资料，造成患者损害的，应当承担侵权责任。

15. 患者在医院坠楼致死，医院是否应承担法律责任?

【知识要点】

医院作为医疗机构，不需要承担对患者的监护职责，患者在医院内因自身原因死亡或者人身受到损害的，只要医院的护理行为是严格按照医院的规章和有关规定进行的，没有过错，其医疗行为不构成医疗事故责任，不应承担侵权损害赔偿责任。如果医院违反安全保障义务的，则承担一般侵权责任。

典型案例

安某因患眩晕症而到某医院接受治疗。某医院安排其住进位于住院部10楼的神经内科病房。该院住院部的旋转楼梯中间有一个“天井”式

的空间，楼梯扶手与楼梯距离1.05米，栏杆高度为1.10米。某日晚7时，护士为安某测量完体温，7时20分左右，安某离开病房。1小时后，安某的家属来医院看望安某，发现安某不在病房，最终在住院部底楼的地板上发现了安某，已经死亡。经公安机关现场勘查后，认定安某系坠楼死亡。安某的家属向当地人民法院提起诉讼，认为：某医院对安某的死亡负有不可推卸的责任。一是某医院住院部病房设置不合理。将“眩晕症”一类的病房设置于10楼，却没有保证患者安全的措施。某医院对眩晕症患者可能发生的危险是应该预见到的，但医院未预见到，是“疏忽大意的过失”。二是该院在楼梯设计中，在螺旋上升中形成了一个天井，一旦有人滑倒会一直摔到底层。三是患者因病住院，在客观上与某医院建立了服务与被服务的关系，医院作为提供服务方，理应保证接受服务者的人身免受伤害。医院应负责对患者的治疗和护理。安某是抑郁型精神病患者，某医院却停止用药，导致安某病情失控。四是住院时医嘱要求对安某采取二级护理，而二级护理要求每1小时到2小时巡视一次，但是某医院没有达到这个要求。因此，根据民法通则的有关规定，某医院的行为构成侵权，请求人民法院判决某医院赔偿10万元。某医院答辩称：国家没有统一标准规定医院的病房安排，各医院根据各个不同的建筑、不同的科室并结合各自的实际情况设置病房；楼梯中的天井设计时已经存在，某医院仅是使用单位。安某是因眩晕症而非精神病住院，患者及其家属也未说明其患有精神病，因此，某医院有理由认为安某具有完全民事行为能力。某医院的值班护士严格按照医院的规章进行工作，虽然对安某采取的是二级护理，但是护士工作时不可能控制每一个患者的行为。因此，安某的死亡与某医院无关，不同意安某家属的诉讼请求。

【以案释法】

首先，在本案中，安某死亡的损害后果的发生与某医院的诊疗行为无关，本案不属于医疗事故案件。由于死者是从某医院住院部的旋转楼梯中间的“天井”摔下致死，因此，案件的性质应当属于安全保障义务方面的责任问题。经营者对服务场所的安全保障义务，是指经营者在经营场所对消费者、潜在的消费者或者其他进入服务场所的人的人身、财产安全依法承担的安全保障义务。旅店、车站、商店、餐馆、茶馆、公共浴室（包括桑拿浴）、歌舞厅等接待顾客的场所属于服务场所；邮电、通信部门的经营场所，体育馆（场）、动物园、公园向公众开放的部分属于服务场所；银行、证券公司

等的营业厅属于服务场所；营运中的交通工具之内部空间属于服务场所；其他向公众提供服务的场所也属于服务场所。在这里，医院也属于经营者或者应当等同于经营者看待，应当像其他经营者一样承担安全保障义务。这种安全保障义务属于法定义务，通常包括硬件设施方面的安全保障义务和软件管理方面的安全保障义务。我国消费者权益保护法、铁路法、航空法、公路法以及《民用建筑设计通则》等都对这种安全保障义务作出了规定。在本案中，如果某医院住院部旋转楼梯中间的“天井”设计符合相关规定，而且符合医院安全的特殊要求，医院在管理上也达到了安全保障义务的要求，则不承担责任；反之，则应当承担责任。

我国《民用建筑设计通则》中规定，室内楼梯扶手高度自踏步前缘线量起不小于0.9米，栏杆高度不小于1.05米。某医院住院部的楼梯栏杆高度符合上述规定的标准；住院部楼梯“天井”式的设计也未违反相关规定；对于神经内科病房能否安排在10楼，有关医疗管理法律、法规没有作出限制性规定。因此，不能认为某医院的病房安排违法。某医院对安某进行的是二级护理，按照有关规定，二级护理要求做到每1小时到2小时巡视一次。这一规定是对观察患者病情的要求。某医院护士在事发当日晚7时左右为安某量过体温，而安某的家属发现安某死亡是在8时多，某医院护士没有违反1小时到2小时巡视一次的规定。患者安某是因眩晕症而非精神病住院治疗，患者及其家属也未说明其患有精神病，因此，某医院有理由认为安某具有完全民事行为能力。侵权责任法第二十七条规定：“损害是因受害人故意造成的，行为人不承担责任。”某医院对安某具有护理义务，但不承担法律上的监护职责。护士对患者的巡视是间断巡视，并非24小时的监护，某医院已经履行了护理义务，因此，其护理行为不存在过错。

综上所述，安某的家属主张某医院侵权的理由不能成立，某医院对安某的死亡不承担侵权赔偿责任。

中华人民共和国民法通则

第十一条 十八周岁以上的公民是成年人，具有完全民事行为能力，可以独立进行民事活动，是完全民事行为能力人。

中华人民共和国侵权责任法

第二十七条 损害是因受害人故意造成的，行为人不承担责任。

16. 驾车过程中被不明飞石致伤，公路管理部门是否应赔偿？

【知识要点】

根据我国法律规定，建筑物、构筑物或者其他设施及其搁置物、悬挂物发生脱落、坠落造成他人损害，所有人、管理人或者使用人不能证明自己没有过错的，应当承担侵权责任。所有人、管理人或者使用人赔偿后，有其他责任人的，有权向其他责任人追偿。驾车过程中被不明飞石致伤，高速公路管理局作为“物件的管理人”，负有管理、维护该物件的责任，除非证明是因不可抗力、受害人的过错或第三人的过错造成的损害后果，否则，高速公路管理局应当承担赔偿责任。

典型案例

王某驾车外出。当其行驶到高速公路一跨线桥下时，从桥上飞下一块碗口大的石头，砸碎挡风玻璃后击中王某肩部。车辆失去控制，撞在护栏上，王某受重伤。王某的亲属诉至法院，要求高速公路管理局承担赔偿责任。

【以案释法】

我国民法通则第一百二十六条规定：“建筑物或者其他设施以及建筑物上的搁置物、悬挂物发生倒塌、脱落、坠落造成他人损害的，它的所有人或者管理人应当承担民事责任，但能够证明自己没有过错的除外。”侵权责任法第八十五条规定：“建筑物、构筑物或者其他设施及其搁置物、悬挂物发生脱落、坠落造成他人损害，所有人、管理人或者使用人不能证明自己没有过错的，应当承担侵权责任。所有人、管理人或者使用人赔偿后，有其他责任人的，有权向其他责任人追偿。”《最高人民法院关于贯彻执行〈中华人民共和国民法通则〉若干问题的意见（试行）》第一百五十五条又对该条进行了解释，补充规定：“因堆放物品倒塌造成他人损害的，如果当事人均无过错，应当根据公平原则酌情处理。”《最高人民法院关于审理人身损害赔偿案件适用法律若干问题的解释》第十六条规定了物件致人损害的情形：“下列情形，适用民法通则第一百二十六条的规定，由所有人或者管理人承担赔偿责任，但能够证明自己没有过错的除外：（一）道路、桥梁、隧道等人工建造的构筑物因维护、管理瑕疵致人损害的；（二）堆放物品滚落、滑落或

者堆放物倒塌致人损害的；（三）树木倾倒、折断或者果实坠落致人损害的。前款第（一）项情形，因设计、施工缺陷造成损害的，由所有人、管理人与设计、施工者承担连带责任。”

这里规定的是物件致人损害责任，又称建筑物及其他地上物致人损害责任，是指建筑物以及其他地上物因设置或保管不善，给他人的人身或财产造成损害的特殊侵权责任。这类责任适用过错推定原则，即在发生损害之后，所有人或者管理人只要能够证明自己没有过错就可免于承担责任，包括不可抗力、第三人过错、受害人过错造成损害的情况。在本案中，致人损害的是高速公路跨线桥上坠落的石块，属于《最高人民法院关于审理人身损害赔偿案件适用法律若干问题的解释》第十六条规定的物件，对于物件致人损害在举证责任上适用过错推定责任原则。被告高速公路管理局作为“物件的管理人”，负有管理、维护该物件的责任，除非证明不可抗力、受害人的过错或第三人的过错，方可免责。否则，高速公路管理局应当承担赔偿责任。

法条链接

中华人民共和国民法通则

第一百二十六条 建筑物或者其他设施以及建筑物上的搁置物、悬挂物发生倒塌、脱落、坠落造成他人损害的，它的所有人或者管理人应当承担民事责任，但能够证明自己没有过错的除外。

中华人民共和国侵权责任法

第八十五条 建筑物、构筑物或者其他设施及其搁置物、悬挂物发生脱落、坠落造成他人损害，所有人、管理人或者使用人不能证明自己没有过错的，应当承担侵权责任。所有人、管理人或者使用人赔偿后，有其他责任人的，有权向其他责任人追偿。

最高人民法院关于贯彻执行《中华人民共和国民法通则》若干问题的意见（试行）

第一百五十五条 因堆放物品倒塌造成他人损害的，如果当事人均无过错，应当根据公平原则酌情处理。

最高人民法院关于审理人身损害赔偿案件适用法律若干问题的解释

第十六条 下列情形，适用民法通则第一百二十六条的规定，由所有人或者管理人承担赔偿责任，但能够证明自己没有过错的除外：

（一）道路、桥梁、隧道等人工建造的构筑物因维护、管理瑕疵致人损害的；

（二）堆放物品滚落、滑落或者堆放物倒塌致人损害的；

（三）树木倾倒、折断或者果实坠落致人损害的。

前款第（一）项情形，因设计、施工缺陷造成损害的，由所有人、管理人与设计、施工者承担连带责任。

17. 驾车外出过程中被电线绊倒，赔偿责任由谁承担？

【知识要点】

根据我国法律规定，建筑物或者其他设施以及建筑物上的搁置物、悬挂物发生倒塌、脱落、坠落造成他人损害的，它的所有人或者管理人应当承担民事责任，但能够证明自己没有过错的除外。在公共场所或者道路上挖坑、修缮安装地下设施等，没有设置明显标志和采取安全措施造成他人损害的，施工人应当承担侵权责任。驾车途中被电线绊倒，电线的所有人或者管理人应当承担民事责任，但能够证明自己没有过错的除外。如果电线系施工人员拆卸所为，施工人应当承担侵权责任。

典型案例

王某驾驶摩托车外出途中，被横跨公路的广播线刮倒。与此同时，对面驾驶拖拉机相向行驶的叶某见王某跌倒后，当即向南避让，但由于避让不及，拖拉机后轮从王某右小腿碾过，致王某受伤。叶某停车后将广播线拖开，未对王某进行救助即驾车离开现场。当地公安部门派员到达事故现场，并将王某送至医院抢救治疗，经医院诊断为右胫腓骨中下段骨折。经查，某农电公司工作人员李某在进行农网改造过程中，将所有权属于广播电视站和村委会的广播线从电线杆上拆卸后，未作妥善处置，致广播线横向悬挂在公路上。

【以案释法】

我国民法通则第一百二十六条规定："建筑物或者其他设施以及建筑物上的搁置物、悬挂物发生倒塌、脱落、坠落造成他人损害的，它的所有人或者管理人应当承担民事责任，但能够证明自己没有过错的除外。"本案中，

广播电视站和村委会作为广播线的所有人可以证明该广播线悬挂在空中系农电公司工作人员私自拆卸所为，从而能够免除自己的责任。

民法通则第一百二十五条规定："在公共场所、道旁或者通道上挖坑、修缮安装地下设施等，没有设置明显标志和采取安全措施造成他人损害的，施工人应当承担民事责任。"侵权责任法第八十五条规定："建筑物、构筑物或者其他设施及其搁置物、悬挂物发生脱落、坠落造成他人损害，所有人、管理人或者使用人不能证明自己没有过错的，应当承担侵权责任。所有人、管理人或者使用人赔偿后，有其他责任人的，有权向其他责任人追偿。"侵权责任法第九十一条规定："在公共场所或者道路上挖坑、修缮安装地下设施等，没有设置明显标志和采取安全措施造成他人损害的，施工人应当承担侵权责任。窨井等地下设施造成他人损害，管理人不能证明尽到管理职责的，应当承担侵权责任。"因此，农电公司在私自拆卸了广播线后，应当设置明显的标志或者采取其他必要的安全措施，并达到足以防止事故发生的程度，不仅一般正常人、车辆足以识别并采取预防措施，而且应当保证通行的盲人等残疾人和未成年人的安全。显然，农电公司的不作为是本案交通事故发生的起因，其应当承担责任。

而王某在公路上没有设置禁行标志或者施工障碍标志的情况下正常行使，对事故的发生无法预见，主观上没有过错，不应当承担责任。在王某被广播线刮倒后，叶某虽然采取了避让措施，但未足以防止损害后果的发生，且其在交通事故发生后逃逸，致使受害人得不到及时的救治。叶某也应当对造成的损害承担相应的责任。

《最高人民法院关于审理人身损害赔偿案件适用法律若干问题的解释》第三条第二款对无意思联络的数人侵权作出了明确规定，即"二人以上没有共同故意或者共同过失，但其分别实施的数个行为间接结合发生同一损害后果的，应当根据过失大小或者原因力比例各自承担相应的赔偿责任"。由于偶然因素致使无意思联络的数人行为造成了同一损害，不能要求其中一人承担全部责任或者连带责任，而只能要求各行为人对自己的行为造成的损害后果负责，而如果仅仅因为自己的行为与他人的行为偶然结合就必然承担连带责任，则过于苛刻，尤其是让轻过失的行为人连带承担重过失行为的侵权责任，既不符合民法上的公平观念，也与侵权责任法的基本原则相悖。从本起交通事故发生的原因看，农电公司私拆广播线的行为应当是事故发生的起因，也是主要的原因，其应当承担主要的民事责任，而叶某对事故的发生无法预知，主观上没有过错，因其存在逃逸情节，应当承担次要责任。

法条链接

中华人民共和国民法通则

第一百二十五条 在公共场所、道旁或者通道上挖坑、修缮安装地下设施等，没有设置明显标志和采取安全措施造成他人损害的，施工人应当承担民事责任。

第一百二十六条 建筑物或者其他设施以及建筑物上的搁置物、悬挂物发生倒塌、脱落、坠落造成他人损害的，它的所有人或者管理人应当承担民事责任，但能够证明自己没有过错的除外。

中华人民共和国侵权责任法

第八十五条 建筑物、构筑物或者其他设施及其搁置物、悬挂物发生脱落、坠落造成他人损害，所有人、管理人或者使用人不能证明自己没有过错的，应当承担侵权责任。所有人、管理人或者使用人赔偿后，有其他责任人的，有权向其他责任人追偿。

第九十一条 在公共场所或者道路上挖坑、修缮安装地下设施等，没有设置明显标志和采取安全措施造成他人损害的，施工人应当承担侵权责任。

窨井等地下设施造成他人损害，管理人不能证明尽到管理职责的，应当承担侵权责任。

最高人民法院关于审理人身损害赔偿案件适用法律若干问题的解释

第三条第二款 二人以上没有共同故意或者共同过失，但其分别实施的数个行为间接结合发生同一损害后果的，应当根据过失大小或者原因力比例各自承担相应的赔偿责任。

18. 儿童在铁路上玩耍被轧伤，能否要求赔偿？

【知识要点】

依据我国法律规定，从事高空、高压、地下挖掘活动或者使用高速轨道运输工具造成他人损害的，经营者应当承担侵权责任，但能够证明损害是因受害人故意或者不可抗力造成的，不承担责任。被侵权人对损害的发生有过

失的，可以减轻经营者的责任。儿童在铁路上玩耍被轧伤的，其监护人应当承担主要责任。铁路局承担次要责任，应当给予一定的赔偿。

典型案例

孙某（8 周岁）放学后来到某铁路分局所属车站内。其间，孙某在一列火车尾部玩耍。火车开出后，孙某被发现轧伤。经手术治疗，其左前臂中上三分之一处、左下肢小腿中上三分之一处被截肢，经司法鉴定认为构成二级伤残。孙某的父母遂以孙某的名义诉至法院。经查，事故现场站区未封闭。原告认为：铁路运输是高危作业，对造成的人身伤害应承担无过错责任；该车站在某村庄外，与村庄仅隔数十米，站台与村庄没有隔离。孙某对受伤致残虽有一定责任，但该车站无安全防范意识，没有围墙与村庄隔绝。原告为未成年人，对去车站玩耍可能造成的后果是无预见的，而该车站工作人员疏于管理，对原告的行为没有制止。火车启动前，工作人员也未作安全检查，导致原告在躲避当中被车尾卷进而受伤，铁路分局应承担该次事故的主要责任。请求判令被告赔偿原告医药费、住院期间伙食补助费、住院期间护理费、伤残补助金、鉴定费、残疾用具费、终生护理费、住宿费、交通费，并赔偿精神损失费，总计35 万元。被告某铁路分局辩称：火车是从零速度启动，铁路工作人员按章作业，列车装有列尾装置，能保证正常情况下列车的安全运行，原告钻入列车下面的行为非一般人所能预料，非一般装置能防止。造成孙某伤害的责任主要是其父母未履行监护责任。不同意赔偿。

【以案释法】

民法通则第一百二十三条规定："从事高空、高压、易燃、易爆、剧毒、放射性、高速运输工具等对周围环境有高度危险的作业造成他人损害的，应当承担民事责任；如果能够证明损害是由受害人故意造成的，不承担民事责任。"侵权责任法第六十九条规定："从事高度危险作业造成他人损害的，应当承担侵权责任。"第七十三条规定："从事高空、高压、地下挖掘活动或者使用高速轨道运输工具造成他人损害的，经营者应当承担侵权责任，但能够证明损害是因受害人故意或者不可抗力造成的，不承担责任。被侵权人对损害的发生有过失的，可以减轻经营者的责任。"在本案中，侵害人所属的车站站界内有村庄，村庄与铁道之间未设任何防护，铁路作业时亦未派人看护。侵害人应当预见到村内的小孩可能会到铁道上来玩耍，而没有采取安全

措施即启动火车机车，显然存在过错。从受害人方面看，孙某是无民事行为能力的儿童，因为法律不是规范无民事行为能力人的行为的，其不存在主观故意或过失，不存在有无过错，不能认为是其自身的原因。故本案不具备侵害人可以免责的条件，被告认为本案为受害人自身原因造成的伤害，主张免责的抗辩理由不能成立。

根据我国法律规定，监护人负有保护被监护人的人身、财产以及其他合法权益的监护职责，本案监护人对被监护人孙某未采取有效的保护措施，对孙某钻到停留在站内的货车尾部下玩耍，被轧伤致残的损害后果的发生存在过错，应依法减轻侵害人的民事责任。根据本案侵权责任的担责原则和侵害人存在的过错，被告对受害人孙某被火车轧伤致残造成的损失应当承担主要赔偿责任。

中华人民共和国民法通则

第一百二十三条 从事高空、高压、易燃、易爆、剧毒、放射性、高速运输工具等对周围环境有高度危险的作业造成他人损害的，应当承担民事责任；如果能够证明损害是由受害人故意造成的，不承担民事责任。

中华人民共和国侵权责任法

第六十九条 从事高度危险作业造成他人损害的，应当承担侵权责任。

第七十三条 从事高空、高压、地下挖掘活动或者使用高速轨道运输工具造成他人损害的，经营者应当承担侵权责任，但能够证明损害是因受害人故意或者不可抗力造成的，不承担责任。被侵权人对损害的发生有过失的，可以减轻经营者的责任。

19. 第三人造成工伤事故，权利人能否同时请求工伤保险补偿与侵权赔偿？

【知识要点】

根据我国法律规定，第三人造成工伤事故，权利人可以依据侵权责任法、《工伤保险条例》《道路交通事故处理办法》等相关规定，同时请求工

伤保险补偿与侵权赔偿。

典型案例

钱某为某企业职工。一次因公外出，钱某乘坐的车辆发生交通事故，造成钱某死亡。钱某的父母要求单位对钱某的死亡按工伤事故处理，给予死亡补偿费等。某企业因其所提要求过高，予以拒绝。钱某的父母遂提起诉讼，请求判令某企业、肇事司机支付死亡补偿费和承担死者生前所抚养和赡养人员的生活费。

【以案释法】

我国《工伤保险条例》对工伤的认定进行了具体的规定：

第一，应当认定为工伤的情形：(1) 职工在工作时间和工作场所内，因工作原因受到事故伤害的；(2) 工作时间前后在工作场所内，职工从事与工作有关的预备性或者收尾性工作受到事故伤害的；(3) 在工作时间和工作场所内，职工因履行工作职责受到暴力等意外伤害的；(4) 职工患职业病的；(5) 职工因工外出期间，由于工作原因受到伤害或者发生事故下落不明的；(6) 职工在上下班途中，受到非本人主要责任的交通事故或者城市轨道交通、客运轮渡、火车事故伤害的；(7) 法律、行政法规规定应当认定为工伤的其他情形。

第二，视同工伤的情形：(1) 职工在工作时间和工作岗位，突发疾病死亡或者在48小时之内经抢救无效死亡的；(2) 职工在抢险救灾等维护国家利益、公共利益活动中受到伤害的；(3) 职工原在军队服役，因战、因公负伤致残，已取得革命伤残军人证，到用人单位后旧伤复发的。这些情况，严格地讲并非与履行职务有关，但基于鼓励见义勇为或者维护伤残军人利益等特殊考虑，在我国社会保障制度尚未健全的情况下，将之纳入工伤处理。这也体现了工伤保险的国家强制性和社会公益性。

第三，不得认定为工伤或者视同工伤的情形：(1) 职工因犯罪或者违反治安管理伤亡的；(2) 职工醉酒或者吸毒导致伤亡的；(3) 职工自残或者自杀的。

我国现行法律并未对工伤保险补偿与侵权损害赔偿这两种请求权的关系进行明确的规定。安全生产法第四十八条规定："因生产安全事故受到损害的从业人员，除依法享有工伤保险外，依照有关民事法律尚有获得赔偿的权利的，有权向本单位提出赔偿要求。"职业病防治法第五十八条规

定："职业病病人除依法享有工伤保险外，依照有关民事法律，尚有获得赔偿的权利的，有权向用人单位提出赔偿要求。"可见，其允许这两种请求权同时实现，但是，其究竟是允许同时保有两种赔偿，还是要求所获总额不得超出其所受损失的总额，法律并无明文规定，司法解释上也有不同意见。《最高人民法院关于审理人身损害赔偿案件适用法律若干问题的解释》第十二条规定："依法应当参加工伤保险统筹的用人单位的劳动者，因工伤事故遭受人身损害，劳动者或者其近亲属向人民法院起诉请求用人单位承担民事赔偿责任的，告知其按《工伤保险条例》的规定处理。因用人单位以外的第三人侵权造成劳动者人身损害，赔偿权利人请求第三人承担民事赔偿责任的，人民法院应予支持。"该条对用人单位的侵权损害赔偿义务与工伤保险赔偿之间的关系未予规定；而对第三人的侵权损害赔偿义务与工伤保险赔偿之间的关系，则允许劳动者及其近亲属同时请求、同时保有这两种赔偿。

本案钱某在接受单位委派去外地执行公务的返回途中，因发生车祸造成死亡，符合《工伤保险条例》规定的属于工伤的情形，应当属于工伤事故，有权请求工伤保险补偿。同时，钱某的死亡还是由于交通肇事导致的损害后果，根据侵权责任法第二十八条规定，损害是因第三人造成的，第三人应当承担侵权责任，则交通肇事责任人应当承担侵权责任。综上所述，根据侵权责任法、《工伤保险条例》和《最高人民法院关于审理人身损害赔偿案件适用法律若干问题的解释》的规定，若工伤事故是由用人单位以外的第三人导致的，应当先告知钱某父母按《工伤保险条例》的规定处理，同时对于钱某父母请求第三人承担赔偿责任的，也应当予以支持。

法条链接

中华人民共和国侵权责任法

第二十八条 损害是因第三人造成的，第三人应当承担侵权责任。

最高人民法院关于审理人身损害赔偿案件适用法律若干问题的解释

第十二条 依法应当参加工伤保险统筹的用人单位的劳动者，因工伤事故遭受人身损害，劳动者或者其近亲属向人民法院起诉请求用人单位承担民事赔偿责任的，告知其按《工伤保险条例》的规定处理。

因用人单位以外的第三人侵权造成劳动者人身损害，赔偿权利人请求第三人承担民事赔偿责任的，人民法院应予支持。

20. 因紧急避险造成他人损害，是否应给予赔偿？

【知识要点】

根据我国法律规定，因紧急避险造成损害的，由引起险情发生的人承担责任。如果危险是由自然原因引起的，紧急避险人不承担责任或者给予适当补偿。紧急避险采取措施不当或者超过必要的限度，造成不应有的损害的，紧急避险人应当承担适当的责任。

典型案例

王某驾车经过某学校门口。学生张某骑自行车从校门内突然冲出，横穿马路。由于王某没有留意路面情况，发现有人横穿马路后惊慌失措，急忙向左打轮。车辆冲入非机动车道，将李某撞倒，致其当场死亡。李某的家人要求赔偿。王某认为自己属于紧急避险，损失应当由受益人张某赔偿。双方不能协商一致，诉至人民法院。

【以案释法】

我国民法通则第一百二十九条规定："因紧急避险造成损害的，由引起险情发生的人承担民事责任。如果危险是由自然原因引起的，紧急避险人不承担民事责任或者承担适当的民事责任。因紧急避险采取措施不当或者超过必要的限度，造成不应有的损害的，紧急避险人应当承担适当的民事责任。"侵权责任法第三十一条规定："因紧急避险造成损害的，由引起险情发生的人承担责任。如果危险是由自然原因引起的，紧急避险人不承担责任或者给予适当补偿。紧急避险采取措施不当或者超过必要的限度，造成不应有的损害的，紧急避险人应当承担适当的责任。"所谓"紧急避险"，是指为使国家、公共利益、本人、他人的人身、财产权益免受正在发生的危险，迫不得已采取的牺牲较小利益而保全较大利益的行为。本处仅研究涉及交通损害的紧急避险，如刹车突然失灵，司机为避免汽车冲入人群造成多人伤亡，而撞向路边货摊造成他人财产损害等情况。紧急避险构成的必要条件，必须是为使国家、公共利益，本人、他人的人身、财产权益免受损害，而不是其他非法利益。必须受到现实危险的威胁，即危险必须现实存在，且已威胁到上述合法权益的安全。危险的来源可以是多方面的，如可能是不可抗力、意外事件、受害人或第三人过错导致危险、饲养动物导致危险等。必须是危险正在

发生，如危险尚未发生或危险已过去，就不再适用紧急避险。

紧急避险损害的对象不限于危险制造者，因为紧急避险中危险的原因可能来自自然原因，没有制造者，也可能有人为制造者，但紧急避险不限于指向危险制造者。紧急避险必须是迫不得已采取的。如果在当时的情况下，依交通作业人的一般技术水平标准，本可以不损害他人合法权益而达到避险目的，而行为人的行为造成的损害却远远超过了紧急避险所保护的利益，则避险人仍需负担赔偿义务。紧急避险保全的利益应大于受损害利益。这必须根据具体情况来分析判断，如为了保全自己生命而不惜牺牲他人生命，为了保全自己运载的少量货物而损害国家重要资产等都构成避险过当。由此可见，对于造成交通损害者来说，如果紧急避险采取措施不当或者超过必要的限度，也就是说并非迫不得已采取的或保全的利益不是大于受损害利益的，则紧急避险不能构成免责事由，当事人仍需按其过错程度承担相应的民事责任。如紧急避险的险情是由第三人引起的，紧急避险又符合上列要件要求，则构成避险人免责事由，应由第三人负担民事责任。如紧急避险的险情系自然原因引起的，紧急避险又符合上列要件，原则上应构成免责事由，但根据情况，也不排除避险人按公平原则负担适当的民事责任。

依据道路交通安全法的规定，车辆、行人应当在确保安全、畅通的原则下通行。张某在本案中，横穿马路时，没有注意到避让在机动车道上正常行驶的机动车，造成了交通事故的险情。张某在此次交通事故中有重大过错，作为交通事故中险情的造成人，应当承担相应的责任。机动车驾驶人王某在骑自行车人张某贸然横穿马路的情况下，不采取向左打轮驶入逆行的避让措施，就会撞到张某，在当时的情况下，极有可能导致张某死亡的损害结果。因此，王某的行为属于紧急避险。但王某在进入逆行后，险情已经避免，这时王某应当采取必要的处置措施，使此次紧急避险不发生损害结果或将损害结果控制在最小的范围内。但王某未采取制动措施，致使其所驾驶的车辆又沿逆行方向冲上非机动车道，导致将处于正常行驶状态下的骑自行车人李某当场轧死。王某的行为属于“避险过当”。同时，王某在险情发生前，没有尽到机动车驾驶人的“高度注意”的义务，对险情的发生也有一定的过错。如果王某在驾驶机动车的过程中密切注意路面的情况，及时发现张某横穿马路的意图，并相应地采取减速、鸣笛等处置措施，此次交通事故是可以避免的。综上，此次交通事故应当由机动车驾驶人王某与自行车骑行人张某按各自的过错程度承担相应的责任。

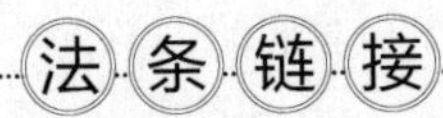

法条链接

中华人民共和国民法通则

第一百二十九条 因紧急避险造成损害的，由引起险情发生的人承担民事责任。如果危险是由自然原因引起的，紧急避险人不承担民事责任或者承担适当的民事责任。因紧急避险采取措施不当或者超过必要的限度，造成不应有的损害的，紧急避险人应当承担适当的民事责任。

中华人民共和国侵权责任法

第三十一条 因紧急避险造成损害的，由引起险情发生的人承担责任。如果危险是由自然原因引起的，紧急避险人不承担责任或者给予适当补偿。紧急避险采取措施不当或者超过必要的限度，造成不应有的损害的，紧急避险人应当承担适当的责任。

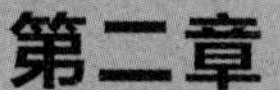

第二章 消费与产品责任

1. 未成年人在餐厅内设的游乐场内玩耍时摔伤，应当由谁承担责任?

【知识要点】

快餐厅为商业目的在营业场所内设立游乐场，虽然具有创造舒适消费环境的善意，但其根本目的是为了吸引顾客，和其他经营者进行竞争。因此，餐厅要对接受该项服务的儿童承担安全保障义务和看护责任。发生纠纷，消费者可以民法通则和消费者权益保护法为依据提起诉讼。

典型案例

2013 年 8 月某日，付某（8 周岁，某小学一年级学生，身高 1.3 米）于中午放学后到学校附近的某快餐厅就餐。吃完饭，付某即在该餐厅内设的游乐场内玩耍。在该游乐场的门口立有告示牌：“本游乐场供身高在 1.2 米以下的儿童使用。”在玩耍过程中，付某被其他一同玩耍的小朋友推挤摔倒，造成骨折。餐厅工作人员当即将其护送回家。付某在住院治疗的过程中共花去医药费 1600 元。付某的父母多次找到某快餐厅要求赔偿，遭到拒绝，遂于 2013 年 11 月向当地人民法院提起诉讼。某快餐厅答辩称：该餐厅内设的游乐场在门口设有醒目的告示牌：“本游乐场供身高在 1.2 米以下的儿童使用。”付某身高为 1.3 米，其违反餐厅的规定擅自进入游乐场，发生的一切后果应当由其自行承担。该游乐场实行的是自律自助式的管理模式，不需要设立专门的管理人员。对在游乐场内玩耍的小朋友，该餐厅没有管理和看护的法定或约定的义务。付某是被在游乐场内玩耍的其他小朋友推挤摔倒致伤的，致害人是推挤他的其他小朋

友，某快餐厅不是致害人。付某的法定监护人未履行其法定监护及安全教育义务，对付某在脱管期间受伤负有一定的责任。因此，某快餐厅不应当承担损害赔偿责任，请求人民法院依法驳回付某的诉讼请求。

【以案释法】

我国消费者权益保护法第二条规定："消费者为生活消费需要购买、使用商品或者接受服务，其权益受本法保护；本法未作规定的，受其他有关法律、法规保护。"第三条规定："经营者为消费者提供其生产、销售的商品或者提供服务，应当遵守本法；本法未作规定的，应当遵守其他有关法律、法规。"根据上述法律规定，某快餐厅向消费者提供餐饮商品及服务，属于消费者权益保护法规定的经营者；付某到某快餐厅就餐，并在就餐后到该餐厅内设的游乐场玩耍，是一种生活消费行为，付某为消费者权益保护法规定的消费者。付某与某快餐厅之间形成的是一种消费服务的法律关系。当事人双方的权利义务应当根据消费者权益保护法来确定，发生的纠纷适用消费者权益保护法。

某快餐厅在其营业场所内设立游乐场，供前来就餐的儿童玩耍。该游乐场虽然不属于公共娱乐场所，也不属于社会上的有偿服务的场所，但它是某快餐厅向消费者提供的餐饮服务的一部分，是其为达到销售餐饮商品的目的而为消费者提供的一种配套服务，或者说是其提供的不同于其他餐饮经营者的特色服务。消费者权益保护法第七条规定："消费者在购买、使用商品和接受服务时享有人身、财产安全不受损害的权利。消费者有权要求经营者提供的商品和服务，符合保障人身、财产安全的要求。"第十八条规定："经营者应当保证其提供的商品或者服务符合保障人身、财产安全的要求。对可能危及人身、财产安全的商品和服务，应当向消费者作出真实的说明和明确的警示，并说明和标明正确使用商品或者接受服务的方法以及防止危害发生的方法。宾馆、商场、餐馆、银行、机场、车站、港口、影剧院等经营场所的经营者，应当对消费者尽到安全保障义务。"第十九条规定："经营者发现其提供的商品或者服务存在缺陷，有危及人身、财产安全危险的，应当立即向有关行政部门报告和告知消费者，并采取停止销售、警示、召回、无害化处理、销毁、停止生产或者服务等措施。采取召回措施的，经营者应当承担消费者因商品被召回支出的必要费用。"根据上述法律规定，某快餐厅对其提供的游乐场配套服务项目应当承担安全保障义务，保障消费者在接受该服务过程中的人身和财产安全。消费者权益保护法规定的由经营者承担的这种保障消费者人身和财产安全的义务，是一种普遍的义务，不同的经营者根据其

不同的经营范围和项目，承担相应的具体义务。

在本案中，某快餐厅对其设立的游乐场应当承担谨慎管理、充分注意和及时疏导、有效防止安全事故发生的现场看护义务。这是从消费者权益保护法规定的普遍义务中派生的具体义务。某快餐厅在其营业场所内设立的游乐场是供身高1.2米以下的儿童娱乐的。这些儿童显然是无民事行为能力人。作为无民事行为能力人，付某和其他在游乐场内玩耍的儿童不能预见自己行为的后果，也不能控制自己的行为。特别是在游乐场内发生拥挤的情况下，无行为能力人对当时的环境的危险性更缺乏判断和应付能力，需要他人的照顾。正是由于这种情况，更应当加重经营者的安全保障义务，使其对游乐场内的儿童承担看护责任。在本案中，某快餐厅对游乐场未安排专人进行管理和疏导，违背了其作为经营者应当承担的安全保障义务。无论是其没有认识到自己的义务所在，还是其出于疏忽大意，轻信不会发生安全事故，某快餐厅都具有过错。付某在玩耍过程中被其他一同玩耍的小朋友推挤摔倒，造成骨折。这种损害后果的发生不能认为是某个小朋友的致害行为导致的，而是在拥挤情况下，游乐场内众多小朋友的合力作用产生的。此次事故虽然出于偶然，但和某快餐厅不加管理或者疏于管理的过错行为存在直接的因果关系。

未成年人或者说无行为能力人的法定监护人负有监护义务，但不能认为法定监护人必须形影不离地跟随被监护人。在日常生活中，被监护人脱离监护人监管的现象是普遍存在的。在这种情况下，如果被监护人受到了伤害，不能仅以其脱离了监护人的监管就认为监护人没有尽到监护职责，还应当考虑监护人的监护职责在当时是否能够实际履行。如果能够实际履行而监护人怠于履行，则应当承担责任；如果不具备履行监护职责的条件，就不能要求监护人承担责任。在本案中，付某独自一人到某快餐厅就餐，其监护人即付某的父母不在身边，不具备履行其监护职责的条件。某快餐厅在付某就餐和娱乐的过程中承担对付某的安全保障义务。这种义务在某种程度上是付某法定监护人的义务的暂时转移。某快餐厅未尽到自己的安全保障义务，使付某受到伤害，应当承担损害赔偿责任，而不能以其监护人未尽到监护义务为由，要求监护人承担责任。换言之，在付某与某快餐厅的消费服务法律关系中，并不发生某快餐厅与付某的监护人的混合责任问题，某快餐厅应当在消费服务法律关系中承担自己的全部义务。至于付某身高超过了允许进入该游乐场的标准，违反了餐厅规定的问题，显然也是由于某快餐厅未对该游乐场进行严格管理造成的。某快餐厅仅提出了享受游乐场服务的限制性标准，但未采取相应的管理措施，使付某自由进入该游乐场。对此，某快餐厅应当自行承担责任，而不能以此为由拒绝承担损害赔偿责任。

综上所述，付某在某快餐厅内设的游乐场内受到人身伤害，是由于某快餐厅未尽到其安全保障义务造成的，和其他在游乐场内玩耍的小朋友无关，也和付某的监护人无关，某快餐厅应当承担全部的损害赔偿责任。

中华人民共和国消费者权益保护法

第二条 消费者为生活消费需要购买、使用商品或者接受服务，其权益受本法保护；本法未作规定的，受其他有关法律、法规保护。

第三条 经营者为消费者提供其生产、销售的商品或者提供服务，应当遵守本法；本法未作规定的，应当遵守其他有关法律、法规。

第七条 消费者在购买、使用商品和接受服务时享有人身、财产安全不受损害的权利。

消费者有权要求经营者提供的商品和服务，符合保障人身、财产安全的要求。

第十八条 经营者应当保证其提供的商品或者服务符合保障人身、财产安全的要求。对可能危及人身、财产安全的商品和服务，应当向消费者作出真实的说明和明确的警示，并说明和标明正确使用商品或者接受服务的方法以及防止危害发生的方法。

宾馆、商场、餐馆、银行、机场、车站、港口、影剧院等经营场所的经营者，应当对消费者尽到安全保障义务。

第十九条 经营者发现其提供的商品或者服务存在缺陷，有危及人身、财产安全危险的，应当立即向有关行政部门报告和告知消费者，并采取停止销售、警示、召回、无害化处理、销毁、停止生产或者服务等措施。采取召回措施的，经营者应当承担消费者因商品被召回支出的必要费用。

2. 餐厅张贴“衣冠不整者禁止入内”的告示，是否侵犯了消费者的名誉权？

【知识要点】

公民作为消费者享有的权利与企业的经营权同等受到法律的保护，双方

都应遵守法律、法规，尊重社会公德，不得损害对方的合法权益。经营者有义务满足消费者对其商品或服务的正当要求，消费者也有义务尊重公序良俗及经营者合理、正当的经营习惯。

典型案例

2013年4月，甲公司在其西式餐厅的店门玻璃上贴上了“衣冠不整者禁止入内”的告示，并在该店内贴上“为了维护多数顾客的权益，本餐厅保留选择顾客的权利”为内容的店堂告示。6月，邱某身穿短裤、脚穿塑料拖鞋到该店就餐。该店当日值班经理向邱某出示了上述告示，请其改日到该餐厅用餐，并附送两张“买一送一”餐券。但邱某认为自己的尊严受到了侮辱，遂强烈要求进入该店用餐，而餐厅人员坚决阻止其进店，双方为此发生激烈争执。邱某遂起诉至人民法院，请求人民法院判令甲公司赔偿其精神损失费。

【以案释法】

根据消费者权益保护法规定，消费者享有自主选择权、公平交易权、受尊重权等各项基本权利，而企业作为经营者也享有合法的经营权，有按照自身的经营理念来运作日常管理活动和面向社会提供商品、服务的自主权利。公民作为消费者时依法享有的权利与企业的经营权同等受到法律的保护。企业作为经营者，享有在合法基础上自主选择有利于其经营的方式、方法，如同企业可以自主选择其经营的地点或其他经营条件。消费者与经营者在行使其权利的同时，都应承担相应的义务。经营者在享有经营自主权的同时，有义务满足选择其商品或者服务的消费者对其商品或者服务的正当要求。消费者对消费的选择包括对消费环境的选择，尤其选择服务方式的消费者对消费环境的要求往往包含在其消费目的之中。所以经营者创造及维护独具特色的消费环境，已经成为其经营方面不可分割的组成部分。因此，经营者出于主观目的选择最有利于盈利的经营方式，客观上为所有的消费者提供了良好的消费选择。消费者在消费过程中亦负有尊重公序良俗及经营者合理、正当经营习惯的义务。就本案而言，甲公司餐厅作为西餐式快餐店，其食品特点及环境具有西式餐饮特色，营造了甲公司特有的饮食文化氛围，其将“衣冠不整者禁止入内”和“为了维护多数顾客的权益，本餐厅保留选择顾客的权利”以店堂告示的方式告知来此消费的消费者，目的是为所有消费者创造一种文明有序的良好消费环境。从一般人的理解来看，应认为甲公司只是为了

限制那些诸如衣冠不整和行为举止不文明的消费者进入其经营场所，而非对一般消费者消费权益的限制，也并非针对特定主体而作出，即该做法在行使经营权方面具有一定的合理性。邱某作为选择在该店用餐的消费者，就应尊重该餐厅一贯形成的文化氛围。邱某以其当日的穿着虽为短裤及塑料拖鞋，但干净整洁，不属衣冠不整之列为由，认为甲公司不应拒绝其消费，那么衣冠不整由何人认定呢？邱某的衣着是否属于衣冠不整，影响其他消费者的消费，应当由经营者根据法律有关规定及其经营过程中所形成的公序良俗和一般人的通常理解来认定。显然，甲公司根据邱某当日的衣着情况拒绝其消费，并不违反法律规定，也不违背常人的理解。而邱某认为甲公司拒绝其进店伤害了其作为中国人的自尊心，这是一种动不动就“上纲上线”的做法。商业就是商业，远没有民族自尊心那么沉重，因此，甲公司的做法与是否侵犯了邱某作为中国人的自尊心没有关系。因此，应当驳回邱某的诉讼请求。

中华人民共和国消费者权益保护法

第七条 消费者在购买、使用商品和接受服务时享有人身、财产安全不受损害的权利。

消费者有权要求经营者提供的商品和服务，符合保障人身、财产安全的要求。

第九条 消费者享有自主选择商品或者服务的权利。

消费者有权自主选择提供商品或者服务的经营者，自主选择商品品种或者服务方式，自主决定购买或者不购买任何一种商品、接受或者不接受任何一项服务。

消费者在自主选择商品或者服务时，有权进行比较、鉴别和挑选。

3. 顾客就餐时不慎摔伤，餐厅是否有赔偿责任？

【知识要点】

消费者在有偿取得服务时有权要求经营者提供的设施、用品符合安全要求，并有相应的保护措施，不危及消费者人身和财产的安全，消费者的权利

同时就是经营者的义务。

典型案例

王某到某饭店就餐。该饭店餐厅地面铺有防滑抛光砖。王某在就餐过程中前倾夹菜时，所坐椅子的前脚突然向后滑动，王某两脚随之翘起，人椅向后滑动两尺多远，王某被摔倒在地。后诊断为：第五骶椎骨折，软组织挫伤，建议全休，且休息期间需人护理，后经法医鉴定为轻伤。于是王某起诉要求某饭店赔偿。

【以案释法】

我国侵权责任法第三十七条规定："宾馆、商场、银行、车站、娱乐场所等公共场所的管理人或者群众性活动的组织者，未尽到安全保障义务，造成他人损害的，应当承担侵权责任。因第三人的行为造成他人损害的，由第三人承担侵权责任；管理人或者组织者未尽到安全保障义务的，承担相应的补充责任。"消费者权益保护法第七条规定："消费者在购买、使用商品和接受服务时享有人身、财产安全不受损害的权利。消费者有权要求经营者提供的商品和服务，符合保障人身、财产安全的要求。"第十一条规定："消费者因购买、使用商品或者接受服务受到人身、财产损害的，享有依法获得赔偿的权利。"第四十条第三款规定："消费者在接受服务时，其合法权益受到损害的，可以向服务者要求赔偿。"顾客进入餐厅就餐，在其取得有偿服务时，有权要求餐厅提供的设施、用品符合安全要求，只要顾客无损伤自身故意，无他人侵害以及本人突发疾病等情况发生，应确定为是餐厅提供的服务设施、用品未完全达到安全要求，因此，顾客身体受到损害，餐厅就应承担赔偿责任。餐厅应赔偿王某的医疗费、护理费、交通费、鉴定费及今后医疗费等费用。

法条链接

中华人民共和国消费者权益保护法

第七条　消费者在购买、使用商品和接受服务时享有人身、财产安全不受损害的权利。

消费者有权要求经营者提供的商品和服务，符合保障人身、财产安全的要求。

第十一条　消费者因购买、使用商品或者接受服务受到人身、财产损害

的，享有依法获得赔偿的权利。

第四十条 消费者在购买、使用商品时，其合法权益受到损害的，可以向销售者要求赔偿。销售者赔偿后，属于生产者的责任或者属于向销售者提供商品的其他销售者的责任的，销售者有权向生产者或者其他销售者追偿。

消费者或者其他受害人因商品缺陷造成人身、财产损害的，可以向销售者要求赔偿，也可以向生产者要求赔偿。属于生产者责任的，销售者赔偿后，有权向生产者追偿。属于销售者责任的，生产者赔偿后，有权向销售者追偿。

消费者在接受服务时，其合法权益受到损害的，可以向服务者要求赔偿。

中华人民共和国侵权责任法

第三十七条 宾馆、商场、银行、车站、娱乐场所等公共场所的管理人或者群众性活动的组织者，未尽到安全保障义务，造成他人损害的，应当承担侵权责任。

因第三人的行为造成他人损害的，由第三人承担侵权责任；管理人或者组织者未尽到安全保障义务的，承担相应的补充责任。

4. 客人在住宿期间遭人殴打，酒店应否承担损害赔偿责任?

【知识要点】

消费者如果在酒店遭人殴打，既可直接追究加害人的侵权责任，也可向作为经营者的酒店请求赔偿。

典型案例

贾某（女）于2013年1月12日在某酒店登记住宿。当晚11时许，贾某从外面返回酒店，在该店四楼走廊里遇到4名不明身份的男子，其中一男子对其进行调戏、殴打，致其人身受到伤害。在贾某遭受殴打的过程中，有数人进行围观，其中有该店的保安人员及服务人员。尽管贾某大声呼救，却无人出来制止。事后，4名男子扬长而去。贾某被打后去医院治疗，经医院诊断其伤情为：头部外伤综合征，腹部及四肢多处软组织挫伤。贾某因向酒店索赔无果，遂于2013年2月2日起诉到人民法院要求酒店赔偿医疗费、精神损失费等。

【以案释法】

本案中，贾某登记住宿，接受酒店提供的有偿服务，是一种消费行为。该酒店是提供住宿服务的经营者。消费者权益保护法第七条第一款规定：“消费者在购买、使用商品和接受服务时享有人身、财产安全不受损害的权利。”第十八条规定，经营者应当保证其提供的商品或者服务符合保障人身、财产安全的要求。贾某作为消费者依法享有在酒店处的人身和财产安全不受损害的权利，酒店作为经营者即负有依法保障顾客人身和财产安全的义务。为了保障住店顾客的人身和财产安全，酒店应有完善的管理措施，明确其保安部门的职责，并要保证其职能部门依法履行其义务。民法通则第一百零六条第一款规定：“公民、法人违反合同或者不履行其他义务的，应当承担民事责任。”侵权责任法第三十七条规定：“宾馆、商场、银行、车站、娱乐场所等公共场所的管理人或者群众性活动的组织者，未尽到安全保障义务，造成他人损害的，应当承担侵权责任。因第三人的行为造成他人损害的，由第三人承担侵权责任；管理人或者组织者未尽到安全保障义务的，承担相应的补充责任。”消费者权益保护法第十一条规定：“消费者因购买、使用商品或者接受服务受到人身、财产损害的，享有依法获得赔偿的权利。”在本案中，某酒店的工作人员在贾某遭他人殴打时，有义务也有条件履行其法定义务，却在一旁围观，其行为违反了法律要求，致使贾某合法权益受到不应有的损害，酒店应对此承担民事赔偿责任。

本案中，贾某受到的是人身伤害，系生命健康权受到侵害，因此，某酒店所应承担的是相应的经济赔偿责任。而精神损害赔偿，是当事人人格权受到不法侵害时，侵权人应承担的一种民事责任。本案贾某的人格权并未受到侵害，故其要求精神损害赔偿是没有事实和法律依据的，其只能请求人身损害赔偿。在请求人身损害赔偿时，贾某既可向直接加害人请求赔偿，也可向作为经营者的酒店请求赔偿。直接加害人应对自己的侵权行为承担全部赔偿责任，不存在和本案某酒店分担的问题；某酒店也应对其不履行法定义务的行为造成的后果承担全部的赔偿责任，但在承担后可向直接加害人追索自己不应负担的部分。

中华人民共和国消费者权益保护法

第七条第一款　消费者在购买、使用商品和接受服务时享有人身、财产安全不受损害的权利。

第十一条 消费者因购买、使用商品或者接受服务受到人身、财产损害的，享有依法获得赔偿的权利。

第十八条 经营者应当保证其提供的商品或者服务符合保障人身、财产安全的要求。对可能危及人身、财产安全的商品和服务，应当向消费者作出真实的说明和明确的警示，并说明和标明正确使用商品或者接受服务的方法以及防止危害发生的方法。

宾馆、商场、餐馆、银行、机场、车站、港口、影剧院等经营场所的经营者，应当对消费者尽到安全保障义务。

中华人民共和国民法通则

第一百零六条第一款 公民、法人违反合同或者不履行其他义务的，应当承担民事责任。

中华人民共和国侵权责任法

第三十七条 宾馆、商场、银行、车站、娱乐场所等公共场所的管理人或者群众性活动的组织者，未尽到安全保障义务，造成他人损害的，应当承担侵权责任。

因第三人的行为造成他人损害的，由第三人承担侵权责任；管理人或者组织者未尽到安全保障义务的，承担相应的补充责任。

5. 获赠商品导致人身伤害，经营者是否应当承担责任?

【知识要点】

消费者在购物时获赠商品导致人身伤害，可以依据合同法、消费者权益保护法和侵权责任法的规定，要求经营者承担赔偿责任。

典型案例

张某在某商场购物的过程中获赠电饭煲一个。张某在使用该电饭煲煮饭时，不慎触及电饭煲外壳而被电击伤，造成左手部分功能丧失，后经法医鉴定为7级伤残。张某向当地人民法院提起诉讼，要求某商场赔偿损失。人民法院委托产品质量技术监督部门对该电饭煲进行检验，结果是该电饭煲常态绝缘电阻为零，可以直接导致电饭煲外壳带电，为质量不合格商品。

【以案释法】

我国侵权责任法第四十一条规定："因产品存在缺陷造成他人损害的，生产者应当承担侵权责任。"第四十二条规定："因销售者的过错使产品存在缺陷，造成他人损害的，销售者应当承担侵权责任。销售者不能指明缺陷产品的生产者也不能指明缺陷产品的供货者的，销售者应当承担侵权责任。"第四十三条规定："因产品存在缺陷造成损害的，被侵权人可以向产品的生产者请求赔偿，也可以向产品的销售者请求赔偿。产品缺陷由生产者造成的，销售者赔偿后，有权向生产者追偿。因销售者的过错使产品存在缺陷的，生产者赔偿后，有权向销售者追偿。"合同法第一百八十五条规定："赠与合同是赠与人将自己的财产无偿给予受赠人，受赠人表示接受赠与的合同。"第一百九十一条第一款规定："赠与的财产有瑕疵的，赠与人不承担责任。附义务的赠与，赠与的财产有瑕疵的，赠与人在附义务的限度内承担与出卖人相同的责任。""买一赠一"中的赠与，并非是无偿的，而是有条件或附义务的，即必须购买价值较大的商品，因而接受的赠品仍然是通过有价交换而取得，只不过消费者不必直接就该赠品的价格负担付款义务。该付款义务已转移到赠与前的商品买卖之中，这个商品买卖就是赠与的前提条件。因此，在本案中的赠与并不是无偿的，而是商品买卖中附条件的赠与。某商场从商品买卖中获取利润，按照权利与义务相对等的原则，某商场应对其赠品的瑕疵承担责任。由于某商场提供的赠品——电饭煲质量不合格，导致张某在使用过程中因电饭煲漏电被电击伤致残，某商场应当承担赔偿责任。

法条链接

中华人民共和国合同法

第一百八十五条　赠与合同是赠与人将自己的财产无偿给予受赠人，受赠人表示接受赠与的合同。

第一百九十一条第一款　赠与的财产有瑕疵的，赠与人不承担责任。附义务的赠与，赠与的财产有瑕疵的，赠与人在附义务的限度内承担与出卖人相同的责任。

中华人民共和国侵权责任法

第四十一条　因产品存在缺陷造成他人损害的，生产者应当承担侵权责任。

第四十二条　因销售者的过错使产品存在缺陷，造成他人损害的，销售

者应当承担侵权责任。

销售者不能指明缺陷产品的生产者也不能指明缺陷产品的供货者的，销售者应当承担侵权责任。

第四十三条 因产品存在缺陷造成损害的，被侵权人可以向产品的生产者请求赔偿，也可以向产品的销售者请求赔偿。

产品缺陷由生产者造成的，销售者赔偿后，有权向生产者追偿。

因销售者的过错使产品存在缺陷的，生产者赔偿后，有权向销售者追偿。

6. 出售商品低于市场价格，销售者应否承担保证义务？

【知识要点】

我国禁止倾销，经营者不得以排挤竞争对手为目的，以低于成本的价格销售商品。经营者有自主经营的权利，在不违反法律规定的前提下，有权根据自己的商品属性、经营情况等确定商品的销售价格。但是，低价销售并不意味着免除了经营者对商品质量的保证义务，消费者仍然享有获得质量合格商品的权利。

典型案例

孙某为筹建一小型酒店，在进行店面装潢过程中需要使用一批地面砖。2012 年 7 月，孙某与董某经协商达成买卖地面砖的口头协议，由孙某向董某购买低于市价的地面砖，之后董某将上述地面砖送至孙某处。该批地面砖没有具体的生产厂名、厂址和产品合格证。10 月，孙某购买的地面砖开始出现表面剥落和磨损等严重现象，便与董某进行交涉，董某也到现场进行了察看。董某承认地面砖质量有问题，但认为其售价低于市场价格，因此质量差点儿是正常的，因此拒绝赔偿。于是，孙某向消费者协会投诉。消费者协会也多次组织双方进行协商，但未能达成一致协议。孙某遂起诉至人民法院，请求人民法院判令董某双倍返还地面砖价款，并赔偿相应的经济损失。

【以案释法】

我国侵权责任法第四十二条规定："因销售者的过错使产品存在缺陷，造成他人损害的，销售者应当承担侵权责任。销售者不能指明缺陷产品的生产者也不能指明缺陷产品的供货者的，销售者应当承担侵权责任。"第四十三条规定："因产品存在缺陷造成损害的，被侵权人可以向产品的生产者请求赔偿，也可以向产品的销售者请求赔偿。产品缺陷由生产者造成的，销售者赔偿后，有权向生产者追偿。因销售者的过错使产品存在缺陷的，生产者赔偿后，有权向销售者追偿。"消费者权益保护法第十六条规定："经营者向消费者提供商品或者服务，应当依照本法和其他有关法律、法规的规定履行义务。经营者和消费者有约定的，应当按照约定履行义务，但双方的约定不得违背法律、法规的规定。经营者向消费者提供商品或者服务，应当恪守社会公德，诚信经营，保障消费者的合法权益；不得设定不公平、不合理的交易条件，不得强制交易。"第十八条规定："经营者应当保证其提供的商品或者服务符合保障人身、财产安全的要求。对可能危及人身、财产安全的商品和服务，应当向消费者作出真实的说明和明确的警示，并说明和标明正确使用商品或者接受服务的方法以及防止危害发生的方法。宾馆、商场、餐馆、银行、机场、车站、港口、影剧院等经营场所的经营者，应当对消费者尽到安全保障义务。"产品质量法第二十七条规定："产品或者其包装上的标识必须真实，并符合下列要求：（一）有产品质量检验合格证明；（二）有中文标明的产品名称、生产厂厂名和厂址；（三）根据产品的特点和使用要求，需要标明产品规格、等级、所含主要成份的名称和含量的，用中文相应予以标明；需要事先让消费者知晓的，应当在外包装上标明，或者预先向消费者提供有关资料；（四）限期使用的产品，应当在显著位置清晰地标明生产日期和安全使用期或者失效日期；（五）使用不当，容易造成产品本身损坏或者可能危及人身、财产安全的产品，应当有警示标志或者中文警示说明。裸装的食品和其他根据产品的特点难以附加标识的裸装产品，可以不附加产品标识。"因此，销售者一旦违反了法律所规定的产品质量保障义务，出售了不合格的产品，就要依法承担相应的法律责任。但是，销售者在承担产品质量责任上也有一个例外，我国消费者权益保护法在第二十三条作出了明确规定，经营者应当保证在正常使用商品或者接受服务的情况下其提供的商品或者服务应当具有的质量、性能、用途和有效期限；但消费者在购买该商品或者接受该服务前已经知道其存在瑕疵，且存在该瑕疵不违反法律强制性规定的除外。在本案中，董某所出售的地面砖不仅不符合产品出售时所必须具备

的基本条件，而且客观上在产品使用过程中也有了不合格的表现，因此应当为不合格产品，在其没有证据证明孙某在购买时已经知道地面砖不合格的情况下，当然要对出售不合格产品承担相应的法律责任，其关于价格便宜就不能保证产品质量的辩称理由是缺乏法律依据的，因此，董某应当向孙某赔偿相应的经济损失。

法条链接

中华人民共和国消费者权益保护法

第十六条　经营者向消费者提供商品或者服务，应当依照本法和其他有关法律、法规的规定履行义务。

经营者和消费者有约定的，应当按照约定履行义务，但双方的约定不得违背法律、法规的规定。

经营者向消费者提供商品或者服务，应当恪守社会公德，诚信经营，保障消费者的合法权益；不得设定不公平、不合理的交易条件，不得强制交易。

第二十三条　经营者应当保证在正常使用商品或者接受服务的情况下其提供的商品或者服务应当具有的质量、性能、用途和有效期限；但消费者在购买该商品或者接受该服务前已经知道其存在瑕疵，且存在该瑕疵不违反法律强制性规定的除外。

经营者以广告、产品说明、实物样品或者其他方式表明商品或者服务的质量状况的，应当保证其提供的商品或者服务的实际质量与表明的质量状况相符。

经营者提供的机动车、计算机、电视机、电冰箱、空调器、洗衣机等耐用商品或者装饰装修等服务，消费者自接受商品或者服务之日起六个月内发现瑕疵，发生争议的，由经营者承担有关瑕疵的举证责任。

中华人民共和国产品质量法

第二十七条　产品或者其包装上的标识必须真实，并符合下列要求：

（一）有产品质量检验合格证明；

（二）有中文标明的产品名称、生产厂厂名和厂址；

（三）根据产品的特点和使用要求，需要标明产品规格、等级、所含主要成份的名称和含量的，用中文相应予以标明；需要事先让消费者知晓的，应当在外包装上标明，或者预先向消费者提供有关资料；

（四）限期使用的产品，应当在显著位置清晰地标明生产日期和安全使

用期或者失效日期；

（五）使用不当，容易造成产品本身损坏或者可能危及人身、财产安全的产品，应当有警示标志或者中文警示说明。

裸装的食品和其他根据产品的特点难以附加标识的裸装产品，可以不附加产品标识。

7. 抄录价格招致殴打，游客可否要求赔偿？

【知识要点】

经营者以格式合同、通知、声明、店堂告示等形式作出对消费者不公平、不合理的规定，或者以此减轻、免除自己应当承担的民事责任，消费者可以依据合同法、侵权责任法和消费者权益保护法主张其没有法律效力。

典型案例

2012 年 6 月 8 日下午，张某在某超市购买饮料，但发现其标价与自己平时购买的价格不同，遂掏出纸笔将标价抄录下来以便回家比较。张某此举当即遭到几个保安人员的制止，并被要求交出抄了价格的纸条。张某不同意，于是双方争执起来。几名保安员动手殴打张某。事发后，该超市有关负责人声称张某违反了商场“严禁抄写商品价格”的规定，侵犯了商场的“商业秘密”。张某遂向人民法院起诉，要求赔偿损失。

【以案释法】

“货比三家”是消费者最基本的购物常识，其目的是为了买到物美价廉的商品。

禁止“货比三家”实际上侵犯了消费者的知情权。消费者享有知悉真情权，经营者不得以格式合同、店堂告示等方式予以排除。消费者权益保护法第八条规定：“消费者享有知悉其购买、使用的商品或者接受的服务的真实情况的权利。消费者有权根据商品或者服务的不同情况，要求经营者提供商品的价格、产地、生产者、用途、性能、规格、等级、主要成份、生产日期、有效期限、检验合格证明、使用方法说明书、售后服务，或者服务的内

容、规格、费用等有关情况。”第二十六条规定，经营者不得以格式条款、通知、声明、店堂告示等方式作出对消费者不公平、不合理的规定，或者减轻、免除其损害消费者合法权益应当承担的责任。格式条款、通知、声明、店堂告示等含有前款所列内容的，其内容无效。合同法也在第四十条明文规定，提供格式条款一方免除其责任、加重对方责任、排除对方主要权利的，该条款无效。由此可见，商家的“禁止抄写价格”的规定因为排除了消费者的主要权利所以不具有任何法律效力。

我国侵权责任法第十五条规定：“承担侵权责任的方式主要有：（一）停止侵害；（二）排除妨碍；（三）消除危险；（四）返还财产；（五）恢复原状；（六）赔偿损失；（七）赔礼道歉；（八）消除影响、恢复名誉。以上承担侵权责任的方式，可以单独适用，也可以合并适用。”第三十七条第一款规定：“宾馆、商场、银行、车站、娱乐场所等公共场所的管理人或者群众性活动的组织者，未尽到安全保障义务，造成他人损害的，应当承担侵权责任。”本案中，消费者张某没有义务遵守商家无效的店堂告示，其抄写价格的行为也不构成对商业秘密的侵犯。因此，商家的主张是没有法律依据的。消费者在购买、使用商品和接受服务时享有人身、财产安全不受损害的权利。商家殴打消费者，侵犯了其人身权利，因此必须赔礼道歉，并赔偿损失。

法条链接

中华人民共和国消费者权益保护法

第八条 消费者享有知悉其购买、使用的商品或者接受的服务的真实情况的权利。

消费者有权根据商品或者服务的不同情况，要求经营者提供商品的价格、产地、生产者、用途、性能、规格、等级、主要成份、生产日期、有效期限、检验合格证明、使用方法说明书、售后服务，或者服务的内容、规格、费用等有关情况。

第二十六条 经营者在经营活动中使用格式条款的，应当以显著方式提请消费者注意商品或者服务的数量和质量、价款或者费用、履行期限和方式、安全注意事项和风险警示、售后服务、民事责任等与消费者有重大利害关系的内容，并按照消费者的要求予以说明。

经营者不得以格式条款、通知、声明、店堂告示等方式，作出排除或者限制消费者权利、减轻或者免除经营者责任、加重消费者责任等对消费者不

公平、不合理的规定，不得利用格式条款并借助技术手段强制交易。

格式条款、通知、声明、店堂告示等含有前款所列内容的，其内容无效。

中华人民共和国侵权责任法

第十五条 承担侵权责任的方式主要有：

（一）停止侵害；

（二）排除妨碍；

（三）消除危险；

（四）返还财产；

（五）恢复原状；

（六）赔偿损失；

（七）赔礼道歉；

（八）消除影响、恢复名誉。

以上承担侵权责任的方式，可以单独适用，也可以合并适用。

第三十七条 宾馆、商场、银行、车站、娱乐场所等公共场所的管理人或者群众性活动的组织者，未尽到安全保障义务，造成他人损害的，应当承担侵权责任。

因第三人的行为造成他人损害的，由第三人承担侵权责任；管理人或者组织者未尽到安全保障义务的，承担相应的补充责任。

8. 购物时遭搜身，可否要求精神损害赔偿？

【知识要点】

消费者如在超市购物被强行搜身，不仅可以要求经营者赔偿财产损失，也可以要求精神损害赔偿。

典型案例

王某（女）到某超市购物。付款后，由于该超市收银员的疏忽大意，未将王某所购物品消磁，以致王某在离店时该店电子报警装置铃声大作。该超市保安人员立即将王某的包及电脑结账单索至结账处检查。值班经理在未查明事实的情况下，将王某拉到办公室，结果造成群众围观。在该

超市办公室，王某被强行搜身，并滞留了几个小时。在搜不出任何未交费物品的情况下，超市工作人员不得不将王某放走。王某于是向人民法院起诉，要求赔偿经济及精神损失。

【以案释法】

所谓侵权行为，是指行为人由于过错侵害他人的财产权和人身权，依法应当承担民事责任的不法行为，以及依据法律特别规定应当承担民事责任的其他侵权行为。消费者权益保护法第十一条规定："消费者因购买、使用商品或者接受服务受到人身、财产损害的，享有依法获得赔偿的权利。"本案中，由于超市工作人员的过失，未将王某所购物品消磁，导致电子报警装置振响，在未从包中检查出任何未交费物品的情况下，又不问清缘由，将王某带至办公室强行搜身。超市方面的行为已构成对王某的侵权，理应赔偿损失，包括财产损失和精神损失。

我国侵权责任法第十五条规定："承担侵权责任的方式主要有：（一）停止侵害；（二）排除妨碍；（三）消除危险；（四）返还财产；（五）恢复原状；（六）赔偿损失；（七）赔礼道歉；（八）消除影响、恢复名誉。以上承担侵权责任的方式，可以单独适用，也可以合并适用。"第三十七条规定："宾馆、商场、银行、车站、娱乐场所等公共场所的管理人或者群众性活动的组织者，未尽到安全保障义务，造成他人损害的，应当承担侵权责任。因第三人的行为造成他人损害的，由第三人承担侵权责任；管理人或者组织者未尽到安全保障义务的，承担相应的补充责任。"消费者权益保护法第十四条规定："消费者在购买、使用商品和接受服务时，享有人格尊严、民族风俗习惯得到尊重的权利，享有个人信息依法得到保护的权利。"第二十七条规定："经营者不得对消费者进行侮辱、诽谤，不得搜查消费者的身体及其携带的物品，不得侵犯消费者的人身自由。"可见，如果经营者侵害消费者人身权，比如，有对消费者进行侮辱诽谤、搜查消费者的身体及其携带的物品、限制消费者的人身自由的行为，消费者可以依侵权责任法和消费者权益保护法的规定，要求精神损害赔偿。关于赔偿数额，人民法院根据侵权人的过错程度、侵权行为的具体情节、给受害人造成精神损害的后果等情况来确定。

法条链接

中华人民共和国消费者权益保护法

第十一条 消费者因购买、使用商品或者接受服务受到人身、财产损害的，享有依法获得赔偿的权利。

第十四条 消费者在购买、使用商品和接受服务时，享有人格尊严、民族风俗习惯得到尊重的权利，享有个人信息依法得到保护的权利。

第二十七条 经营者不得对消费者进行侮辱、诽谤，不得搜查消费者的身体及其携带的物品，不得侵犯消费者的人身自由。

中华人民共和国侵权责任法

第十五条 承担侵权责任的方式主要有：

（一）停止侵害；

（二）排除妨碍；

（三）消除危险；

（四）返还财产；

（五）恢复原状；

（六）赔偿损失；

（七）赔礼道歉；

（八）消除影响、恢复名誉。

以上承担侵权责任的方式，可以单独适用，也可以合并适用。

第三十七条 宾馆、商场、银行、车站、娱乐场所等公共场所的管理人或者群众性活动的组织者，未尽到安全保障义务，造成他人损害的，应当承担侵权责任。

因第三人的行为造成他人损害的，由第三人承担侵权责任；管理人或者组织者未尽到安全保障义务的，承担相应的补充责任。

9. 新婚录像缺少重要内容，应否赔偿精神损失费？

【知识要点】

结婚仪式录像如果缺少重要内容，消费者有权要求服务合同方支付违约

金和精神损失费。

典型案例

2013年4月，胡某、祁某到婚纱摄影城商定结婚录像事项。双方商定由摄影城于5月1日为胡某和祁某的结婚仪式录像，费用400元，胡某当时交纳押金100元。随后，胡某派人到摄影城交纳了全部费用。5月3日，胡某将从摄影城取回的光碟播放时，发现缺少“拜高堂、夫妻对拜、喝交杯酒”等重要内容。这给新婚夫妇造成了终身遗憾及精神上的痛苦，胡某要求婚纱摄影城退回录像费，并赔偿精神损失费，但婚纱摄影城只同意退回录像费，不同意赔偿其精神损失费。双方为此发生纠纷。胡某遂起诉至人民法院，请求人民法院判令婚纱摄影城向其赔礼道歉，退回录像费，并赔偿精神损失费。

【以案释法】

民法通则第一百二十条规定，公民的姓名权、肖像权、名誉权、荣誉权受到侵害的，有权要求停止侵害，恢复名誉，消除影响，赔礼道歉，并可以要求赔偿损失。法人的名称权、名誉权、荣誉权受到侵害的，适用前款规定。消费者权益保护法第二十三条规定，经营者应当保证在正常使用商品或者接受服务的情况下其提供的商品或者服务应当具有的质量、性能、用途和有效期限；但消费者在购买该商品或者接受该服务前已经知道其存在瑕疵，且存在瑕疵不违反法律强制性规定的除外。经营者以广告、产品说明、实物样品或者其他方式表明商品或者服务的质量状况的，应当保证其提供的商品或者服务的实际质量与表明的质量状况相符。胡某与摄影城之间口头约定的录像协议，属于期待精神利益合同的一种。期待精神利益合同，是指合同一方基于获取精神方面享受的目的而与他方订立的合同。随着社会文明的进步，人们对精神生活方面的追求显得越来越强烈，以期待精神利益为目的的合同也越来越多，如看演出合同、照相合同、录像合同，等等。这种合同多发生在第三产业领域内。在期待精神利益的合同中，如果提供服务的一方没有履行义务或履行义务不适当，另一方所期待的精神利益就可能不会实现或不会完全实现。在本案中，婚纱摄影城有偿为胡某、祁某提供的婚礼录像服务存在严重的瑕疵。根据我国民间结婚的风俗习惯，“拜高堂、夫妻对拜、喝交杯酒”是婚礼中非常重要的内容，而婚纱摄影城的录像行为使胡某准备永久保存的婚礼录像资料不能完整，胡某期待的精神利益不能完全实现，给

胡某造成了终身遗憾。合同法第一百一十三条规定，当事人一方不履行合同义务或者履行合同义务不符合约定，给对方造成损失的，损失赔偿额应当相当于因违约所造成的损失，包括合同履行后可以获得的利益，但不得超过违反合同一方订立合同时预见到或者应当预见到的因违反合同可能造成的损失。经营者对消费者提供商品或者服务有欺诈行为的，依照消费者权益保护法的规定承担损害赔偿责任。侵权责任法第二条规定："侵害民事权益，应当依照本法承担侵权责任。本法所称民事权益，包括生命权、健康权、姓名权、名誉权、荣誉权、肖像权、隐私权、婚姻自主权、监护权、所有权、用益物权、担保物权、著作权、专利权、商标专用权、发现权、股权、继承权等人身、财产权益。"第三条规定："被侵权人有权请求侵权人承担侵权责任。"第十五条规定："承担侵权责任的方式主要有：（一）停止侵害；（二）排除妨碍；（三）消除危险；（四）返还财产；（五）恢复原状；（六）赔偿损失；（七）赔礼道歉；（八）消除影响、恢复名誉。以上承担侵权责任的方式，可以单独适用，也可以合并适用。"根据以上法律规定，合同违约应赔偿的损失，既包括受害人遭受的全部实际损失，又包括受害人在合同履行后可以获得的利益。本案即属于期待精神利益合同，期待精神利益方胡某没有实现或没有完全实现的精神利益，就是可得利益，这种损失理应得到婚纱摄影城的赔偿。

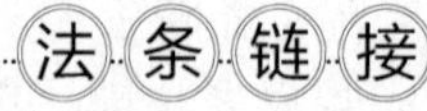

中华人民共和国民法通则

第一百二十条 公民的姓名权、肖像权、名誉权、荣誉权受到侵害的，有权要求停止侵害，恢复名誉，消除影响，赔礼道歉，并可以要求赔偿损失。

法人的名称权、名誉权、荣誉权受到侵害的，适用前款规定。

中华人民共和国消费者权益保护法

第二十三条 经营者应当保证在正常使用商品或者接受服务的情况下其提供的商品或者服务应当具有的质量、性能、用途和有效期限；但消费者在购买该商品或者接受该服务前已经知道其存在瑕疵，且存在该瑕疵不违反法律强制性规定的除外。

经营者以广告、产品说明、实物样品或者其他方式表明商品或者服务的质量状况的，应当保证其提供的商品或者服务的实际质量与表明的质量状况相符。

经营者提供的机动车、计算机、电视机、电冰箱、空调器、洗衣机等耐

用商品或者装饰装修等服务，消费者自接受商品或者服务之日起六个月内发现瑕疵，发生争议的，由经营者承担有关瑕疵的举证责任。

中华人民共和国合同法

第一百一十三条第一款 当事人一方不履行合同义务或者履行合同义务不符合约定，给对方造成损失的，损失赔偿额应当相当于因违约所造成的损失，包括合同履行后可以获得的利益，但不得超过违反合同一方订立合同时预见到或者应当预见到的因违反合同可能造成的损失。

中华人民共和国侵权责任法

第二条 侵害民事权益，应当依照本法承担侵权责任。

本法所称民事权益，包括生命权、健康权、姓名权、名誉权、荣誉权、肖像权、隐私权、婚姻自主权、监护权、所有权、用益物权、担保物权、著作权、专利权、商标专用权、发现权、股权、继承权等人身、财产权益。

第三条 被侵权人有权请求侵权人承担侵权责任。

第十五条 承担侵权责任的方式主要有：

（一）停止侵害；

（二）排除妨碍；

（三）消除危险；

（四）返还财产；

（五）恢复原状；

（六）赔偿损失；

（七）赔礼道歉；

（八）消除影响、恢复名誉。

以上承担侵权责任的方式，可以单独适用，也可以合并适用。

第三章　交通事故责任

1. 将报废车辆卖后发生交通事故，原车辆所有人应否承担责任?

【知识要点】

在二手车买卖中，经常有人贪图便宜购买报废车辆，或者某些车主隐瞒车辆要报废的情况，将报废车辆恶意卖给他人，以至造成交通事故，在第一种情况下，原车辆所有人和购买人不但要接受公安机关交通管理部门的行政处罚，还要对事故的发生承担连带责任，可视为两者共同侵权，受害者可以向任何一方要求全部赔偿。在第二种情况下，报废车辆的买受人可以申请买卖合同无效，并可以要求报废车辆的原所有人赔偿自己的经济损失，因车辆自身问题发生交通事故的，报废车辆的买受者可不承担责任，责任由原车辆所有人承担。在二手车买卖当中，买受人一定要将拟购买的机动车的情况核实清楚，以防被骗后引起不必要的麻烦。

典型案例

2012 年 1 月，山东省某市运输公司将应当报废的一辆解放牌卡车卖给一名下岗职工刘某，由于担心交通管理局不给过户，就没有办理过户手续。刘某将其用于个体运输业务。2013 年 6 月，刘某拉了一车煤炭在国道上行驶，突然刹车失灵，将前面一正常行驶的出租车尾箱撞瘪，致使出租车驾驶员孙某胸部撞在方向盘上受重创。孙某在住院治疗过程中，花去医疗费 13000 多元。经公安机关现场勘查，认定刘某承担事故的全部责任。经公安机关调解，双方达成赔偿协议，刘某赔偿孙某因交通事故产生的各种损失，共计 3 万元。后因刘某缺乏赔偿能力，赔偿协议一直未履行。2013 年 10 月，孙某起诉至人民法院，要求刘某及肇事车辆所有人某运输公司共同赔偿其医疗费、护理费、误工费、精神损失费共计 35000 元。

【以案释法】

我国侵权责任法第四十八条规定："机动车发生交通事故造成损害的，依照道路交通安全法的有关规定承担赔偿责任。"第五十一条规定："以买卖等方式转让拼装或者已达到报废标准的机动车，发生交通事故造成损害的，由转让人和受让人承担连带责任。"道路交通安全法第十四条规定："国家实行机动车强制报废制度，根据机动车的安全技术状况和不同用途，规定不同的报废标准。应当报废的机动车必须及时办理注销登记。达到报废标准的机动车不得上道路行驶。报废的大型客、货车及其他营运车辆应当在公安机关交通管理部门的监督下解体。"第一百条规定："驾驶拼装的机动车或者已达到报废标准的机动车上道路行驶的，公安机关交通管理部门应当予以收缴，强制报废。对驾驶前款所列机动车上道路行驶的驾驶人，处二百元以上二千元以下罚款，并吊销机动车驾驶证。出售已达到报废标准的机动车的，没收违法所得，处销售金额等额的罚款，对该机动车依照本条第一款的规定处理。"从我国道路交通安全法的规定来看，我国是严格限制即将报废车辆的运营的，对违反相关规定的给予严厉的处罚。

在本案中，某运输公司将应当报废的车辆加以转让，客观上造成了机动车运行的风险和交通运输的安全隐患，构成了对社会安全和他人生命、财产权的威胁，对交通事故的发生负有一定的责任。因此，运输公司应当与驾驶员共同承担连带责任，在机动车驾驶员无力赔偿的情况下，承担赔偿责任。同时公安机关交通管理部门还应当将该解放牌卡车强制收缴并强制报废，没收某运输公司的卖车所得，并处卖车款额相等的罚款，对购买该车的刘某处罚款并吊销机动车驾驶证。

法条链接

中华人民共和国道路交通安全法

第十四条　国家实行机动车强制报废制度，根据机动车的安全技术状况和不同用途，规定不同的报废标准。

应当报废的机动车必须及时办理注销登记。

达到报废标准的机动车不得上道路行驶。报废的大型客、货车及其他营运车辆应当在公安机关交通管理部门的监督下解体。

第一百条　驾驶拼装的机动车或者已达到报废标准的机动车上道路行驶的，公安机关交通管理部门应当予以收缴，强制报废。

对驾驶前款所列机动车上道路行驶的驾驶人，处二百元以上二千元以下罚款，并吊销机动车驾驶证。

出售已达到报废标准的机动车的，没收违法所得，处销售金额等额的罚款，对该机动车依照本条第一款的规定处理。

中华人民共和国侵权责任法

第四十八条 机动车发生交通事故造成损害的，依照道路交通安全法的有关规定承担赔偿责任。

第五十一条 以买卖等方式转让拼装或者已达到报废标准的机动车，发生交通事故造成损害的，由转让人和受让人承担连带责任。

2. 车辆买卖时未办理过户手续，发生交通事故由谁承担责任?

【知识要点】

我国法律规定机动车辆只有在办理过户的情况下才产生所有权转移的后果，而在现实生活的二手车买卖中，由于过户需要缴纳一笔过户费用，因此很多人选择了不办理过户，这是相关法律规定所禁止的。自 2001 年最高人民法院的司法解释出台以来，没有办理过户的原车主对因车辆交通事故致使他人损害的情况不再承担赔偿责任，一定程度上使买车不过户的现象增加。但是，应当清醒地看到，虽然在赔偿责任方面原车主没有了负担，但是仍然会产生很多关于车辆所有权的民事纠纷，因此，不要贪图一时小利而给自己带来更大的麻烦，买卖车辆一定要过户。

典型案例

张某于 2012 年买了一辆时代轻卡跑运输，后生意不景气，2013 年将车转手卖给了同村的王某，王某开了半年后又卖给了高某，在这两次车辆买卖中，由于不想缴纳过户费，他们都没有办理过户手续。2013 年 10 月 27 日，高某在某一旅游景点入口处不小心将游客李先生撞成重伤，后交管部门查出该车仍在张某的户下。后因赔偿问题没有协商成功，高某见受害者李先生伤势严重，花费巨大，就逃往外地而不归。无奈之下，李先生将张某和高某一同告上法庭，要求他们共同承担赔偿责任。

【以案释法】

我国侵权责任法第五十条规定：“当事人之间已经以买卖等方式转让并交付机动车但未办理所有权转移登记，发生交通事故后属于该机动车一方责任的，由保险公司在机动车强制保险责任限额范围内予以赔偿。不足部分，由受让人承担赔偿责任。”道路交通安全法第十二条规定：“有下列情形之一的，应当办理相应的登记：（一）机动车所有权发生转移的；（二）机动车登记内容变更的；（三）机动车用作抵押的；（四）机动车报废的。”道路交通安全法实施条例第七条第一款规定：“已注册登记的机动车所有权发生转移的，应当及时办理转移登记。”可见，机动车买卖是要式法律行为，过户手续是机动车交易的生效要件。因为，机动车作为一种有相当危险性的运输工具，对其交易行为必须加以严格限制，才能更好地保护机动车所有人和社会公众的利益。2001 年12 月 31 日《最高人民法院关于连环购车未办理过户手续原车主是否对机动车发生交通事故致人损害承担责任的复函》中明确指出：连环购车未办理过户手续，因车辆已交付，原车主既不能支配该车的运营，也不能从该车的运营中获得利益，故原车主不应对机动车发生交通事故致人损害承担责任。但是，连环购车未办理过户手续的行为，违反有关行政管理法规的，应受其规定的调整。因此，原车主对未过户的车辆发生交通事故致人损害不承担赔偿责任。原车主不承担赔偿责任并不是意味着不承担任何责任，因为车辆买卖未过户违反了道路交通安全法和侵权责任法，应当承担相应的行政责任。

中华人民共和国侵权责任法

第五十条 当事人之间已经以买卖等方式转让并交付机动车但未办理所有权转移登记，发生交通事故后属于该机动车一方责任的，由保险公司在机动车强制保险责任限额范围内予以赔偿。不足部分，由受让人承担赔偿责任。

中华人民共和国道路交通安全法

第十二条 有下列情形之一的，应当办理相应的登记：

（一）机动车所有权发生转移的；

（二）机动车登记内容变更的；

（三）机动车用作抵押的；

（四）机动车报废的。

中华人民共和国道路交通安全法实施条例

第七条第一款 已注册登记的机动车所有权发生转移的，应当及时办理转移登记。

3. 发生交通事故，能否直接向人民法院提起诉讼？

【知识要点】

在发生交通事故后，对于机动车参加第三者责任强制保险的，受害人或者被保险人应当立即通知保险公司，保险公司会立即给予答复，同时告知被保险人或者受害人具体的赔偿程序等有关事项，受害人就能及时从保险公司那里获得保险赔偿金，对不足以弥补受害人损失的，受害人要及时同交通事故肇事者达成赔偿协议，协议达不成的可以申请公安部门予以调解或者直接向人民法院起诉。一般来说，公安部门的调解不具有法律的强制力，为避免调解后交通肇事人不履行赔偿协议，受害者应当及早向人民法院提起诉讼。早起诉既可以防止证据丢失，也能够早日拿到赔偿款。对于受害者受伤比较严重的并符合下列情况之一的：抢救费用超过强制保险责任限额的、肇事机动车未参加强制保险的、机动车肇事后逃逸的，受害人可以申请道路交通事故社会救助基金，该基金将会对在道路交通事故中导致人身伤亡的丧葬费用、部分或者全部抢救费用先行垫付，救助基金可以垫付受伤人员自接受抢救之时起72小时内的抢救费用；特殊情况下超过72小时的抢救费用由医疗机构书面说明理由。

典型案例

某日，任某驾驶大货车在某区撞伤当地居民张某，张某共花去医药费3000余元。公安机关交通管理部门认定任某承担事故主要责任，张某承担次要责任。张某要求任某承担赔偿责任，任某总是推托不付，公安机关交通管理部门又不对此事故进行调解。为此，张某直接向事故发生地某区人民法院提起民事诉讼。

【以案释法】

道路交通事故损害赔偿争议的解决途径有直接向保险公司索赔、协商、调解、起诉四种。参加机动车第三者责任强制保险的机动车发生交通事故，损失未超过强制保险责任限额范围的，当事人可以直接向保险公司索赔，也可以协商处理损害赔偿事宜，协商赔偿数额和赔偿方式。对交通事故损害赔偿的争议，当事人可以请求公安机关交通管理部门调解，也可以直接向人民法院提起民事诉讼。

道路交通安全法第七十四条规定："对交通事故损害赔偿的争议，当事人可以请求公安机关交通管理部门调解，也可以直接向人民法院提起民事诉讼。经公安机关交通管理部门调解，当事人未达成协议或者调解书生效后不履行的，当事人可以向人民法院提起民事诉讼。"根据这一规定，调解由法定变成了自愿，不再是当事人向人民法院起诉的前置程序。在当事人同时使用诉讼和调解这两种途径解决损害赔偿争议的，采取民事诉讼优先的原则，即诉讼不受调解的影响，但调解受诉讼的影响。这是因为，人民法院作出的交通事故损害赔偿调解或者判决具有法律的强制力，公安机关交通管理部门作出的调解书并没有法律的约束力，如果出现法院调解书或判决书与公安机关交通管理部门的调解书同时并存的情况，需要按照人民法院的判决书或者调解书执行。这样公安机关交通管理部门的调解就没有了任何意义，变成了重复劳动。在这种情况下当事人向人民法院提起民事诉讼的，公安机关交通管理部门不再受理调解申请；当事人向人民法院提起诉讼，人民法院未予受理的，当事人仍可以选择向公安机关交通管理部门提出调解申请。公安机关交通管理部门调解期间，当事人向人民法院提起民事诉讼的，调解终止。

中华人民共和国道路交通安全法

第七十四条 对交通事故损害赔偿的争议，当事人可以请求公安机关交通管理部门调解，也可以直接向人民法院提起民事诉讼。

经公安机关交通管理部门调解，当事人未达成协议或者调解书生效后不履行的，当事人可以向人民法院提起民事诉讼。

4. 发生交通事故，受害人家属是否有权扣留肇事车辆？

【知识要点】

在交通事故发生后，肇事车辆一般在事故发生后由交管部门予以暂扣，以便查清肇事原因并认定事故责任。受害人及其家属没有私自扣留肇事车辆的权利，其应当在事故发生后积极要求理赔。肇事车辆在交警部门扣押期间，发现肇事车主没有其他财产可以赔偿或者主观上不愿意进行赔偿的时候，受害人应当及时提起诉讼，并对车辆申请财产保全。在申请对肇事车辆进行保全的时候，受害人应当提供担保，以便人民法院及时作出保全措施。

典型案例

2012 年 12 月 25 日，江某因驾驶机动车超速，将横穿公路的王某撞成重伤。王某的亲属在事故发生后，担心江某不赔偿事故损失，就在交警赶到现场之前将江某的汽车开走并藏匿起来，并将江某车上价值 1 万元的水果扣押。事故处理民警赶到现场后，要求王某的亲属将车辆和货物交出，王某的亲属不但拒绝交出，还与民警发生争执。3 天后，王某的亲属见水果已经腐烂，才将水果交出。

【以案释法】

《道路交通事故处理程序规定》第二十八条规定，因收集证据需要扣留事故车辆及机动车行驶证的，公安机关交通管理部门应当开具行政强制措施凭证，将车辆移至指定的地点并妥善保管。公安机关交通管理部门不得扣留事故车辆所载货物。对所载货物在核实重量、体积及货物损失后，通知机动车驾驶人或者货物所有人自行处理。当事人不自行处理的，按照《公安机关办理行政案件程序规定》第一百六十二条第一款和第一百七十一条的规定，对于依法扣押、扣留、查封、抽样取证、追缴、收缴的财物以及由公安机关负责保管的先行登记保存的财物，公安机关应当妥善保管，不得使用、挪用、调换或者损毁。造成损失的，应当承担赔偿责任。对应当退还原主或者当事人的财物，通知原主或者当事人在六个月内来领取；原主不明确的，应当采取公告方式告知原主认领。在通知原主、当事人或者公告后六个月内，无人认领的，按无主财物处理，登记后上缴国库，或者依法变卖或者拍卖后，将所得款项上缴国库。遇有特殊情况的，可酌情延期处理，延长期限最

长不超过三个月。暂扣交通事故车辆的权力只能由公安机关行使，其他任何单位和个人都无权扣留交通事故车辆、车辆牌证和当事人的相关证件，也不得扣留交通事故车辆的驾驶员和货物。对非法扣留交通事故车辆、牌证、货物的，公安机关应该劝告其返还。经劝告仍不返还或拒绝、阻碍公安机关依法执行公务的，可依照治安管理处罚法第五十条进行处罚。对非法扣留车辆、货物或者驾驶员，造成财物损失、人身伤害的，还应当赔偿损失。本案中，王某的亲属无权扣押江某的车辆和货物，公安机关为了办理案件的需要，有权责令其交出车辆及货物，对水果受到的损失，江某有权要求王某的亲属给予赔偿。

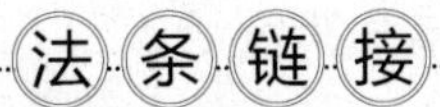

道路交通事故处理程序规定

第二十八条 因收集证据的需要，公安机关交通管理部门可以扣留事故车辆及机动车行驶证，并开具行政强制措施凭证。扣留的车辆及机动车行驶证应当妥善保管。

公安机关交通管理部门不得扣留事故车辆所载货物。对所载货物在核实重量、体积及货物损失后，通知机动车驾驶人或者货物所有人自行处理。无法通知当事人或者当事人不自行处理的，按照《公安机关办理行政案件程序规定》的有关规定办理。

公安机关办理行政案件程序规定

第一百六十二条第一款 对于依法扣押、扣留、查封、抽样取证、追缴、收缴的财物以及由公安机关负责保管的先行登记保存的财物，公安机关应当妥善保管，不得使用、挪用、调换或者损毁。造成损失的，应当承担赔偿责任。

第一百七十一条 对应当退还原主或者当事人的财物，通知原主或者当事人在六个月内来领取；原主不明确的，应当采取公告方式告知原主认领。在通知原主、当事人或者公告后六个月内，无人认领的，按无主财物处理，登记后上缴国库，或者依法变卖或者拍卖后，将所得款项上缴国库。遇有特殊情况的，可酌情延期处理，延长期限最长不超过三个月。

5. 发生交通事故后没有保护现场导致责任无法认定，应当如何处理?

【知识要点】

根据我国道路交通安全法实施条例的规定，发生交通事故后，公安机关交通管理部门应当根据交通事故当事人的行为对发生交通事故所起的作用以及过错的严重程度，确定当事人的责任。当事人故意破坏、伪造现场、毁灭证据的，承担全部责任。因此，肇事司机在及时对受害人进行救助的同时要注意保护好现场，以便交通管理部门认定事故责任。事故发生后，当事人可以采取下列方法保护现场：(1) 交通事故发生后，要立即确定现场范围，用白灰、沙石、树枝、绳索等将现场标围封闭，并注意看护，禁止一切车辆和行人进入。标围现场时，应尽量做到不妨碍交通；(2) 若要在现场抢救伤员，应标记伤员的原始位置，以证明现场的变动情况；(3) 遇到有下雨、下雪、刮风等自然现象，对现场可能造成破坏时，可用席子、塑料布等将现场的尸体、血迹、车痕、制动印痕和其他散落物等遮盖起来；(4) 现场如果有扩大事故的因素，如汽油外溢、车上装有易燃、易爆、剧毒、放射性物品时，应立即设法消除，并向周围的行人讲明现场的危险性，必要时应将危险车辆驶离现场；(5) 要注意寻找证人，记下见证人的身份、住址等；(6) 在繁华或重要路段发生的事故，要服从值勤民警的指挥。在做好标记后，将车辆移出现场，以恢复正常交通，但不准擅自移动车辆，也不能未经标记而移动车辆。同时交通事故发生后，当事人应当注意重点保护以下事故现场痕迹：(1) 路面痕迹：如车辆制动印痕、扎压痕迹、侧滑印痕、行人鞋底与路面擦痕及油迹、水迹、血迹等；(2) 车辆及人体擦撞痕迹：如各种车辆部件造成的刮痕、沟槽、服装搓擦痕、车身浮尘擦痕等；(3) 路面遗留物：如玻璃、漆片等散落物及人体组织剥落物等。

典型案例

某日，蔡某驾驶一辆小货车在经过某市第一小学门口时，为躲避一辆逆行车辆将正横穿马路的小学生郭某撞成重伤。当时，天正在下雪，蔡某见郭某被撞倒后，立即下车，并拦了一辆出租车，将郭某送往医院。由于急着抢救郭某，蔡某没有记下逆行车辆的车牌号，并在移动郭某时，

没有标记郭某的位置，也没有对自己车辆的刹车印痕进行遮盖，结果被雪掩没。公安机关在勘查现场时，因现场遭到严重破坏，无法认定事故发生的基本过程，无法认定事故责任。

【以案释法】

道路交通安全法实施条例第九十二条第二款规定，当事人故意破坏、伪造现场、毁灭证据的，承担全部责任。本案中，蔡某由于在抢救伤者的过程中没有注意保护现场，导致责任无法认定，如果认定为故意破坏现场有些勉强。但从最终处理结果上看，对蔡某仍然十分不利。因为，道路交通安全法第七十六条第一款第二项规定，机动车与非机动车驾驶人、行人之间发生交通事故，非机动车驾驶人、行人没有过错的，由机动车一方承担赔偿责任；有证据证明非机动车驾驶人、行人有过错的，根据过错程度适当减轻机动车一方的赔偿责任；机动车一方没有过错的，承担不超过百分之十的赔偿责任。交通事故的损失是由非机动车驾驶人、行人故意碰撞机动车造成的，机动车一方不承担赔偿责任。由于蔡某没有保护现场，就没有充分的证据证明是否有交通违法行为，自己是否采取了必要的处置措施，最终很有可能要承担全部的事故赔偿责任。

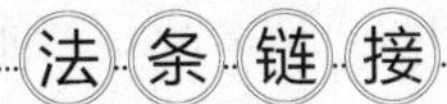

中华人民共和国道路交通安全法

第七十六条 机动车发生交通事故造成人身伤亡、财产损失的，由保险公司在机动车第三者责任强制保险责任限额范围内予以赔偿；不足的部分，按照下列规定承担赔偿责任：

（一）机动车之间发生交通事故的，由有过错的一方承担赔偿责任；双方都有过错的，按照各自过错的比例分担责任。

（二）机动车与非机动车驾驶人、行人之间发生交通事故，非机动车驾驶人、行人没有过错的，由机动车一方承担赔偿责任；有证据证明非机动车驾驶人、行人有过错的，根据过错程度适当减轻机动车一方的赔偿责任；机动车一方没有过错的，承担不超过百分之十的赔偿责任。

交通事故的损失是由非机动车驾驶人、行人故意碰撞机动车造成的，机动车一方不承担赔偿责任。

中华人民共和国道路交通安全法实施条例

第九十二条第二款 当事人故意破坏、伪造现场、毁灭证据的，承担全部责任。

6. 无证驾车正常行驶发生事故，是否应当承担责任?

【知识要点】

无证驾驶是发生交通事故的一个重要原因，因此，我国道路交通安全法规定对无证驾驶的要处以罚款，并可以给予行政拘留。无证驾驶是一种严重的违法行为，但是，无证驾驶同交通事故责任认定没有必然的联系，交通事故的责任认定主要还是公安机关交通管理部门根据交通事故当事人的行为对发生交通事故所起的作用以及过错的严重程度，来确定当事人的责任。但是应当看到，即使无证驾驶对事故的发生没有过错的情况下，仍然要受到罚款的处罚。一旦出现交通事故，根据最高人民法院的司法解释，无证驾驶发生交通事故，只要造成1人重伤，并对事故负主要或者全部责任的，就以交通肇事罪定罪处罚。同时，我国法律还规定对出借给无证驾驶人的车辆所有人进行罚款处罚，并可以行政拘留，如果此时无证驾驶发生交通事故，根据民法的共同侵权理论，车辆所有人和无证驾驶者要承担连带赔偿责任。因此，为了他人和自己的安全，不要无证驾驶，更不要把自己的车辆借给无驾驶证的人。

典型案例

李某系一长途运输的个体户。2012年7月30日，李某驾车到邻县运输货物。在返回途中，行经县城的十字路口，其由北向西右转弯时，与张某驾驶的由南向西正常行驶左转弯的小客车相撞，两车损失惨重，张某受轻伤。公安机关在调查中发现，张某系无证驾车，但事故的发生是由于李某违反了道路交通安全法实施条例第五十二条第四项“相对方向行驶的右转弯的机动车让左转弯的车辆先行”的规定，由此认定李某负事故的全部责任。

【以案释法】

确定当事人是否应当承担事故责任，其中重要的一点是要确定当事人的交通违法行为与交通事故的发生之间是否有因果关系。侵权责任法第四十八条规定："机动车发生交通事故造成损害的，依照道路交通安全法的有关规定承担赔偿责任。"道路交通安全法实施条例第九十一条规定，公安机关交通管理部门应当根据交通事故当事人的行为对发生交通事故所起的作用以及过错的严重程度，确定当事人的责任。根据上述规定，认定交通事故当事人的责任，主要有以下三个标准：(1) 事故当事人行为与事故发生之间有无因果关系。认定事故当事人的责任，首先要看行为人的行为和事故的发生和损害之间有没有因果关系，如果没有因果关系，即使行为人的行为属于严重违法行为，也不应有事故责任。如当事人无证驾驶，但在道路上严格遵守了通行的规则，在道路上正常行驶，但被后车追尾，在这种情况下，当事人无证驾驶的行为就与事故发生之间没有因果关系，无证驾驶的前车当事人就没有责任，而应当认定后车的全部责任。(2) 事故当事人行为对发生交通事故所起的作用，即对事故发生原因力的大小。原因力是指在导致事故发生的共同原因中，每一个原因对于损害结果发生或者扩大所发挥的作用力。(3) 当事人过错的程度。在因果关系确定以后，对当事人的责任比例的确定，主要是根据当事人过错的严重程度来确定的。

本案中，张某无证驾驶虽然是一种交通违法行为，但这个行为对于本起事故的发生没有法律上的因果关系，不承担事故责任，应由李某承担全部的事故责任。违法行为是造成交通事故的原因，但并不是所有违法都能引发交通事故。无证驾驶是一种严重违法行为，但并不意味着只要无证驾车，就一定发生交通事故，有驾驶证不一定就不发生交通事故。实践证明，无证驾驶本身不是事故发生的必然因素。在分析事故原因时，应先将有无驾驶证暂时搁置一边，强调不管是有证还是无证，都应遵守有关道路交通管理法律、法规，谁有违法行为，且该行为与事故的发生有因果关系，谁就应承担事故责任。无证驾车者除"无证"外，在驾车过程中如果没有其他违法行为，就不负交通事故责任。如果有违法行为，应根据其行为与事故之间因果关系的大小，承担相应的事故责任。如果该违法行为与事故的发生没有因果关系，就不应承担事故责任。

法条链接

中华人民共和国侵权责任法

第四十八条 机动车发生交通事故造成损害的，依照道路交通安全法的有关规定承担赔偿责任。

中华人民共和国道路交通安全法实施条例

第九十一条 公安机关交通管理部门应当根据交通事故当事人的行为对发生交通事故所起的作用以及过错的严重程度，确定当事人的责任。

7. 行人在机动车之间穿行发生交通事故，应当承担何种责任?

【知识要点】

道路交通安全法在处理机动车和行人发生的交通事故案件时，采取了优者负担风险的原则，在机动车和行人发生的交通事故当中，除非是非机动车驾驶人、行人故意造成的，否则机动车驾驶人必须承担责任，无论非机动车驾驶人、行人对事故的发生是否有过错，机动车驾驶人要减轻自己的责任，必须积极举证非机动车驾驶人、行人有违反交通安全法律、法规的情况，或者证明自己已经采取必要处置措施，否则，将会承担举证不力的后果。因此，在发生交通事故时，车辆驾驶人应当立即停车，保护现场；造成人身伤亡的，车辆驾驶人应当立即抢救受伤人员，并迅速报告执勤的交通警察或者公安机关交通管理部门。因抢救受伤人员变动现场的，应当标明位置，以此来保存证据。

典型案例

某市市中心的一个十字路口经常发生交通堵塞。虽然公安机关多次整顿，并加强了交警值勤，规范了交通标志，但还是经常发生路口交通不畅的情况。2012 年 12 月 20 日早晨，该路口又发生了交通堵塞。上班的车辆、自行车和行人挤成一团。由于该路口的人行横道已经被排成长龙的机动车堵死，行人只好从机动车之间穿行。行人林某开始只是站在路口东侧的人行道上观望，后来见路口的交通一点儿畅通的迹象都没有，

实在等不及了，便也加入了从车龙中穿行的自行车和行人的行列。林某准备从一辆大巴车前面穿过去，但大巴车与前车之间的间隔只有2米多，而从该间隔处穿行的两个方向的自行车和行人又多，林某只好又一次停下来等待。看自行车和行人都过得差不多了，而大巴车还没有启动的迹象，林某就迈步穿越该间隔。这时大巴车启动跟进前方的车辆，林某想抽身回来已来不及，被大巴车右前轮当场轧死。

【以案释法】

在处理交通事故的过程中，有一个十分重要的原则：优者负担风险。其含义是，在交通事故中，根据车辆和行人在物理冲撞的过程中危险性的大小，危险回避能力的优劣来分配责任。道路交通安全法第七十六条规定："……（二）机动车与非机动车驾驶人、行人之间发生交通事故，非机动车驾驶人、行人没有过错的，由机动车一方承担赔偿责任；有证据证明非机动车驾驶人、行人有过错的，根据过错程度适当减轻机动车一方的赔偿责任；机动车一方没有过错的，承担不超过百分之十的赔偿责任。交通事故的损失是由非机动车驾驶人、行人故意碰撞机动车造成的，机动车一方不承担赔偿责任。"该条为在道路交通过程中处于优势地位的机动车一方规定了较为严格的无过错责任，体现了优者负担风险的原则。在交通运输的过程中，机动车一方要比非机动车与行人承担更为严格的高度注意和确保安全的义务。道路交通安全法第六十二条规定："行人通过路口或者横过道路，应当走人行横道或者过街设施；通过有交通信号灯的人行横道，应当按照交通信号灯指示通行；通过没有交通信号灯、人行横道的路口，或者在没有过街设施的路段横过道路，应当在确认安全后通过。"在此次交通事故中，行人林某没有违反该条的规定，在通过马路时走的是十字路口的过街通道，并且已经履行了其应尽的注意义务。林某在人行横道上的等待和在通过间隔处的等待均说明其对安全的注意，他是在看到许多自行车和行人均从大巴车的前方安全通过的情况下才穿越大巴车与前方车辆的间隔的，他有理由确信行人在自己穿越的过程中，大巴车的驾驶人会履行其应当履行的高度注意义务，不会启动车辆。而大巴车驾驶员则没有履行其应尽的义务，虽然该大巴车没有前视镜，看不到车辆前方下面的情况，其右前角是驾驶员的视觉盲区，但该大巴车在十字路口的人行横道上等待前进的时候，有大量的自行车和行人从车前方通过，驾驶员不可能不知道。因此，在大巴车启动时，驾驶员应当注意车辆的前方是否还有自行车和行人在穿行。而驾驶员仅凭自己的感觉，认为车

前面的自行车和行人已经过得差不多了，就贸然启动车辆跟进前方的车辆，没有尽到高度注意和确保安全的义务。在启动车辆之前没有对车辆前方的情况高度注意，以确保安全。所以，此次交通事故中，机动车一方负有重大过错，应当承担此次交通事故的全部责任。

法条链接

中华人民共和国道路交通安全法

第六十二条 行人通过路口或者横过道路，应当走人行横道或者过街设施；通过有交通信号灯的人行横道，应当按照交通信号灯指示通行；通过没有交通信号灯、人行横道的路口，或者在没有过街设施的路段横过道路，应当在确认安全后通过。

第七十六条 机动车发生交通事故造成人身伤亡、财产损失的，由保险公司在机动车第三者责任强制保险责任限额范围内予以赔偿；不足的部分，按照下列规定承担赔偿责任：

（一）机动车之间发生交通事故的，由有过错的一方承担赔偿责任；双方都有过错的，按照各自过错的比例分担责任。

（二）机动车与非机动车驾驶人、行人之间发生交通事故，非机动车驾驶人、行人没有过错的，由机动车一方承担赔偿责任；有证据证明非机动车驾驶人、行人有过错的，根据过错程度适当减轻机动车一方的赔偿责任；机动车一方没有过错的，承担不超过百分之十的赔偿责任。

交通事故的损失是由非机动车驾驶人、行人故意碰撞机动车造成的，机动车一方不承担赔偿责任。

中华人民共和国侵权责任法

第四十八条 机动车发生交通事故造成损害的，依照道路交通安全法的有关规定承担赔偿责任。

8. 危险路段未及时整改发生事故，路政、公安部门应否赔偿？

【知识要点】

公路本身的状况也是交通事故发生的原因之一，公路由于各种原因成为

危险路段后，交警部门应该及时加强管理，防止交通事故的发生，保障人民群众的生命和财产安全；路政部门应该及时进行排险和抢修，确保公路早日成为健康路段。对于一个经常发生事故的危险路段，交警和公路部门都没有尽到应尽的责任的，对事故的发生负有不可推卸的责任，因此应当进行赔偿。当事人可以提起民事赔偿，在民事赔偿诉讼中，受害人及其家属要充分举证公路管理部门、交警部门没有尽到应尽的责任，自己举证有困难的，可以要求人民法院进行查证。

典型案例

某市城乡结合部道路上有一处急拐弯，由于拐弯幅度较大，距离短，司机的视距受限，在该拐弯处经常发生交通事故。交警部门将该路段列为危险路段并报告了公路管理部门，发出了整改通知书，但公路管理部门一直未对该路段进行整改。交警部门在发出整改通知书后，也未对该路段采取加强管理措施。某日晚，该路段又发生了一起车毁人亡的重大交通事故。受害人家属向人民法院提起诉讼，要求路政部门、公安部门赔偿。

【以案释法】

人民警察法第六条第三项规定："公安机关的人民警察按照职责分工，依法履行下列职责：……（三）维护交通安全和交通秩序，处理交通事故；"1988 年 4 月 6 日下发的《公安部关于迅速采取措施严防发生大客车交通事故的紧急通知》中明确要求，公安部门要会同有关部门对公路上的事故多发地段进行一次勘查，对不符合工程设计要求，极易引起事故的危路、险桥、急弯、陡坡等，要商同公路建设部门尽快设置必要的交通标志和有效的安全设施。1990 年 5 月 30 日，公安部在下发的《特大道路交通事故预防对策研讨会纪要》中指出："要重视事故多发路段的调查和治理。一方面，要积极向政府、有关部门呼吁，尽可能投资改善山区道路条件；另一方面，要在近期内大力加强对事故多发路段的整治。贵州、江西、江苏等省的经验是：（一）各市、县公安交通警察队要由队长负责，商请公路部门，对辖区内的公路进行一次全面的调查摸底，找出事故多发路段的隐患，提出有针对性的治理方案，如对危险路段实施降坡、截弯、加宽，设置防护栏、桩，平整路面等，报告当地政府，并建议公路部门纳入计划，本着先干线后支线的原则，逐步整修改造，最大限度地消除和减少诱发特大事故的客观隐患……

（三）发生特大事故，凡是与道路条件有关的，都请公路部门到现场察看，积极建议公路部门加快危险路段的改造。道路工程一时解决不了的，要加强管理，如限速、限时、分流；遇有冰、雪、雨、雾天气，要按照预防事故的方案，交通民警到指定地段加班加岗，给过往车辆打招呼，防止发生事故。”公路法第三十五条规定：“公路管理机构应当按照国务院交通主管部门规定的技术规范和操作规程对公路进行养护，保证公路经常处于良好的技术状态。”综合上述规定，交警部门与公路部门对危险路段都有管理和注意的义务，只是两者履行管理和注意义务的方式不同。公路部门承担养护责任，以及设置必要的交通标志和有效的安全设施。交警的职责在于：当发现有危险路段存在时，及时向公路部门发出整改通知。在道路工程一时解决不了时，要对危险路段加强管理，采取有效措施避免危险的发生。

本案中，该路段因为弯急屡次发生交通事故，交警部门已经发现了道路上存在的安全隐患，并向公路部门发出了整改通知书。但公路部门没有履行其整改危险路段、设置必要的交通标志和有效的安全设施的职责，交警部门也没有履行其在公路管理部门对该路段进行整改前加强管理，如限速、限时、分流；遇有冰、雪、雨、雾天气，要按照预防事故的方案，交通民警到指定路段加班加岗，给过往车辆打招呼，防止发生事故的职责。如果两者履行了其法定职责，交通事故就有可能避免。因此，两者不履行其法定职责的行为与交通事故的发生，以及公民、法人和其他组织的合法权益所遭受的损害之间存在因果关系，应当共同承担赔偿责任。

法条链接

中华人民共和国人民警察法

第六条 公安机关的人民警察按照职责分工，依法履行下列职责：

（一）预防、制止和侦查违法犯罪活动；

（二）维护社会治安秩序，制止危害社会治安秩序的行为；

（三）维护交通安全和交通秩序，处理交通事故；

（四）组织、实施消防工作，实行消防监督；

（五）管理枪支弹药、管制刀具和易燃易爆、剧毒、放射性等危险物品；

（六）对法律、法规规定的特种行业进行管理；

（七）警卫国家规定的特定人员，守卫重要的场所和设施；

（八）管理集会、游行、示威活动；

（九）管理户政、国籍、入境出境事务和外国人在中国境内居留、旅行

的有关事务；

（十）维护国（边）境地区的治安秩序；

（十一）对被判处拘役、剥夺政治权利的罪犯执行刑罚；

（十二）监督管理计算机信息系统的安全保护工作；

（十三）指导和监督国家机关、社会团体、企业事业组织和重点建设工程的治安保卫工作，指导治安保卫委员会等群众性组织的治安防范工作；

（十四）法律、法规规定的其他职责。

9. 正常行驶撞上违章进入高速公路的行人，肇事车辆是否可以免责?

【知识要点】

高速公路是相对比较封闭，且机动车辆行驶速度相对较快的快速行车道。一些人为图方便，经常不顾法律的规定穿越高速公路，因此发生的交通事故比较多。道路交通安全法的立法宗旨是，在高速公路上，机动车辆与行人发生交通事故的，肇事车辆要承担一部分责任。虽然车辆是在高速公路上行驶较在一般的道路上行驶享有更高的路权，但这并不意味着驾驶员在高速公路上就可以不尽机动车驾驶人的高度注意、谨慎驾驶、确保安全和结果避免的义务。这是机动车驾驶人在任何情况下的当然义务。毕竟人的生命权益是最高的，不能因为保障交通的畅行而以人的生命为代价。因此，在高速公路上发生交通事故后，受害人可以要求肇事车辆承担责任。

典型案例

许某系京郊居民。2011 年 10 月 10 日，其在回家途中，为抄近路，从京沈高速公路护栏破损处进入高速公路。当其行至高速公路出京方向二车道时，撞上谭某驾驶的奥迪轿车。许某受撞击飞出 10 余米，当场死亡。公安机关经现场勘查，得出结论：奥迪车当时的车速为每小时 100 公里，处于正常行驶状态。于是，公安机关认定许某负事故的全部责任。死者家属不服公安机关的责任认定，提出复议要求。复议机关经审查后，维持原公安机关作出的责任认定。

【以案释法】

我国道路交通安全法第六十七条规定："行人、非机动车、拖拉机、轮式专用机械车、铰接式客车、全挂拖斗车以及其他设计最高时速低于七十公里的机动车，不得进入高速公路。高速公路限速标志标明的最高时速不得超过一百二十公里。"这一规范具有加强高速公路交通管理和规范高速公路交通秩序的重要意义。同时道路交通安全法规定的机动车与行人发生交通事故的归责原则是无过错责任，即无论机动车一方有无过错，均应承担相应的责任。只有一种情况下机动车一方可以免责，即"交通事故的损失是由非机动车驾驶人、行人故意碰撞机动车造成的，机动车一方不承担赔偿责任"。（道路交通安全法第七十六条第二款）这一规定显示了我国法治文明的进步，体现了对交通事故中处于弱势地位的非机动车驾驶人和行人一方的保护，同时，也是为了补偿在交通事故中遭受巨大身心伤害和经济损失的非机动车驾驶人、行人及其家属，对稳定社会秩序、平衡社会各方的利益具有重要的意义。因此，虽然非法进入高速公路的行人在交通事故发生后，属于重大过错方，其非法进入高速公路的行为是违法行为，但是该违法行为并不属于道路交通安全法规定的机动车辆可以免责的情况，因此，肇事车辆驾驶人只能减轻其责任，受害人负主要责任。

中华人民共和国道路交通安全法

第六十七条　行人、非机动车、拖拉机、轮式专用机械车、铰接式客车、全挂拖斗车以及其他设计最高时速低于七十公里的机动车，不得进入高速公路。高速公路限速标志标明的最高时速不得超过一百二十公里。

第七十六条第二款　交通事故的损失是由非机动车驾驶人、行人故意碰撞机动车造成的，机动车一方不承担赔偿责任。

中华人民共和国侵权责任法

第四十八条　机动车发生交通事故造成损害的，依照道路交通安全法的有关规定承担赔偿责任。

10. 两车相撞伤及第三人，可否要求肇事双方承担连带赔偿责任?

【知识要点】

两车相撞伤及第三人，应当依据各加害人的过错划定相应的责任，并在明确各加害人赔偿份额的基础上要求其承担连带责任。

典型案例

某日，张某驾车陪妻子到市中心繁华地段商场购物。返回途中，张某由于与妻子聊天，注意力分散，在一小巷与马路交叉口拐弯时与陈某驾驶的一辆微型面包车相撞。由于陈某的车速较快，受撞后偏离原行驶方向，撞到正骑自行车经过该路口的李某，致其倒地后受重伤。张某与陈某亦在事故中受伤，车辆不同程度受损。公安机关经现场勘查后认定，肇事双方均负有一定的责任。依据“过失相抵”的原则，两车相撞导致的经济损失由各自承担。对于李某在本次交通事故中所受的损害，公安机关认定由直接致害人陈某承担责任。

【以案释法】

道路交通安全法第四十四条规定：“机动车通过交叉路口，应当按照交通信号灯、交通标志、交通标线或者交通警察的指挥通过；通过没有交通信号灯、交通标志、交通标线或者交通警察指挥的交叉路口时，应当减速慢行，并让行人和优先通行的车辆先行。”张某在驾驶机动车的过程中与他人聊天，注意力分散，没有尽到机动车驾驶人在驾驶机动车过程中的高度注意义务。陈某在通过交叉路口时，没有依法“减速慢行”，对事故的发生也有一定的过错。依据道路交通安全法第七十六条“机动车之间发生交通事故的，由有过错的一方承担赔偿责任；双方都有过错的，按照各自过错的比例分担责任”的规定，公安机关认定当事人双方承担同等责任，各自负担自己的损失是正确的。对于受害人李某的损失由谁承担的问题，首先要解决的核心问题是张某与陈某的违章驾驶行为是否构成共同侵权。这直接关系到肇事车辆双方在对李某的损害赔偿问题上的责任关系——即由其中一方承担责任还是由双方共同承担责任；是承担按份责任还是连带责任。

共同侵权可以分为两类：一是有意思联络的共同侵权，包括共同故意的行为、共同过失的行为；二是无意思联络的共同侵权，主要指虽无意思联络，但

损害结果不可分割的侵权行为。本案中，张某与陈某素不相识，只是偶然的因素使两车相撞，造成了第三人李某重伤的后果。二人没有共同的故意或过失，但李某的损失是由张某和陈某共同造成的，且不可分割，所以，可以认定张某与陈某的行为属于无意思联络的共同侵权。综上所述，导致交通事故第三人李某受重伤的直接因素是陈某驾驶的车辆的撞击，但其实质是张某与陈某共同违章造成的交通事故的合力。李某受重伤的结果是张某与陈某共同违章造成的损害结果的延续，是整个交通事故的组成部分。因此，张某与陈某构成交通事故中的共同侵权人，应当对李某的损害承担连带赔偿责任，多承担的一方可以向另一方追偿。

中华人民共和国道路交通安全法

第四十四条　机动车通过交叉路口，应当按照交通信号灯、交通标志、交通标线或者交通警察的指挥通过；通过没有交通信号灯、交通标志、交通标线或者交通警察指挥的交叉路口时，应当减速慢行，并让行人和优先通行的车辆先行。

第七十六条　机动车发生交通事故造成人身伤亡、财产损失的，由保险公司在机动车第三者责任强制保险责任限额范围内予以赔偿；不足的部分，按照下列规定承担赔偿责任：

（一）机动车之间发生交通事故的，由有过错的一方承担赔偿责任；双方都有过错的，按照各自过错的比例分担责任。

（二）机动车与非机动车驾驶人、行人之间发生交通事故，非机动车驾驶人、行人没有过错的，由机动车一方承担赔偿责任；有证据证明非机动车驾驶人、行人有过错的，根据过错程度适当减轻机动车一方的赔偿责任；机动车一方没有过错的，承担不超过百分之十的赔偿责任。

交通事故的损失是由非机动车驾驶人、行人故意碰撞机动车造成的，机动车一方不承担赔偿责任。

中华人民共和国侵权责任法

第四十八条　机动车发生交通事故造成损害的，依照道路交通安全法的有关规定承担赔偿责任。

11. 有偿搭乘发生交通事故，能否要求赔偿损失?

【知识要点】

车主有偿同意乘客搭乘，其和搭乘人之间就形成了权利义务关系，负有安全送达乘客的义务，如果发生交通事故，无论是否属于自己的责任，都构成违约，都应该对乘客进行赔偿。乘客既可以对车主提起违约之诉，也可以对肇事车辆提起侵权之诉，但只能选择其一，不能同时提起。因此，在起诉的时候应当核查对方的实际履行能力，择一履行能力强的起诉。

典型案例

刘某乘坐同村柴某的三轮车进城。搭车时，刘某给了柴某3元钱。柴某驾车行至该村自建道路与公路交叉口时，紧随其后的韩某驾驶拖拉机强行超车，与正向左转弯的柴某车辆车尾相撞，柴某车受重力撞击后，翻入路边沟中。驾驶员柴某与乘车人刘某均受伤，三轮车严重损坏。经医院抢救，刘某与柴某均脱离了生命危险。柴某与刘某住院期间，共花去医疗费4000元。刘某出院后，要求柴某与韩某共同承担因交通事故所造成的经济损失。但是三方未达成协议，其中柴某说，他与刘某之间的承运合同无效，自己不承担任何责任。刘某遂向人民法院提起诉讼。

【以案释法】

柴某搭载刘某进城，并收取了刘某3元钱的费用，与刘某发生了客运合同关系。在这种关系中，柴某负有将刘某安全地送达目的地的法律义务。如果柴某未能履行义务，即未能将乘客刘某安全地送达目的地，或是在运送的过程中使刘某的人身受到了损害，又没有相应的免责理由的话，柴某的行为即构成违约。民法通则第一百零六条第一款规定："公民、法人违反合同或者不履行其他义务的，应当承担民事责任。"第一百一十一条规定："当事人一方不履行合同义务或者履行合同义务不符合约定条件的，另一方有权要求履行或者采取补救措施，并有权要求赔偿损失。"柴某在此次交通事故中应当承担合同违约的赔偿责任。刘某享有因合同违约而形成的对柴某的损害赔偿请求权。

道路交通安全法第四十三条规定："同车道行驶的机动车，后车应当

与前车保持足以采取紧急制动措施的安全距离。有下列情形之一的，不得超车：（一）前车正在左转弯、掉头、超车的……”韩某在发现柴某驾驶的车辆向左转弯的情况下，强行超车，将柴某的三轮车撞倒，造成柴某和刘某受到伤害，应当承担交通事故的主要责任。韩某的违法行为侵犯了柴某与刘某的人身权和财产权。柴某和刘某对韩某享有因侵权行为而形成的损害赔偿请求权。这样，刘某便对柴某和韩某享有了两个基于同一损害事实而产生的不同性质的请求权。柴某和韩某应当对刘某承担损害赔偿的连带责任。

法条链接

中华人民共和国民法通则

第一百零六条第一款 公民、法人违反合同或者不履行其他义务的，应当承担民事责任。

第一百一十一条 当事人一方不履行合同义务或者履行合同义务不符合约定条件的，另一方有权要求履行或者采取补救措施，并有权要求赔偿损失。

中华人民共和国道路交通安全法

第四十三条 同车道行驶的机动车，后车应当与前车保持足以采取紧急制动措施的安全距离。有下列情形之一的，不得超车：

（一）前车正在左转弯、掉头、超车的；

（二）与对面来车有会车可能的；

（三）前车为执行紧急任务的警车、消防车、救护车、工程救险车的；

（四）行经铁路道口、交叉路口、窄桥、弯道、陡坡、隧道、人行横道、市区交通流量大的路段等没有超车条件的。

中华人民共和国侵权责任法

第四十八条 机动车发生交通事故造成损害的，依照道路交通安全法的有关规定承担赔偿责任。

第四十九条 因租赁、借用等情形机动车所有人与使用人不是同一人时，发生交通事故后属于该机动车一方责任的，由保险公司在机动车强制保险责任限额范围内予以赔偿。不足部分，由机动车使用人承担赔偿责任；机动车所有人对损害的发生有过错的，承担相应的赔偿责任。

12. 长期雇车情况下发生交通事故，责任应当如何承担？

【知识要点】

在货物运输中，货主雇用他人车辆进行运输可能形成两种不同的法律关系，即雇佣劳动关系和运输合同关系。如果是雇佣劳动关系，在货物运输中发生交通事故的，由雇主承担责任；如果是运输合同关系，在发生交通事故后，货主不但不承担责任，而且有权要求赔偿因事故带来的货物损失。因此，在货物运输中，明确双方的法律关系非常必要。但是，并不是所有的雇佣劳动关系中发生事故后都由雇主担责，如果雇主雇用车主及车辆为自己服务，是因为车主车辆自身的性能原因而发生的交通事故，那么雇主选择驾驶员与车辆的过程中存在选车和选人不当的过错，没有尽到谨慎和注意的义务，存在一定的过错，应该在自己的受益范围内进行赔偿，其余的损失，车主可以向保险公司或者车辆的生产厂商索赔。

典型案例

魏某自有一辆解放牌货车，用于跑运输。林某长期雇魏某的车运货。自合作以来，两人关系十分融洽，运费的数额和结算的方式都是按照惯例进行，到一定时间一次性结清。2012 年 7 月，林某雇魏某的车到外地送货。返回途中，当魏某驾车行至某陡坡路段时，由于天黑路滑，魏某的货车在下坡时刹车失灵，导致车辆失控，栽进了路边的深水沟。在车祸中，魏某与林某分别受了重伤和轻伤，车辆受损。魏某住院治疗期间，共花去医疗费用 8400 元。林某支付了约定的运费。魏某出院后，要求林某承担自己的医疗费用。林某认为事故的发生原因是魏某的车辆安全性能不合格，在车辆下坡时刹车失灵造成的。魏某没有履行将自己安全地送达目的地的义务，应当赔偿自己因交通事故遭受的人身和财产损失。鉴于两人长期合作，关系比较融洽，所以自己没有要求魏某承担赔偿责任，并支付了运费，魏某要求自己赔偿损失实属无理要求，于是拒绝了魏某的要求。魏某遂向人民法院提起诉讼。

【以案释法】

在处理本案前，首先需要明确双方当事人之间的法律关系的性质——究

竟是雇佣劳动关系，还是运输合同关系。这两种法律关系所产生的法律后果是截然不同的。如果是雇佣劳动关系，雇员在为雇主执行职务的过程中遭受的人身和财产损失应当由雇主给予赔偿，也就是人们常说的“工伤”。如果是运输合同关系，依据合同法第二百九十条规定的“承运人应当在约定期间或者合理期间内将旅客、货物安全运输到约定地点”。第三百一十一条规定的“承运人对运输过程中货物的毁损、灭失承担损害赔偿责任，但承运人证明货物的毁损、灭失是因不可抗力、货物本身的自然性质或者合理损耗以及托运人、收货人的过错造成的，不承担损害赔偿责任”。魏某应当赔偿林某因此次交通事故而遭受的人身和财产损失。

本案中，林某对魏某没有管理、支配的权利。魏某在接受林某的运输任务后，自主地决定如何完成这一运输任务。双方订立合同的目的是完成特定的运输任务。如果魏某未按照习惯或者双方的约定完成运输任务，就要对林某承担违约责任。因此，可以认定双方当事人之间是一种运输合同关系，而不是雇佣劳动关系。双方当事人没有在每次运输任务进行前，就这一运输任务的报酬进行具体协商，也没有在每次运输任务完成后对运输劳务的报酬进行结算，这只能视为当事人双方在长期合作的过程中基于诚实信用原则所形成的交易习惯。这样的交易习惯对于降低交易成本和提高交易效率具有很大的作用，在具有长期合作关系的当事人之间是比较常见的，不是当事人之间定时定量领取薪金的雇佣劳动关系。在这种情况下，当事人之间所支付的报酬仍然是每次运输任务完成后的运输费用。如果魏某没有按习惯和当事人之间的约定完成运输任务，就不能获得报酬。至于本案中，在交通事故发生后，林某仍然支付了运输费用，只能视为林某基于双方之间的长期合作所形成的融洽关系，自愿放弃了对魏某违约的索赔权利和免于支付运输费用的权利。

我国侵权责任法第四十九条规定：“因租赁、借用等情形机动车所有人与使用人不是同一人时，发生交通事故后属于该机动车一方责任的，由保险公司在机动车强制保险责任限额范围内予以赔偿。不足部分，由机动车使用人承担赔偿责任；机动车所有人对损害的发生有过错的，承担相应的赔偿责任。”在此次交通事故中，机动车的驾驶人魏某驾驶安全性能不合格的车辆是造成此次交通事故的主要原因。道路交通安全法第二十一条规定：“驾驶人驾驶机动车上道路行驶前，应当对机动车的安全技术性能进行认真检查；不得驾驶安全设施不全或者机件不符合技术标准等具有安全隐患的机动车。”魏某违反了上述规定，对此次交通事故负有过错，应当负交通事故的全部责任，赔偿林某因交通事故而遭受的人身和财产损失。

法条链接

中华人民共和国合同法

第二百九十条 承运人应当在约定期间或者合理期间内将旅客、货物安全运输到约定地点。

第三百一十一条 承运人对运输过程中货物的毁损、灭失承担损害赔偿责任，但承运人证明货物的毁损、灭失是因不可抗力、货物本身的自然性质或者合理损耗以及托运人、收货人的过错造成的，不承担损害赔偿责任。

中华人民共和国道路交通安全法

第二十一条 驾驶人驾驶机动车上道路行驶前，应当对机动车的安全技术性能进行认真检查；不得驾驶安全设施不全或者机件不符合技术标准等具有安全隐患的机动车。

中华人民共和国侵权责任法

第四十九条 因租赁、借用等情形机动车所有人与使用人不是同一人时，发生交通事故后属于该机动车一方责任的，由保险公司在机动车强制保险责任限额范围内予以赔偿。不足部分，由机动车使用人承担赔偿责任；机动车所有人对损害的发生有过错的，承担相应的赔偿责任。

13．交通事故中受害人受伤致残，应当如何索赔？

【知识要点】

交通事故发生后，受害人受伤致残的要积极向肇事车主索赔，造成残疾的可以向肇事车主要求以下内容的赔偿金：医疗费、交通费、因增加生活上需要所支出的必要费用以及因丧失劳动能力导致的收入损失，包括残疾赔偿金、残疾辅助器具费、被扶养人生活费，以及因康复护理、继续治疗实际发生的必要的康复费、护理费、后续治疗费。需要注意的是，受害人在要求赔偿时，所要求的各项赔偿内容的数额必须符合客观公正原则，不能要求过高，除医疗费、交通费、护理费等要以相关票据为准，其他赔偿的内容必须以受诉人民法院所在地上一年度城镇居民人均消费性支出和农村居民人均年生活消费支出标准来计算。其中残疾赔偿金和护理费一般不超过20年。

典型案例

金某是某大型工厂下岗职工，其母宋某，62 周岁，无劳动能力；子金甲，10 周岁，小学五年级学生；妻子张某无工作。为自谋生计，下岗后，金某在某菜市场摆摊卖菜。某日凌晨，金某骑三轮车前往位于市郊的某蔬菜水果批发市场进菜。当经过某夜总会门口时，恰有邢某驾车从夜总会停车场急速驶出，将金某连人带车一起撞出 7 米左右。金某当场重伤昏迷，被邢某等人送往附近的医院治疗。经医院诊断为胸十二椎压缩性粉碎性骨折并截瘫。在整个治疗过程中，金某共花去医疗费 10 万元。在治疗终结后，有关机构作出鉴定，金某的伤残等级为二级。公安机关认定，机动车驾驶人邢某承担此次交通事故的全部责任，非机动车驾驶人金某无责任。在公安机关的主持下，双方当事人就交通事故的损害赔偿问题进行了多次调解，但未能达成一致意见。金某向人民法院起诉，要求人民法院依法判决交通事故的责任人邢某赔偿其住院期间的医疗费、伙食补助费、营养费、护理费、交通费、误工费、今后 30 年的残疾人生活补助费、护理费、其致残前所扶养人的生活费、治疗期间和致残后的误工费、后续治疗费、残疾用具费，各项合计 60 万元。

【以案释法】

关于交通事故中受害人的损害赔偿问题，民法通则第一百一十九条规定："侵害公民身体造成伤害的，应当赔偿医疗费、因误工减少的收入、残疾者生活补助费等费用；造成死亡的，并应当支付丧葬费、死者生前扶养的人必要的生活费等费用。"侵权责任法第十六条规定："侵害他人造成人身损害的，应当赔偿医疗费、护理费、交通费等为治疗和康复支出的合理费用，以及因误工减少的收入。造成残疾的，还应当赔偿残疾生活辅助具费和残疾赔偿金。造成死亡的，还应当赔偿丧葬费和死亡赔偿金。"第十九条规定："侵害他人财产的，财产损失按照损失发生时的市场价格或者其他方式计算。"第二十条规定："侵害他人人身权益造成财产损失的，按照被侵权人因此受到的损失赔偿；被侵权人的损失难以确定，侵权人因此获得利益的，按照其获得的利益赔偿；侵权人因此获得的利益难以确定，被侵权人和侵权人就赔偿数额协商不一致，向人民法院提起诉讼的，由人民法院根据实际情况确定赔偿数额。"第四十八条规定："机动车发生交通事故造成损害的，依照道路交通安全法的有关规定承担赔偿责任。"

《最高人民法院关于审理人身损害赔偿案件适用法律若干问题的解释》（以下简称《解释》）第十七条第一款规定：“受害人遭受人身损害，因就医治疗支出的各项费用以及因误工减少的收入，包括医疗费、误工费、护理费、交通费、住宿费、住院伙食补助费、必要的营养费，赔偿义务人应当予以赔偿。”对受害人的具体的损害赔偿的项目和数额，应当根据交通事故受害人的受损害情况、治疗情况、交通事故中的损害对其家庭和本人生活的影响、双方当事人的经济承受能力、当地的平均生活水平等一系列相关因素来确定。交通事故中，受害人所受的是一般伤害的时候，即无论受害人所受的是重伤还是轻伤，只要已经治愈未造成残疾的，就是一般伤害，损害赔偿的范围包括：医疗费、住院费、误工费、护理费、交通费、住宿费、伙食补助费和必要的营养费等。

受害人因交通事故造成残疾时，即受害人的身体遭受伤害，导致身体部分肌体功能丧失，部分或者全部丧失劳动能力的，《解释》第十七条第二款规定：“受害人因伤致残的，其因增加生活上需要所支出的必要费用以及因丧失劳动能力导致的收入损失，包括残疾赔偿金、残疾辅助器具费、被扶养人生活费，以及因康复护理、继续治疗实际发生的必要的康复费、护理费、后续治疗费，赔偿义务人也应当予以赔偿。”对具体赔偿数额，应按照下列标准计算：

(1) 关于医疗费的赔偿。《解释》第十九条规定：“医疗费根据医疗机构出具的医药费、住院费等收款凭证，结合病历和诊断证明等相关证据确定。赔偿义务人对治疗的必要性和合理性有异议的，应当承担相应的举证责任。医疗费的赔偿数额，按照一审法庭辩论终结前实际发生的数额确定。器官功能恢复训练所必要的康复费、适当的整容费以及其他后续治疗费，赔偿权利人可以待实际发生后另行起诉。但根据医疗证明或者鉴定结论确定必然发生的费用，可以与已经发生的医疗费一并予以赔偿。”

(2) 关于误工费的赔偿。《解释》第二十条规定：“误工费根据受害人的误工时间和收入状况确定。误工时间根据受害人接受治疗的医疗机构出具的证明确定。受害人因伤致残持续误工的，误工时间可以计算至定残日前一天。受害人有固定收入的，误工费按照实际减少的收入计算。受害人无固定收入的，按照其最近三年的平均收入计算；受害人不能举证证明其最近三年的平均收入状况的，可以参照受诉法院所在地相同或者相近行业上一年度职工的平均工资计算。”

(3) 关于护理费的赔偿。《解释》第二十一条规定：“护理费根据护理人员的收入状况和护理人数、护理期限确定。护理人员有收入的，参照误工

费的规定计算；护理人员没有收入或者雇佣护工的，参照当地护工从事同等级别护理的劳务报酬标准计算。护理人员原则上为一人，但医疗机构或者鉴定机构有明确意见的，可以参照确定护理人员人数。护理期限应计算至受害人恢复生活自理能力时止。受害人因残疾不能恢复生活自理能力的，可以根据其年龄、健康状况等因素确定合理的护理期限，但最长不超过二十年。受害人定残后的护理，应当根据其护理依赖程度并结合配制残疾辅助器具的情况确定护理级别。”

(4) 关于交通费的赔偿。《解释》第二十二条规定：“交通费根据受害人及其必要的陪护人员因就医或者转院治疗实际发生的费用计算。交通费应当以正式票据为凭；有关凭据应当与就医地点、时间、人数、次数相符合。”

(5) 关于住院伙食补助费的赔偿。《解释》第二十三条规定：“住院伙食补助费可以参照当地国家机关一般工作人员的出差伙食补助标准予以确定。受害人确有必要到外地治疗，因客观原因不能住院，受害人本人及其陪护人员实际发生的住宿费和伙食费，其合理部分应予赔偿。”

(6) 关于营养费的赔偿。《解释》第二十四条规定：“营养费根据受害人伤残情况参照医疗机构的意见确定。”

(7) 关于残疾赔偿金的赔偿。《解释》第二十五条规定：“残疾赔偿金根据受害人丧失劳动能力程度或者伤残等级，按照受诉法院所在地上一年度城镇居民人均可支配收入或者农村居民人均纯收入标准，自定残之日起按二十年计算。但六十周岁以上的，年龄每增加一岁减少一年；七十五周岁以上的，按五年计算。受害人因伤致残但实际收入没有减少，或者伤残等级较轻但造成职业妨害严重影响其劳动就业的，可以对残疾赔偿金作相应调整。”本案中，受害人金某要求的30年的生活补助费，高于法律规定的标准，对于其高出部分，不应当支持。

(8) 关于残疾辅助器具费的赔偿。《解释》第二十六条规定：“残疾辅助器具费按照普通适用器具的合理费用标准计算。伤情有特殊需要的，可以参照辅助器具配制机构的意见确定相应的合理费用标准。辅助器具的更换周期和赔偿期限参照配制机构的意见确定。”

(9) 关于被扶养人生活费的赔偿。《解释》第二十八条规定：“被扶养人生活费根据扶养人丧失劳动能力程度，按照受诉法院所在地上一年度城镇居民人均消费性支出和农村居民人均年生活消费支出标准计算。被扶养人为未成年人的，计算至十八周岁；被扶养人无劳动能力又无其他生活来源的，计算二十年。但六十周岁以上的，年龄每增加一岁减少一年；七十五周岁以上的，按五年计算。被扶养人是指受害人依法应当承担扶养义务的未成年人

或者丧失劳动能力又无其他生活来源的成年近亲属。被扶养人还有其他扶养人的，赔偿义务人只赔偿受害人依法应当负担的部分。被扶养人有数人的，年赔偿总额累计不超过上一年度城镇居民人均消费性支出额或者农村居民人均年生活消费支出额。”本案中，对于金某之子金甲，应当赔偿其今后8年时间的生活费；对于金某之母宋某，应当赔偿其今后18年的生活费。

法条链接

中华人民共和国民法通则

第一百一十九条 侵害公民身体造成伤害的，应当赔偿医疗费、因误工减少的收入、残疾者生活补助费等费用；造成死亡的，并应当支付丧葬费、死者生前扶养的人必要的生活费等费用。

中华人民共和国侵权责任法

第十六条 侵害他人造成人身损害的，应当赔偿医疗费、护理费、交通费等为治疗和康复支出的合理费用，以及因误工减少的收入。造成残疾的，还应当赔偿残疾生活辅助具费和残疾赔偿金。造成死亡的，还应当赔偿丧葬费和死亡赔偿金。

第十九条 侵害他人财产的，财产损失按照损失发生时的市场价格或者其他方式计算。

第二十条 侵害他人人身权益造成财产损失的，按照被侵权人因此受到的损失赔偿；被侵权人的损失难以确定，侵权人因此获得利益的，按照其获得的利益赔偿；侵权人因此获得的利益难以确定，被侵权人和侵权人就赔偿数额协商不一致，向人民法院提起诉讼的，由人民法院根据实际情况确定赔偿数额。

第四十八条 机动车发生交通事故造成损害的，依照道路交通安全法的有关规定承担赔偿责任。

最高人民法院关于审理人身损害赔偿案件适用法律若干问题的解释

第十七条第一款 受害人遭受人身损害，因就医治疗支出的各项费用以及因误工减少的收入，包括医疗费、误工费、护理费、交通费、住宿费、住院伙食补助费、必要的营养费，赔偿义务人应当予以赔偿。

第二款 受害人因伤致残的，其因增加生活上需要所支出的必要费用以及因丧失劳动能力导致的收入损失，包括残疾赔偿金、残疾辅助器具费、被扶养人生活费，以及因康复护理、继续治疗实际发生的必要的康复费、护理费、后续治疗费，赔偿义务人也应当予以赔偿。

第十九条 医疗费根据医疗机构出具的医药费、住院费等收款凭证，结合病历和诊断证明等相关证据确定。赔偿义务人对治疗的必要性和合理性有异议的，应当承担相应的举证责任。

医疗费的赔偿数额，按照一审法庭辩论终结前实际发生的数额确定。器官功能恢复训练所必要的康复费、适当的整容费以及其他后续治疗费，赔偿权利人可以待实际发生后另行起诉。但根据医疗证明或者鉴定结论确定必然发生的费用，可以与已经发生的医疗费一并予以赔偿。

14. 发生交通事故，应当由何地的公安交通管理机关处理?

【知识要点】

交通事故的当事人都希望在对自己有利的地方进行事故处理，但是我国对交通事故的管辖是属地管辖原则，即由交通事故发生地的公安交通管理机关管辖。当事人不能要求车辆登记地管辖或者肇事人抓获地管辖。对管辖权发生争议的，应当报请共同的上一级公安机关交通管理部门指定管辖。

典型案例

山东省青岛市大货车司机林某到北京进货，由于过度疲惫，在车辆行驶到北京市海淀区农村时将河南省来京务工人员马某撞死。发生交通事故后林某逃逸，在黑龙江省双城市被抓获。在本案的处理上林某与受害人家属发生争议，肇事司机林某认为应当由车辆登记地即山东省青岛市的公安交通管理机关处理；而受害人家属认为应当由事故发生地即北京市海淀区的公安交通管理机关处理。

【以案释法】

关于道路交通事故的管辖，《道路交通事故处理程序规定》第四、五、六条均作了明确的规定。根据这些规定，公安机关交通管理部门处理交通事故的管辖分工如下：(1) 地域管辖：道路交通事故由发生地的县级公安机关交通管理部门管辖。未设立县级公安机关交通管理部门的，由设区市公安机关交通管理部门管辖。交通事故发生在两个以上管辖区域的，由事故起始点

所在地公安机关交通管理部门管辖。(2)指定管辖：对管辖权有争议的，由共同的上一级公安机关交通管理部门指定管辖。指定管辖前，最先发现或者最先接到报警的公安机关交通管理部门应当先行救助受伤人员，进行现场前期处理。(3)移送管辖：上级公安机关交通管理部门在必要的时候，可以处理下级公安机关交通管理部门管辖的道路交通事故，或者指定下级公安机关交通管理部门限时将案件移送其他下级公安机关交通管理部门处理。道路交通事故处理管辖的基本原则是属地管辖，即由交通事故发生地的公安交通管理部门管辖。本案的交通事故应由北京市海淀区公安交通管理部门管辖处理。

法条链接

道路交通事故处理程序规定

第四条 道路交通事故由发生地的县级公安机关交通管理部门管辖。未设立县级公安机关交通管理部门的，由设区市公安机关交通管理部门管辖。

第五条第一款 道路交通事故发生在两个以上管辖区域的，由事故起始点所在地公安机关交通管理部门管辖。

第六条 上级公安机关交通管理部门在必要的时候，可以处理下级公安机关交通管理部门管辖的道路交通事故，或者指定下级公安机关交通管理部门限时将案件移送其他下级公安机关交通管理部门处理。

案件管辖发生转移的，处理时限从移送案件之日起计算。

15. 不服公安机关的责任认定，当事人能否起诉?

【知识要点】

当事人对道路交通事故责任认定有异议的，应当让交通事故办案人员出具有关证据说明认定责任的依据和理由。所谓有关证据，是指现场图、现场照片和鉴定结论。鉴定结论包括痕迹鉴定、车速鉴定、车辆安全运行技术状况鉴定、酒精含量检测鉴定等。认定交通事故责任依据，包括事实依据和法律依据。其中，事实依据是指有关碰撞力学、汽车理论、交通心理、法学、痕迹学等理论；法律依据是指有关交通法规和事故处理法规。认定交通事故

责任的理由主要是指为什么要认定当事人负交通事故责任和具体负哪一种交通事故责任。当事人在公安机关出具有关证据、说明责任认定的依据和理由后仍然对交通事故责任认定有异议，认为认定不适当，有两种救济途径：一是在诉讼过程中，向人民法院提出，要求人民法院不采用交警部门的责任认定书；二是根据人民警察法和道路交通安全法关于对公安机关交通管理部门执法监督的规定，向上级公安机关交通管理部门、公安督查部门和行政监察部门提出申诉，由这些部门按规定处理。

典型案例

杜某是某企业副经理。某日，杜某驾车回家，当其行至某居民小区附近时，遇有小区居民邵某在外纳凉后返回小区。邵某在横穿马路时，未注意过往车辆，径直跑步进入机动车道。杜某见状采取紧急制动措施。但由于距离太近，邵某被撞倒，在送往医院的途中死亡。公安机关认定由机动车驾驶人杜某承担全部责任。杜某不服公安机关的责任认定，向上级公安机关提出复议申请。上级公安机关经审查后，作出了维持原公安机关的责任认定的复议决定。杜某认为两级公安机关的责任认定有误，向人民法院提起行政诉讼。

【以案释法】

道路交通安全法第七十三条规定：“公安机关交通管理部门应当根据交通事故现场勘验、检查、调查情况和有关的检验、鉴定结论，及时制作交通事故认定书，作为处理交通事故的证据。交通事故认定书应当载明交通事故的基本事实、成因和当事人的责任，并送达当事人。”该条明确规定了交通事故认定的含义和性质。交通事故认定书是公安机关交通管理部门通过交通事故现场勘查、技术分析和有关检验、鉴定结论，分析查明交通事故的基本事实、成因和当事人责任所出具的法律文书。交通事故认定书主要起一个事实认定、事故成因分析作用，是一个专业的技术性的分析结果。对人民法院而言，这个认定书具有证据效力，而不是进行损害赔偿的当然依据。当事人在道路交通事故损害赔偿诉讼或调解中，双方当事人都可以将交通事故认定书作为自己主张的证据，也可以就交通事故认定书作为证据的真实性、可靠性和科学性提出质疑。而且交通事故认定书中认定的当事人的责任仅依据道路交通安全法等交通法律、法规作出的交通事故的责任，并非民事责任，因此，人民法院也不能以此作为依据来裁判当事人的民事赔偿责任。从道路交

通安全法及其实施条例看，在机动车与行人交通事故中，行人遭到人身损害，而机动车辆承担交通事故的次要责任甚至无事故责任时，车辆驾驶人仍将承担主要民事赔偿责任。因此，在道路交通安全法明确了交通事故认定书的证据效力后，交通事故认定书就不能作为公安机关的具体行政行为而被提起行政复议或行政诉讼。在本案中，杜某就不能对责任认定书提起行政诉讼。

法条链接

中华人民共和国道路交通安全法

第七十三条 公安机关交通管理部门应当根据交通事故现场勘验、检查、调查情况和有关的检验、鉴定结论，及时制作交通事故认定书，作为处理交通事故的证据。交通事故认定书应当载明交通事故的基本事实、成因和当事人的责任，并送达当事人。

16. 事故处理民警是一方当事人的同学，另一方是否有权申请民警回避？

【知识要点】

在交通事故案件的处理中，当一方当事人发现处理交通事故的办案人员有可能导致枉法裁判的情形且符合法律规定的，可以要求办案人员进行回避。在责任认定后，一方当事人才发现办案人员应该回避而没有回避的，可以向上级主管部门申诉，或者直接向人民法院起诉，并要求其事故责任认定无效。需要注意的是，当事人提出回避申请的，应当提供相应的证据。

典型案例

2012年9月23日，客车司机牛某与货车司机张某发生交通事故。当地公安机关指派民警何某与另一名民警处理该事故。在办案过程中，牛某了解到张某与何某是高中同学，关系一直不错。牛某认为由于这种关系的存在，何某可能不会公正地处理此事故，于是向何某所在的公安交通管理机关申请何某回避。

【以案释法】

为了保证案件得到公正的处理，回避制度是十分重要的。《公安机关办理行政案件程序规定》第十四条规定："公安机关负责人、办案人民警察有下列情形之一的，应当自行提出回避申请，案件当事人及其法定代理人有权要求他们回避：（一）是本案的当事人或者当事人近亲属的；（二）本人或者其近亲属与本案有利害关系的；（三）与本案当事人有其他关系，可能影响案件公正处理的。"第十八条规定："对当事人及其法定代理人提出的回避申请，公安机关应当在收到申请之日起二日内作出决定并通知申请人。"在公安机关作出回避决定前，办案人员不停止对行政案件的调查。被决定回避的公安机关负责人、办案人员、鉴定人和检验人，在回避决定作出以前所进行的与案件有关的活动是否有效，由作出回避决定的公安机关根据案件情况决定。

本案中，张某与何某是同学关系，属于《公安机关办理行政案件程序规定》第十四条规定的"可能影响案件公正处理"的内容，因此，牛某有权申请何某回避，公安机关应当在收到申请之日起二日内作出决定并通知申请人。

法条链接

公安机关办理行政案件程序规定

第十四条 公安机关负责人、办案人民警察有下列情形之一的，应当自行提出回避申请，案件当事人及其法定代理人有权要求他们回避：

（一）是本案的当事人或者当事人近亲属的；

（二）本人或者其近亲属与本案有利害关系的；

（三）与本案当事人有其他关系，可能影响案件公正处理的。

第十八条 对当事人及其法定代理人提出的回避申请，公安机关应当在收到申请之日起二日内作出决定并通知申请人。

17. 事故责任人不履行调解协议，能否请求人民法院强制其履行？

【知识要点】

在交通事故的处理中，很多是在交警部门的主持下，通过双方达成调解

协议后解决。由于调解协议没有法律的强制力，当一方不履行协议规定的义务时，另一方无法要求人民法院予以强制执行，最后不得不诉诸人民法院，依靠人民法院的判决来解决问题。因此，在交通事故的调解过程中，受害人对调解一定要有清醒的认识，既要积极争取自己的利益，又不能把解决问题的希望全部放在调解上，还要未雨绸缪，积极地收集并保留证据，为肇事者不履行调解协议而诉至人民法院作充分的准备。

典型案例

某日晚，张某在骑自行车回家途中，被李某驾驶的摩托车撞伤，自行车严重损坏。经公安机关现场勘查认定李某承担交通事故的全部责任。经公安机关主持调解，双方当事人达成赔偿协议：李某赔偿张某医疗费、误工费、护理费和住院期间的伙食补助费共计3500元。事后，李某一再以种种借口拖延给付上述赔偿款项。张某多次向李某追索上述费用未果，遂诉至人民法院，要求李某履行损害赔偿调解协议，赔偿其因交通事故遭受的人身和财产损失。

【以案释法】

道路交通安全法第七十四条规定："对交通事故损害赔偿的争议，当事人可以请求公安机关交通管理部门调解，也可以直接向人民法院提起民事诉讼。经公安机关交通管理部门调解，当事人未达成协议或者调解书生效后不履行的，当事人可以向人民法院提起民事诉讼。"根据该条规定，交通事故中当事人就损害赔偿问题发生争议的，可以请求公安机关进行调解，但公安机关的调解是在尊重当事人的意愿的基础上，以中间人身份进行的调解。它不是公安机关行使其行政权力的行为，也不是法律规定的处理交通事故的必经程序。公安机关只是利用其对交通事故的成因、责任和损失的了解，凭借其在交通事故处理过程中的特殊地位，说服当事人达成损害赔偿协议，无权就交通事故中的损害赔偿问题代当事人作任何决定。调解协议对当事人各方没有强制执行力。公安机关在调解中所处的地位类似于民间调解中的中间人，因为交通事故中的损害赔偿在性质上是一种民事法律关系，作为行政机关的公安机关是不具有处理权力的，该种权力属于人民法院的审判权的范围。所以，在公安机关的主持调解下，当事人达成的协议既不是行政处理的结果，也不是一种民事合同。一般的民事合同是当事人之间设立、变更或者终止民事权利义务关系的协议，它针对的是当事人双方自己设立的民事权利

义务关系，而不包括基于某种法定事由而产生的权利义务关系。交通事故损害赔偿调解协议是争议双方当事人在第三人的主持下对已有纠纷的解决，是一种替代性的纠纷解决方式，它适用的是当事人之间基于法定事由即交通事故中的侵权行为而产生的权利义务关系。因此，损害赔偿调解协议区别于一般的民事合同，如果一方当事人不履行，对方当事人不能请求人民法院判决其履行，也不能追究其违约责任。一方不履行调解协议或者对调解协议有异议，当事人可以向人民法院提起民事诉讼，通过诉讼途径解决交通事故中的损害赔偿争议。

本案中，双方当事人在公安机关主持下达成的调解协议没有法律强制执行效力，张某不能请求人民法院强制李某履行协议。人民法院应当本着实事求是的原则对案件进行全面的审理，并以自己认定的事实作为定案依据，重新划分当事人的责任和处理损害赔偿问题。这是充分保护当事人权利的要求，也是对行政机关进行司法监督的有效方式。

法条链接

中华人民共和国道路交通安全法

第七十四条 对交通事故损害赔偿的争议，当事人可以请求公安机关交通管理部门调解，也可以直接向人民法院提起民事诉讼。

经公安机关交通管理部门调解，当事人未达成协议或者调解书生效后不履行的，当事人可以向人民法院提起民事诉讼。

18. 肇事车辆逃逸，受害人能否请求社会救助基金管理机构预付治疗费用？

【知识要点】

我国道路交通安全法规定，能享受道路交通事故社会救助基金的受伤人员只有三种：一是抢救费用超过责任限额的；二是未参加机动车第三者责任强制保险的；三是责任人肇事后逃逸的。属于这三种情形的受害者要主动申请道路交通事故社会救助基金，以避免自己无钱救治而导致更大的损害结果。需要注意的是，受害人一旦自己筹集了这笔资金，就不能再要求道路交

通事故社会救助基金的帮助。

典型案例

某日，曹某骑自行车下班回家途中，行至一胡同与非机动车道交叉口时，被胡同中高速冲出的不明车辆撞翻在地。曹某受伤后当即失去知觉，肇事车辆趁机逃逸。曹某因身体多处骨折和创伤，头部受到严重震荡，先后花去医疗费近两万元。曹某请求道路交通事故社会救助基金管理机构依法履行其垫付义务。基金管理机构以曹某已自筹抢救费用为由，驳回了其请求。曹某遂起诉至当地人民法院。

【以案释法】

我国侵权责任法第五十三条规定，机动车驾驶人发生交通事故后逃逸，该机动车参加强制保险的，由保险公司在机动车强制保险责任限额范围内予以赔偿；机动车不明或者该机动车未参加强制保险，需要支付被侵权人人身伤亡的抢救、丧葬等费用的，由道路交通事故社会救助基金垫付。道路交通事故社会救助基金垫付后，其管理机构有权向交通事故责任人追偿。道路交通安全法第七十五条规定，医疗机构对交通事故中的受伤人员应当及时抢救，不得因抢救费用未及时支付而拖延救治。肇事车辆参加机动车第三者责任强制保险的，由保险公司在责任限额范围内支付抢救费用；抢救费用超过责任限额的，未参加机动车第三者责任强制保险或者肇事后逃逸的，由道路交通事故社会救助基金先行垫付部分或者全部抢救费用，道路交通事故社会救助基金管理机构有权向交通事故责任人追偿。社会救助基金的先行垫付义务，是指在肇事车辆未参加机动车第三者责任强制保险或者肇事后逃逸的情况下，为避免伤者在无人支付抢救费用而得不到及时的救治而设立的基金保障义务。如果伤者或者其亲友、单位已经在送往医院抢救时或救治后支付了这些费用，使伤者得到了及时的救治，就不存在由社会救助基金先行垫付伤者抢救费用的问题，社会救助基金的法定垫付义务就不会发生。支付了费用的人也不能向社会救助基金追偿，而只能向交通事故的责任人追偿。因为，社会救助基金保障的是交通事故的伤者在无人支付抢救费用的情况下获得医疗救治的权利，而不是受害人请求损害赔偿的权利。

在本案中，曹某已经自筹了抢救费用，因此只能向交通事故的责任人追偿，不能向社会救助基金追偿。

法条链接

中华人民共和国道路交通安全法

第七十五条 医疗机构对交通事故中的受伤人员应当及时抢救，不得因抢救费用未及时支付而拖延救治。肇事车辆参加机动车第三者责任强制保险的，由保险公司在责任限额范围内支付抢救费用；抢救费用超过责任限额的，未参加机动车第三者责任强制保险或者肇事后逃逸的，由道路交通事故社会救助基金先行垫付部分或者全部抢救费用，道路交通事故社会救助基金管理机构有权向交通事故责任人追偿。

中华人民共和国侵权责任法

第五十三条 机动车驾驶人发生交通事故后逃逸，该机动车参加强制保险的，由保险公司在机动车强制保险责任限额范围内予以赔偿；机动车不明或者该机动车未参加强制保险，需要支付被侵权人人身伤亡的抢救、丧葬等费用的，由道路交通事故社会救助基金垫付。道路交通事故社会救助基金垫付后，其管理机构有权向交通事故责任人追偿。

19. 地方法规的罚款额度高于道路交通安全法，该规定是否有效？

【知识要点】

根据我国立法法的规定，下位法的内容不得与上位法的内容相抵触，下位法只能在上位法规定的幅度内再作进一步的具体规定。如果下位法的规定与上位法的规定发生了冲突，该下位法的规定归于无效，在司法和执法实践中只能适用上位法的规定。在对道路交通安全事故责任人进行处罚时，地方制定的地方法规的处罚幅度超过了道路交通安全法的处罚标准，是无效的规定，只能按照道路交通安全法处理。

典型案例

郝某是某工厂职工。某日，郝某骑自行车外出，在某十字路口闯了红灯。值勤交警将其拦住，并出具了按照某省人民代表大会颁布的《道路交通管理办法》，对郝某闯红灯的违章行为处以100元罚款的处罚决定

书。郝某接受过道路交通安全教育，具备一定的道路交通法律、法规知识，认为交警中队的处罚超越了道路交通安全法规定的处罚幅度，拒绝交付罚款。交警中队于是扣留了郝某的自行车。郝某提起行政诉讼。

【以案释法】

立法法第八十八条规定：“法律的效力高于行政法规、地方性法规、规章。行政法规的效力高于地方性法规、规章。”即下位法的内容不得与上位法的内容相抵触，下位法只能在上位法规定的幅度内再作进一步的具体规定。如果下位法的规定与上位法的规定发生了冲突，该下位法的规定归于无效，在司法和执法实践中只能适用上位法的规定。在本案中，交警中队对郝某闯红灯的违章行为进行处罚时依据的是某省制定的《道路交通管理办法》(以下简称《办法》)。该《办法》属于地方法规，在法律体系中是法律效力较低的下位法。其效力低于作为法律的道路交通安全法。依据行政处罚法第十一条第二款的规定：“法律、行政法规对违法行为已经作出行政处罚规定，地方性法规需要作出具体规定的，必须在法律、行政法规规定的给予行政处罚的行为、种类和幅度的范围内规定。”某省制定的《办法》只能在道路交通安全法规定的处罚幅度内，对相应的违法行为规定具体的处罚。如果《办法》的规定与道路交通安全法的规定发生了冲突，冲突的部分无效，不能在司法和执法实践中适用。

道路交通安全法第八十九条规定：“行人、乘车人、非机动车驾驶人违反道路交通安全法律、法规关于道路通行规定的，处警告或者五元以上五十元以下罚款；非机动车驾驶人拒绝接受罚款处罚的，可以扣留其非机动车。”作为地方性法规的某省《办法》只能在道路交通安全法规定的处罚幅度内对行人、乘车人、非机动车驾驶人违反道路交通安全法律、法规关于道路通行规定的行为再作进一步的具体规定。该《办法》规定的罚款额度不能超过道路交通安全法规定的50元。根据立法法第九十六条的规定，下位法违反了上位法的规定，应由有关机关根据立法法第九十七条的规定予以改变或者撤销。在本案中，交警中队无权按照某省《办法》的规定对董某闯红灯的违法行为处以100元的罚款。交警中队应当撤销原处罚决定，依照道路交通安全法的规定，对董某的违章行为重新作出处罚。某省道路交通管理办法的规定应当由有关机关根据立法法和行政处罚法的规定予以修改。

法条链接

中华人民共和国立法法

第八十八条 法律的效力高于行政法规、地方性法规、规章。

行政法规的效力高于地方性法规、规章。

中华人民共和国行政处罚法

第十一条第二款 法律、行政法规对违法行为已经作出行政处罚规定，地方性法规需要作出具体规定的，必须在法律、行政法规规定的给予行政处罚的行为、种类和幅度的范围内规定。

中华人民共和国道路交通安全法

第八十九条 行人、乘车人、非机动车驾驶人违反道路交通安全法律、法规关于道路通行规定的，处警告或者五元以上五十元以下罚款；非机动车驾驶人拒绝接受罚款处罚的，可以扣留其非机动车。

20. 违章超载被处罚后不予改正，交警能否再次处罚？

【知识要点】

在交警部门处理装载违法时，对于当场就可以改正的违法行为，应当立即改正，在行政机关处罚后就宣告终结；对于当场加以改正有一定困难的违法行为，行政机关应当限期改正，违法行为在改正期限结束时宣告终结。

典型案例

韩某是某搬家公司小货车司机。一日，韩某在为客户搬家途中，因为运载的家具超出了规定高度50厘米，被执勤交警刘某拦住。刘某对其进行了处罚，并要求韩某卸货。韩某表示卸货将造成很多麻烦，只要不让其卸货，愿意当场多交罚款。经交警刘某同意，韩某当场多缴纳了罚款，刘某为其出具了罚款收据。韩某驾车继续行驶，当其经过城乡结合部某交叉路口时，又被交警汤某拦住。韩某说明自己已经接受处罚，并出具了罚款收据。但汤某坚持要韩某改正其违法行为并对其处以罚款，当场制作了处罚决定书后才放行。事后，搬家公司的法律顾问认为交警

汤某对韩某进行的处罚违反了行政处罚法“一事不再罚”的规定，向上级公安机关提起行政复议。

【以案释法】

《道路交通安全法实施条例》第五十四条第一款第二项规定：“……(二) 其他载货的机动车载物，高度从地面起不得超过2.5米；”可见，我国规定装载物的宽度不应超过车厢。本案中韩某的行为应该受到处罚。行政处罚法第二十四条规定：“对当事人的同一个违法行为，不得给予两次以上罚款的行政处罚。”行政处罚法的上述规定确立了行政处罚过程中的重要原则即“一事不再罚”的原则。所谓“一事”指的是当事人的同一个违法行为。对当事人的同一个违法行为不能反复处罚，否则就违背了行政执法过程中的“公平、公正”精神，造成“滥罚款”“多头罚款”的弊端。

准确认定“一事不再罚”中的“一事”要把握以下几点：(1)“一事”指的是一个独立的违法行为，即从开始到结束的一个完整的违法行为。其中，违法行为的结束以行政主体对违法行为实施了处罚为标志。行政处罚法第二十三条规定：“行政机关实施行政处罚时，应当责令当事人改正或者限期改正违法行为。”对于当场就可以改正的违法行为，在行政机关处罚后就宣告终结；对于当场加以改正有一定困难的违法行为，行政机关应当限期改正，违法行为在改正期限结束时宣告终结。(2)“一事”指的是一个违法行为而不是一次违法事件。一次违法事件可能由一个违法行为组成，也可能由几个违法行为组成。对几个违法行为应当分别进行处罚。这样做没有违反“一事不再罚”的原则，因为不同的处罚针对的是不同的违法行为，而不是同一个违法行为。(3)“一事”是指“同一个违法行为”，而不是“同样的违法行为”。如果当事人在违法行为被行政机关处罚后又实施了同样的违法行为，虽然前后实施的违法行为性质、情节和行为主体均相同，但仍然是两个不同的违法行为，不是“同一违法行为”。因为前一个违法行为已经随着行政机关实施的处罚宣告结束，当事人又实施了新的违法行为，应当接受新的处罚。(4)“一事”指的是同一违法行为的全部内容，而不是违法行为的一部分，否则就不是一个独立的、完整的违法行为。如果行政机关在实施行政处罚时仅针对违法行为的部分内容，当事人隐瞒了违法行为的其他内容而行政机关又没有发现，并且被隐瞒的内容对行政处罚产生了重大影响，在被隐瞒的内容被查实后，行政机关再次进行处罚不受“一事不再罚”原则的限制。

本案中，韩某在被交警汤某处罚前的确已经接受了一次对其违法超载行为的处罚，但韩某并没有在接受处罚后立即纠正其违法行为，而是认为在交了罚款之后其违法行为就可以继续下去。事实上，交警汤某对韩某进行的处罚针对的不是韩某前一阶段的违法行为，前一阶段的违法行为随着交警刘某的处罚宣告结束。韩某在接受处罚后并没有对其超载的违法行为进行改正，而是又实施了相同性质的违法行为。该违法行为与前一阶段的违法行为是“同样的违法行为”而不是“同一违法行为”。因此，交警刘某与汤某处罚的不是“一事”，交警汤某对韩某的处罚没有违反行政处罚法规定的“一事不再罚”的原则，其执法行为是正确的。本案中，韩某超载的行为本应该立即改正，但韩某心存侥幸没有改正，相当于第二次违法，因此，汤某的处罚是正确的。

值得注意的是，韩某再次违法与交警刘某执法不严有很大的关系。交警刘某为达到当场多收罚款的目的，对当事人超额罚款，没有按法律规定对当事人的违法行为进行纠正，是造成韩某继续违法的原因之一。但是，韩某并不能要求刘某赔偿其罚款损失，只能向其领导或主管部门反映，追究其违反职责的行政责任。

法条链接

中华人民共和国道路交通安全法实施条例

第五十四条　机动车载物不得超过机动车行驶证上核定的载质量，装载长度、宽度不得超出车厢，并应当遵守下列规定：

（一）重型、中型载货汽车，半挂车载物，高度从地面起不得超过4米，载运集装箱的车辆不得超过4.2米；

（二）其他载货的机动车载物，高度从地面起不得超过2.5米；

（三）摩托车载物，高度从地面起不得超过1.5米，长度不得超出车身0.2米。两轮摩托车载物宽度左右各不得超出车把0.15米；三轮摩托车载物宽度不得超过车身。

载客汽车除车身外部的行李架和内置的行李箱外，不得载货。载客汽车行李架载货，从车顶起高度不得超过0.5米，从地面起高度不得超过4米。

中华人民共和国行政处罚法

第二十三条　行政机关实施行政处罚时，应当责令当事人改正或者限期改正违法行为。

第二十四条　对当事人的同一个违法行为，不得给予两次以上罚款的行政处罚。

第四章　医疗损害责任

1. 侵犯患者知情同意权，医疗机构应当承担何种责任?

【知识要点】

患者对自己的身体健康情况和将要接受的治疗享有知情同意权。医院在未履行告知义务和取得患者及其家属同意的情况下，擅自实施手术，违反了侵权责任法、《医疗机构管理条例》和《医疗事故处理条例》的有关规定，即使结果有利于患者，仍应当承担相应的赔偿责任，赔偿患者的精神损失和其他损失。

典型案例

2012 年 10 月，王某到某医院生产。某医院在为王某实施剖宫产手术时，发现王某右侧卵巢增大。经临床诊断为“右侧卵巢畸胎瘤”，手术记录为“缝合子宫后探查盆腔，右侧卵巢增大 10×5×5 厘米，考虑到剥离困难，实施右侧卵巢切除，送病理检查，确定为：右侧卵巢良性囊性畸胎瘤”。经有关机构鉴定：医院在对王某右侧卵巢畸胎瘤实施切除手术前，未履行相关手续，但手术未对王某的身体造成不良损害。王某向当地人民法院提起诉讼，认为某医院在为其进行剖宫产手术时，在王某及其家人不知情并未履行任何签字手续的情况下，擅自将其右侧的卵巢切除，造成王某内分泌严重失调，给其带来终身的身体和精神痛苦，侵犯了王某的健康权，请求人民法院依法判决某医院赔偿其精神损失 10 万元和其他损失 3 万元。某医院在答辩中称：其在为王某进行剖宫产手术时，对其进行盆腔常规探查的过程中，发现王某右侧卵巢增大，仅有少许正常组织，临床诊断为“右侧卵巢良性畸胎瘤”，有 20% 的恶变可能，进

行手术治疗是治疗该病的唯一方法，因此，实施剖宫产手术的医生将王某的右侧卵巢切除。经病检为“右侧卵巢良性囊性畸胎瘤”，该院对王某实施切除手术是完全正确的。在实施手术前，医院未对王某及其家属履行告知义务和办理相关手续，确有不妥之处，但该院实施的切除手术未对王某的身体造成任何不良损害；相反，实际上减少了王某再次进行手术的痛苦和损失，不存在侵犯王某健康权的问题，所以，医院不应当承担任何赔偿责任。

【以案释法】

所谓知情同意权，是指患者有权知晓自己的病情，并可以对医务人员所采取的医疗措施决定取舍的权利。知情同意的实质是患者方在实施患者自主权的基础上，向医疗方进行医疗服务授权委托的行为。从完整意义上说，知情同意权包括了了解权、被告知权、选择权、拒绝权和同意权，是患者充分行使自主权的前提和基础。

根据民法通则、侵权责任法、消费者权益保护法和《医疗事故处理条例》《医疗机构管理条例》等医疗卫生法律、法规的规定，为保护患者的知情同意权，医疗机构应当履行以下告知义务：(1) 就诊医疗机构和医务人员基本情况和医学专长，包括医疗机构的基本情况、专业特长，医务人员的职称、学术专长、以往医疗效果等。(2) 医院规章制度中与其利益有关的内容。(3) 医疗机构及其医务人员的诊断手段、诊断措施。包括使用 CT、B 超、X 光等诊断仪器和对体液的化验等诊断方法的准确性，有无副作用，副作用的大小，检查结果对诊断的必要性、作用等。(4) 所采用的治疗仪器和药品等的疗效、副作用等问题。(5) 手术的成功率、目的、方法、预期效果、手术过程中可能要承受的不适和麻烦以及手术不成功可能产生的后果、潜在危险等。(6) 患者的病情，即患者所患疾病的名称、病因、病情发展情况、需要采取何种治疗措施以及相应的后果等。(7) 患者所患疾病的治疗措施，即可能采用的各种治疗措施的内容、通常能够达到的效果、可能出现的风险等。(8) 告知患者需要支付的费用。《医疗机构管理条例》规定，医院应该公布收费项目与收费标准。因此，医院应当按照规定公布各项收费标准。特别是在住院治疗时开具贵重药物和非公费药物、非医疗保险药物时，应当告知患者，接受患者的监督。在患者出院时，应当主动出具住院治疗消费明细表，让患者了解医疗消费的真实情况。患者有权检查医疗费用，并要求逐项作出解释。在由第三方支付医疗费用终止前，医疗机构有义务通知患

者。(9) 出现医疗纠纷的解决程序。

根据侵权责任法的规定，患者需要实施手术、特殊检查、特殊治疗的，医务人员应当及时向患者说明医疗风险、替代医疗方案等情况，并取得其书面同意。

本案中，为王某实施切除手术的医生充分相信这一手术对患者是有效的、必需的，但是法律不允许医生代替患者作出判断和决定。对医生来说，必要的义务包括：合理地告知患者被启示、被推荐的治疗的性质与结果，以及告知医生所认识到的可能伴随的危险状态等。因为医学对于患者来说是陌生的或是知之甚少的，医生给予患者所要接受的治疗行为有关正确无误的情报，是患者承诺的必要前提。患者根据医生提供的治疗行为的情报有作出选择的权利。因此，可以说患者的承诺是治疗行为的正当事由。该医院主张，在本案中，医生的治疗行为没有得到患者的同意，作为治疗行为本身也是成功的，并且对患者有利。但是，由于医生违反了告知义务，使患者对自己的生理疾病缺乏了解，丧失了选择自己认为的最佳治疗方案的机会，由此造成患者精神上的不明真相的压力，要求精神赔偿是合理的。在本案中，医生的治疗行为侵犯了患者对自己的身体组织器官享有完整的权利以及患者对于自己的疾病享有知情同意的权利，从这个意义上说，治疗的侵权行为与精神损害是有因果关系的。按照有关法律、法规的规定，侵权行为应当负赔偿责任，由于健康权中包含有心理健康的内容，所以，健康权受到损害，受害人不但可以就其受到的财产损失要求加害人赔偿，还可以要求加害人支付精神赔偿金。

综上所述，王某的诉讼请求理由成立，应当依法予以支持。对具体的赔偿数额应当根据有关法律、法规的规定和王某的实际损失情况，予以合理的认定。

法条链接

中华人民共和国侵权责任法

第五十五条 医务人员在诊疗活动中应当向患者说明病情和医疗措施。需要实施手术、特殊检查、特殊治疗的，医务人员应当及时向患者说明医疗风险、替代医疗方案等情况，并取得其书面同意；不宜向患者说明的，应当向患者的近亲属说明，并取得其书面同意。

医务人员未尽到前款义务，造成患者损害的，医疗机构应当承担赔偿责任。

医疗事故处理条例

第十一条 在医疗活动中，医疗机构及其医务人员应当将患者的病情、医疗措施、医疗风险等如实告知患者，及时解答其咨询；但是，应当避免对患者产生不利后果。

医疗机构管理条例

第三十三条 医疗机构施行手术、特殊检查或者特殊治疗时，必须征得患者同意，并应当取得其家属或者关系人同意并签字；无法取得患者意见时，应当取得家属或者关系人同意并签字；无法取得患者意见又无家属或者关系人在场，或者遇到其他特殊情况时，经治医师应当提出医疗处置方案，在取得医疗机构负责人或者被授权负责人员的批准后实施。

2. 医院未经患者签字擅自手术，应当承担何种责任?

【知识要点】

即使医疗机构在手术过程中没有诊疗过失，医疗事故鉴定意见也认为不属于医疗事故，但是手术未经患者及其家属签字，违反了术前签字制度，侵害了当事人的知情权，因此医院构成擅自实施手术，应当承担侵权赔偿责任。

典型案例

患者池某，48 周岁，是某航空公司的机长。因左眼外伤到某市级医院就诊。门诊确认为左眼巩膜裂伤，决定行巩膜裂伤缝合术，患者单位领导在手术通知单上签字同意行“巩膜裂伤缝合术”。医院在施行手术的过程中发现：池某左眼上直肌止端前有一“L”形巩膜伤口，3×5 毫米大小；上直肌止端后 7—8 毫米处有一处巩膜裂伤，斜行向下延伸，难以暴露其终端，伤口缘内卷。据事故发生后主刀医师陈述：手术中，眼内结构看不清，眼球塌陷，眼内容物溢出，测试无光感。但上述内容在原始病历中并无记载。患者陈述：在手术中他听到如下对话：“角膜怎么样?”“角膜是好的”，于是决定摘除眼球。在患者是否同意摘除眼球问题上，双方的说法截然相反，主刀医生说，当时患者已经口头同意，是摘除后又后悔了才没有签字；患者说，他当时讲自己是飞行员，摘眼球

的事不能自己做主，需待单位其他领导来后才能决定。客观事实是，眼球摘除手术之前和之后均无签字。摘除的眼球没有送病理检查，完好的角膜不知去向。

眼球被摘除后，患者认为是医疗事故，于是向所在区的医疗事故鉴定委员会提出鉴定申请。鉴定委员会先以原始材料缺乏为由，未予受理，后经申请人再次请求，才勉强受理。此后，区鉴定委员会对本案进行了鉴定，认为：根据病史、原始病历及手术探查所见，患者左眼眼球穿通伤，伤口较大，前房充满血液，眼内结构看不清，色素膜嵌顿，玻璃体脱出，眼球塌陷，伤势严重，视力恢复无望，有眼球摘除适应证，临床上宜早施行眼球摘除，以预防交感性眼炎。但医院应严格履行手术签字手续。最后结论是："本医案不属医疗事故"。

【以案释法】

(1) 未经本人签字即行手术，医院是否构成擅自实施手术？本案首先涉及医院与医生未经患者及其单位签字同意即实施手术，是否构成擅自实施手术的问题。在手术前，通过门诊确诊，医院决定给患者实施巩膜裂伤缝合术，患者的单位领导在手术通知单上签字同意。但手术的事实是，医院实施的并非巩膜裂伤缝合术而是眼球摘除手术，这是两个完全不同的手术。因此，即使手术前，医院获得患者单位领导同意手术的签字，在手术中擅自改变手术方案，医院已经构成擅自实施手术，这可从以下两方面来分析。第一，医院给患者实施眼球摘除手术，没有得到患者的签字同意，也没有得到患者单位领导的签字同意，违反了术前签字制度。术前签字是患者知情同意权的行使，也是患者处分权的行使。患者因行使知情同意权和处分权而承担手术的风险。而从医疗制度上来说，术前签字是手术治疗的合法依据，是必经程序。本案中，患者单位签字同意的是实施巩膜裂伤缝合术，而非眼球摘除手术。因此，就眼球摘除手术而言，没有经过术前签字程序。当然，医疗活动是一个复杂的活动，在手术过程中，可能会因为有新情况的出现而须改变原有的手术方案，这是允许的，但也是有限制的。如果患者在手术当时仍有行为能力，则必须取得患者本人的同意。本案中，患者是有行为能力的，因此，即使出现了与术前预料不同的新情况从而需要改变手术方案，也需要征得患者本人的同意。根据主刀医生的说法，手术当时患者已经口头同意了，是摘除后又后悔才没有签字。但是，根据侵权责任法，患者及其近亲属的同意必须采取书面形式；根据病历的记载，"后巩膜裂伤无法缝合，与患

者交代后，请示王某大夫（主刀医生的上级医师）后决定眼摘”。可以看出，实施眼球摘除，主刀医生并没有真正地取得患者的同意，而仅仅是“交代”而已，同意并最终作出决定的是主刀医生的上级医师。这是对患者知情同意权的侵犯。第二，在本案中，主刀医生和主刀医生的上级都不能代为患者作出摘除眼球的决定。在临床上，为抢救患者面临的生命危险或避免导致更大的生命危险，可以根据医生的判断采取未经患者或家属同意的措施，这在医学道德上是通得过的，被认为是合理的措施。但在本案中，不存在这样的情况。医院及医疗事故鉴定委员会均认为，将患者的眼球摘除是为了预防交感性眼炎，也就是说，为了患者的利益考虑。但这种说法从医学上分析是站不住脚的。依医学的一般常识，疾病的发生都有一定的潜伏期，也就是病原体对健康机体发生致病作用的准备期。这个期限的长短因疾病类型的不同而有所区别。就交感性眼炎而言，一只眼睛受伤后，另一只眼睛发生交感性眼炎的潜伏期一般为2—8周，也有早达7天的。而且根据统计，交感性眼炎的发病率约占眼球穿孔伤的1%左右。以上医学常识说明，一方面交感性眼炎对患者所造成的危险并非迫在眉睫，患者在术后还有时间可以作出仔细的考虑，主刀医生没有立即施行手术的必要性；另一方面交感性眼炎的发病率是很低的，用眼球摘除这种最具破坏性的方法来预防一个概率很小的疾病，在理论上很难令人信服，在实践上则给患者造成了过大的损害。因此，认为将患者的眼球摘除是为了预防交感性眼炎的说法并不可信，并不存在为了挽救患者的生命安全或者为了避免患者遭受更大的危险而施行紧急手术的情形。在本案中，还有另一个特殊的情况：患者作为一名飞行员，眼睛对他的意义非常重大，失去眼睛意味着他的飞行生涯将结束，从而对他以后的生活产生巨大的影响。因此，在摘除眼球前，医生更应充分地与患者商量，征得患者的同意后方可行事。从以上的两点分析可知，在本案中，医院已经构成了擅自施行手术，应当为其擅自施行手术而对患者造成损害的行为承担责任。

(2) 医院应当承担何种责任？医院未经患者或其家属签字同意即为患者实施了手术，这是医院没有遵循一定程序的结果。那么，医院仅仅承担程序不当的责任，还是承担由此对患者造成的实际损害呢？在本案中，医院因为实施手术程序不当而给患者造成了实际的损害，仅仅承担程序不当的责任无法体现对患者的真正公平。同时，根据侵权责任法第五十五条的规定，医院应当对患者的损失承担实体上的责任，即赔偿患者因手术而受到的所有损失。患者的损失包括两方面，一方面是财产损失。患者原是一名飞行员，因为医院对其施行眼球摘除手术而失去左眼，从此不能再继续从事飞行工作，由此而导致收入的损失。医院应当对患者的该收入损失进行赔偿。另一方面

是精神损害，精神损害是指加害人的侵权行为对民事主体精神活动的损害。在法律理论上，这种损害既包括生理上和心理上的损害，也包括精神利益的损害。本案中池某作为一名飞行员，失去一只眼睛后就不能再从事飞行事业了，事业未竟而引发的遗憾、苦闷都是医院对患者所造成的精神损害。从一个健康人变成一个残疾人，也会对患者的心理造成损害。医院应当按照一定的标准对患者的精神损害进行赔偿。

(3) 角膜的所有权应当归谁？本案还涉及角膜的问题。医院在摘除患者眼球时，自然将角膜也摘了下来。角膜被认为是完好的。手术后患者要求医院归还角膜，医院则拒不交还。这就涉及角膜的所有权问题。角膜是人的身体的一部分，在角膜尚附着于人体时，与人体具有不可分割性，没有独立性，因而无法成为所有权的客体。角膜只是与人体的其他部分一起，在法律允许的某些情况下成为所有权的客体。当角膜脱离人体之后，便具有了独立性，并且鉴于目前世界上角膜异常珍贵的现实，角膜具有很高的经济价值，因此脱离人体后的角膜可以作为民法上的物存在，可以成为所有权的客体。那么，脱离人体后的角膜的所有权应当归谁呢？一般认为，人有支配自己身体的权利，从而也有支配从自己身体上脱离下来的各组成部分的权利。当人仍然生存时，从其身体上取下的组成部分应当归其本人所有。本案中的角膜应当归患者池某所有。既然归患者池某所有，医院占有该角膜便没有法律依据，应当返还给患者池某。

法条链接

中华人民共和国侵权责任法

第五十五条 医务人员在诊疗活动中应当向患者说明病情和医疗措施。需要实施手术、特殊检查、特殊治疗的，医务人员应当及时向患者说明医疗风险、替代医疗方案等情况，并取得其书面同意；不宜向患者说明的，应当向患者的近亲属说明，并取得其书面同意。

医务人员未尽到前款义务，造成患者损害的，医疗机构应当承担赔偿责任。

3. 医疗机构未尽其谨慎注意的义务，应当承担何种责任？

【知识要点】

医务人员在诊疗过程中，应当尽到其谨慎注意的义务，否则医务人员就

违反了其应负的注意义务，导致医疗上的过失，如果因此造成患者死亡或者人身健康受损的，就可能产生侵权责任。医务人员是否尽到注意义务的判断标准是医务人员在诊疗活动中是否达到当时的医疗水平相应的诊疗义务，也就是以医疗机构的客观条件及其医疗人员的平均水平等为判断标准。

典型案例

段某于2011年8月中旬到某医院（三级甲等医院）接受治疗。入院后，查其血淀粉酶700u/dl，尿淀粉酶1480u/dl，初步诊断为腹痛待查（急性胰腺炎）。后B超显示：脾脏体积增大，中央区回声不均匀，并见多个散在液性暗区，考虑慢性脾脏破裂可能与胰尾部炎症有关。CT检查报告显示：脾脏体积明显增大，内缘饱满，达13个肋单元……所扫胰腺未见明显异常。两周后，段某的血淀粉酶检查为750u/dl，尿淀粉酶1540u/dl。某医院内科对段某进行了有关治疗后，将段某转入该院普外科准备择期手术。2011年8月底，段某腹痛加重，急诊B超显示脾破裂伴皮包膜下血肿（陈旧性）合并腹腔大量积液（出血可能）。某医院当即对段某在全麻下急诊行剖腹探查术，术中见“腹腔内有陈旧性、血性液体1000ml，脾肿大，周围被大网膜包裹，分离大网膜见皮包膜下有陈旧性液体约400ml”，常规切除脾脏，脾窝置管引流。术后，当段某每天仍有50ml引流液时，被完全拔除引流管出院。2011年11月，段某又因“发热伴左侧胸痛1月”，入住某医院治疗。某医院给予其胸穿，抽出多量血性胸水，进行抗炎等治疗，于2个月后出院。此后，段某因再次发烧及左上腹痛第三次住进某医院。某医院对其行剖腹探查术后，让段某带引流管出院。但出院后，段某的引流液不断。2个月后，段某再次到某医院门诊时，某医院查其引流液的淀粉酶为1400u/dl。此时，某医院诊断段某为胰瘘，让段某继续带引流管回家休养。在此期间，段某的引流管滑落，但某医院未作其他处理，让段某回家继续观察。2012年6月，段某又发烧、左腹后背疼痛，第四次住进该院。入院诊断为：脾切除后胰瘘、假性胰腺囊肿伴感染。入院后，某医院进行抗感染治疗、穿刺置管引流及应用施他宁等相关治疗，段某胰瘘量逐渐减少。某医院见段某的引流管内无胰液流出，即考虑胰液已得到控制而拔除段某的引流管，并让段某出院。2013年1月，段某仍然出现左侧腰痛等症状，第五次住进某医院，某医院诊断为假性胰腺囊肿，对段某进行囊肿——空肠Roux—Y吻合术。术中见：囊肿位于胰体尾的后方，在胃、胰、结肠、脾

曲之间扪及肿块，质硬、流动感不明显，切开后吸出黑色液体约200ml，手术顺利。2012年3月，段某出院。段某认为某医院在上述治疗过程中存在过失，导致治疗延误和自己的病情加重，人身损害后果扩大，遂向当地卫生行政部门提出医疗事故处理申请。卫生行政部门委托当地医学会进行医疗事故技术鉴定，鉴定意见为：段某在鉴定会上陈述有明确外伤史。B超提示脾脏体积增大，见多个散在液性暗区和胰尾部炎症；术前有发热、血尿淀粉酶升高，医院应考虑到外伤性包膜下脾破裂合并胰腺损伤的可能。某医院陈述第一次手术中发现胰尾肿胀明显，腹腔内有陈旧性、血性液体1000ml。引流两周后仍有50ml，有胰瘘发生的可能。某医院未及时明确胰瘘诊断。某医院同时存在术后拔引流管的指征掌握不严；医疗文书保管不妥善等情况。三次手术有指征，术式正确。确诊胰瘘后的外引流、禁食、胃肠减压、TBN及施他宁等治疗正确，患者愈后良好。此例不属于医疗事故。

段某向当地人民法院提起诉讼，认为：在CT及B超均提示其脾脏占位性病变，存在慢性脾破裂可能的情况下，某医院未及时手术，而是选择择期手术，造成自己脾脏破裂后大量出血。手术前的CT报告明确显示自己胰腺未见异常，是某医院在手术中分离广泛粘连时，造成自己胰腺损伤。某医院在自己手术后仍有引流液的情况下，又错误地选择了拔管。某医院在对自己实施的治疗中，对病情观察不细，对病情判断错误，治疗存在过错，直接导致自己先后五次住院、三次手术，给自己造成了极大的痛苦。请求人民法院依法判决某医院赔偿医疗费、护理费、误工费、住院生活补助费、交通费、残疾生活补助费、精神损害抚慰金等共计20万元。某医院答辩称：段某的胰瘘不是手术造成的。血淀粉酶升高是检验胰腺损伤的一个标准，段某入院时血淀粉酶升高，说明段某在第一次手术前就有胰腺损伤，存在外伤造成的可能。该院第一次手术与段某受外伤相距1个月时间，段某当时腹腔中血肿很严重，某医院无法判断胰腺是否损伤，而多次追问段某有无外伤，段某均称无外伤。该院医生已经尽到注意义务；该院每次拔除引流管都是非常谨慎的，没有过错。经司法鉴定，段某胰腺假性囊肿——空肠Roux—Y吻合术后残疾程度为9级。

【以案释法】

根据侵权责任法规定，医疗机构承担侵权赔偿责任，应当具备侵权行为的构成要件，包括医疗主体在主观上有过错，在客观上实施了医疗违法行

为，有患者的人身和财产损害的事实存在，违法行为与损害事实之间具有因果关系。在本案中，确定某医院是否应当承担法律责任，承担什么法律责任，应当从以下几个方面进行分析：

首先，关于某医院在对段某进行的一系列医疗活动中是否具有过错，即某医院是否在诊疗过程中尽到了谨慎注意的义务。根据法律规定，医疗过失是构成医疗事故和确定医疗机构承担侵权赔偿责任的必要条件。医疗过失的客观判断标准通常以医务人员的技术水平及注意义务为标准。医疗活动具有高度技术性、复杂性以及不确定性。人是一个复杂的机体，每一个人的身体素质不同，即使是同一个人，在不同的状态下，其身体素质也可能出现不同。因此，判断、认定医务人员应具有怎样的注意义务是处理医疗纠纷案件的关键。这种注意义务应当是谨慎、合理的注意义务。

在本案中，段某存在外伤史，初次住院的检查中即有血淀粉酶指数升高，手术后引流液一直不断。作为一个三级甲等医院的医师，依据其所处的医院等级及相同等级医院对同类症状的处理技能、经验、常规应达到的程度，可以认定该医院医生对段某的症状应该具有相当的判定能力，只要尽到了谨慎注意的义务，就可避免段某以后多次出现需要治疗的后果。而该医院疏忽了血淀粉酶指标升高和段某曾有外伤史，更重要的是医务人员对引流液的存在即表示可能有尚未查明的症状存在，未能引起注意，不查明原因，轻信、盲目地拔除引流管，失去及时诊断的机会。这就是医务人员未能尽到其相应专业要求的合理技能和注意。其违反谨慎的注意义务使段某本来可以在通常情况下通过引流即可让其自愈的胰瘘，却因误诊一次次住院治疗，已经构成了侵权责任法中所述的“医务人员在诊疗活动中未尽到与当时的医疗水平相应的诊疗义务，造成患者损害”的情形。综上所述，某医院未能尽到谨慎的注意义务，应当承担民事责任。

其次，关于某医院在对段某进行的一系列医疗活动中是否具有违法行为的问题。《医疗事故处理条例》第五条规定：“医疗机构及其医务人员在医疗活动中，必须严格遵守医疗卫生管理法律、行政法规、部门规章和诊疗护理规范、常规，恪守医疗服务职业道德。”这里所说的诊疗护理规范、常规通常是指：(1) 国家卫生行政部门以及全国性行业协会或地方卫生行政部门以及地方性行业协会指定的各种标准、规范、制度的总称；(2) 医疗机构对医务人员进行医疗活动制定的各项规范。在实践中，还有一些比较具体的规范，存在于医务人员医疗活动中，是医疗行业通常实施的常规注意义务标准。违法的医疗行为包括多种，例如：(1) 误诊。根据患者的症状和有关诊疗常规以及一个医务人员应有的注意，本应该诊断出患者存在某种疾病，但

未能诊断出。(2) 贻误治疗。即诊断正确，但在治疗过程中违反治疗规范，未能正确实施有效的治疗，延误患者病情。在本案中，争议的实质就是某医院的医疗行为是否具有违法性。

从本案的事实看，虽然判断胰腺是否有损伤应当从几个方面综合诊断，但血淀粉酶的升高是一个重要的标准。段某的血淀粉酶指标在第一次手术前即存在升高的状况，从本案现有的证据看，不能充分认定某医院在手术中违反操作常规造成段某的胰腺损伤。另一方面，段某因外伤性脾破裂后，由于"腹腔内有陈旧性、血性液体1000ml，脾肿大，周围被大网膜包裹，分离大网膜见皮包膜下有陈旧性液体约400ml"，以及胰腺所在位置的特殊性，某医院在手术中对胰腺是否有损伤确实存在不宜探查的状况，不易发现胰腺损伤。某医院违反医疗常规的行为在于，当段某手术后每天尚有引流液50ml时，某医院的医务人员即不查明缘由，违反医疗常规拔除引流管，从而导致段某已有的胰腺损伤不能得到及时诊断。段某以后多次出现的发烧、腹痛均是因胰腺损伤引起的，胰液不断流出在体内。某医院对段某的多次反复发作病症，虽然后来诊断为胰瘘，但在治疗中又违反了诊疗规范。对于胰瘘的治疗，采用引流管引流，逐步让胰腺自行愈合即可，某医院采用引流管等治疗措施，符合医疗常规，但某医院在段某的引流管滑落后未能及时采取有效的补救措施，任由该事实发生，使胰液在患者体内无法流出，再次导致段某发烧等症状反复出现，使段某本来趋于好转的病情进一步加重。在此，某医院的医疗行为也是违反了一般的医疗规范，贻误了患者病情的诊治。在段某第四次住院治疗的过程中，某医院使用施他宁等药物治疗，也注意了引流液不再流出后再拔除引流管，但从其作为专业技术人员应有的技术水平考虑，其应该知道施他宁的作用是抑制胰腺的分泌，引流管暂时无液体流出是药物的作用。因此，某医院在此仍然存在引流管拔除的指征掌握不当，由此再次使段某因不能得到有效治疗而第五次住院。综上所述，某医院的上述违反诊疗规范、常规的行为具有违法性，构成某医院在本案中承担民事责任的基础。

最后，关于某医院的医疗违法行为与段某的人身损害之间的因果关系。如果某事件与损害之间具有相当因果关系，则必须具备以下两个要件：其一，该事件是损害发生所必不可少的条件，即条件关系；其二，该事件实质上增加了损害发生的客观可能性，即相当性原则。在许多医疗纠纷案件中，存在这样的情况：患者本身病情较为严重，也可能不久将死亡，但尚未死亡时，通过一定的治疗可能将延长其生命，但由于医疗机构在治疗过程中的某一治疗行为的不当使得患者提前死亡。实际上，这是医疗机构的医务人员存在的过失治疗行为增加了患者的危险状态。在本案中，段某本来是因外伤导致脾破裂、胰腺损

伤，其疾病是其发生损害的直接原因。但某医院未能及时诊断、误诊，违反医疗常规过早拔除引流管的行为增加了段某现有疾病的危险性，一次次未明确诊断和治疗错误，加重了段某的原有疾病。段某本可以通过一次诊治即可治愈的，但最终被进行假性囊肿——空肠 Roux—Y 吻合术，胰液被改道，造成伤残，这一后果的发生与某医院的错误诊断、治疗具有相当的因果关系。因此，某医院应当对段某自第二次手术后发生的相关损失进行赔偿。

法条链接

中华人民共和国侵权责任法

第五十七条　医务人员在诊疗活动中未尽到与当时的医疗水平相应的诊疗义务，造成患者损害的，医疗机构应当承担赔偿责任。

4. 因过错导致并发症，医疗机构应当承担何种责任？

【知识要点】

可以避免的并发症因医疗机构的过错未能避免而给患者造成人身损害的，医疗机构应当根据其过错程度向患者承担赔偿责任。

典型案例

容某于 2012 年 12 月在丈夫李某的陪同下到某医院待产，并于 2013 年 1 月经阴道分娩生下男婴李某某。在生产的过程中发生肩难产。李某某出生后即发现其左上肢肌力差，左腕下垂。经专家会诊，诊断其左臂丛神经麻痹。李某夫妇向当地卫生行政部门提出医疗事故处理申请，当地卫生行政部门委托当地医学会进行医疗事故技术鉴定。鉴定意见为：患儿左臂丛神经损伤为产时处理不当所致，本例构成三级医疗事故。某医院对鉴定不服，向当地卫生行政部门提出再次鉴定申请。卫生行政部门委托省医学会进行再次鉴定。再次鉴定意见为：该产妇骨盆测量属于正常范围，胎儿估计中等大小，医院采取阴道分娩方式正确，产程处理未违反医疗常规，产时发生肩难产并导致新生婴儿左臂丛神经麻痹属于分娩并发症，不属于医疗事故。李某夫妇不服鉴定，以李某某的名义向当

地人民法院提起诉讼，要求某医院赔偿损失10万元。在诉讼过程中，人民法院委托法医鉴定中心进行鉴定。鉴定意见为：某医院在为容某接产的过程中有操作不当的过错，这种过错可以导致李某某左臂丛神经麻痹。但是，由于肩难产发生率低，难以预测，发生后必须尽快解除，否则易造成更为严重的后果，因此，可以免除某医院的部分责任。

【以案释法】

手术并发症包括两种：可以避免的并发症和难以避免的并发症。难以避免的并发症是指医院在为患者进行手术治疗后，在没有任何过错的情况下发生的并发症。不同的手术发生不同部位、不同系统的并发症，如切口感染、疼痛、裂开；手术后出血；肺不张，肺水肿，肺栓塞，休克肺；尿路感染；急性胃扩张，以及各种手术时的切口创伤性损伤等。根据相关法律规定，难以避免的并发症属于医疗事故的排除事项。民法通则第一百零七条规定："因不可抗力不能履行合同或者造成他人损害的，不承担民事责任，法律另有规定的除外。"因此，发生难以避免的并发症，医疗机构不承担责任。而对于可以避免的并发症，由于医疗机构的过错而未能避免，并因此给患者造成损害的，医疗机构应当承担相应的责任。在本案中，肩难产会导致新生儿臂丛神经麻痹的并发症，但不是导致新生儿臂丛神经麻痹的唯一原因，在接产的过程中操作不当也可能导致新生儿臂丛神经麻痹，并且是重要原因。当地医学会的鉴定意见和法医鉴定意见均证明导致李某某左臂丛神经麻痹的主要原因是接产时处置不当，不属于"难以避免的并发症"。所以，在本案中，某医院应当根据其过错承担民事赔偿责任。

中华人民共和国侵权责任法

第五十四条 患者在诊疗活动中受到损害，医疗机构及其医务人员有过错的，由医疗机构承担赔偿责任。

医疗事故处理条例

第三十三条 有下列情形之一的，不属于医疗事故：

（一）在紧急情况下为抢救垂危患者生命而采取紧急医学措施造成不良后果的；

（二）在医疗活动中由于患者病情异常或者患者体质特殊而发生医疗意

外的；

（三）在现有医学科学技术条件下，发生无法预料或者不能防范的不良后果的；

（四）无过错输血感染造成不良后果的；

（五）因患方原因延误诊疗导致不良后果的；

（六）因不可抗力造成不良后果的。

5. 医疗机构过失导致医疗事故，患者能否得到高额赔偿？

【知识要点】

患者因医务人员的过失导致完全丧失生活能力的，构成重大医疗事故，对患者造成巨大人身伤害，患者应该得到高额赔偿。

典型案例

汤某因患中耳炎引起面瘫，导致口角左偏3个多月。2008年12月30日，汤某入住该地区人民医院住院部耳鼻喉科治疗，经检查被诊断为右侧耳源性面瘫，2008年1月11日，该地区人民医院对其进行全麻下的右侧面神经减压手术。手术前，该地区人民医院对患者进行了术前体检和实验室检查均未发现异常。手术由副院长兼耳鼻喉科主任医师张某主刀，医师王某对患者施行麻醉。10时35分，手术正式开始，切皮时患者出现肢动，麻醉师王某先后三次给患者静脉注入共计0.9mg麻醉药物芬太尼，并让患者吸入40ml异氟醚，以加深麻醉。此时患者体内已注入很大剂量的麻醉药。随后，麻醉师王某外出手术室到院办公室接长途电话，并未按规定进行交接手续。在麻醉师擅离岗位期间，患者汤某出现了麻醉险情，血压骤然降至0，皮肤发紫，医师张某见此情况立即停止手术，马上对患者进行抢救。但因无麻醉师在场，贻误了有效抢救时机，患者汤某一直处于深度昏迷状态。后经院方全力抢救及会诊，到13点40分患者恢复自主呼吸，但仍不苏醒，医师认为患者有脑组织急性缺氧的表现，遂决定将汤某留在手术室继续监护。手术后7小时40分，患者由外科转入危重病房ICU继续治疗。经过多项综合治疗，2008年3月患者苏

醒过来，意识有所恢复。3 月 9 日，患者由 ICU 室转入普通病房继续康复治疗。2010 年 4 月 28 日和 2012 年 7 月 3 日，医院对患者再次作核磁共振检查，均诊断为：脑萎缩，左侧上额窦炎。后患者虽进行了康复治疗，但仍因大脑缺氧导致了不可逆的大脑损害，表现为头脑呆傻，智能低下，语言不清，大、小便失禁，完全丧失了生活能力，每日需由两人护理。

2013 年 4 月 21 日，该地区医疗事故鉴定委员会作出了鉴定意见，认定为：二级甲等医疗责任事故。事故发生后，汤某家人与医院方就赔偿问题多次进行了谈判，但终因双方差距太大，未能达成协议。2013 年 5 月，汤某委托律师以医疗事故损害赔偿纠纷为由起诉到该地区中级人民法院，人民法院判决该地区人民医院赔偿汤某各种费用 114 万元。经对汤某进行伤残鉴定，意见为：汤某广泛性脑萎缩，重度智能减退，共济运动失调，属于二级残废。

【以案释法】

本案就性质认定而言，各方都没有争议，一致认定为医疗责任事故。《医疗事故处理条例》第二条规定：“本条例所称医疗事故，是指医疗机构及其医务人员在医疗活动中，违反医疗卫生管理法律、行政法规、部门规章和诊疗护理规范、常规，过失造成患者人身损害的事故。”医疗事故含有四个基本条件：一是医疗事故必须发生在法定的诊疗护理过程中，就是发生在经政府有关部门批准后取得行医资格的医护人员在履行其职责过程中；二是医护人员必须在诊疗护理工作中有过失或失误，即医护人员有违反规章制度、诊疗护理操作等失职行为，或技术上有过失；三是必须给患者造成不良后果；四是医务人员的失职行为或技术上的过失必须与患者不良后果之间有直接的因果联系。[①] 本案中从麻醉师不遵守手术操作规则，擅自离岗，且不进行交接手续造成患者身体健康严重受损来看，认定为医疗责任事故是正确的，并无不当之处。

本案更能引人思考之处在于人民法院最终判决的赔偿额是较高的，是我国公民生命健康权利受到尊重和有效保护的表现。

生命权是一项独立的人格权，所谓生命权，是指自然人的生命安全不受

① 参见丁涵章、程永键、黄伟彩编著：《医疗纠纷百问百答》，杭州出版社 1999 年版，第 9 页。

侵犯的权利。[①] 健康权是指自然人以其身体外部组织的完整和身体内部生理机能的健全，使机体生理机能正常运作和功能完善发挥，从而维持人体生命活动为内容的人格权。[②] 生命和健康自然是无价的，确定赔偿费，是与各种条件相连的，如受害者的受损失的严重情况，以及赔偿者的支付能力和当地的生活条件等。但就本案而言，患者汤某因为医院工作人员的失误而导致二级残废，从她所受到的身体、精神创伤来看，再多的钱也无法让她恢复宝贵的健康。

法条链接

中华人民共和国侵权责任法

第十六条 侵害他人造成人身损害的，应当赔偿医疗费、护理费、交通费等为治疗和康复支出的合理费用，以及因误工减少的收入。造成残疾的，还应当赔偿残疾生活辅助具费和残疾赔偿金。造成死亡的，还应当赔偿丧葬费和死亡赔偿金。

医疗事故处理条例

第二条 本条例所称医疗事故，是指医疗机构及其医务人员在医疗活动中，违反医疗卫生管理法律、行政法规、部门规章和诊疗护理规范、常规，过失造成患者人身损害的事故。

6. 严重医疗差错未造成明显后果，医疗机构应否承担赔偿责任?

【知识要点】

医疗机构存在严重医疗差错，虽未给患者的身体造成明显的损害后果，但是，由于医疗差错导致患者原患疾病并未治愈，患者要求赔偿误工损失、精神损害赔偿的应予支持。

① 参见王亚平：《医患权益与保护》，人民军医出版社2003年版，第2页。

② 参见魏振瀛主编：《民法》，北京大学出版社2000年版，第645页。

典型案例

周某因患腰椎间盘突出症到某医院接受治疗。经医生诊断为：L4—5腰椎间盘突出症，并对其实施了腰椎间盘切除术。手术记载为切除L4—5椎间盘。手术后，周某的病情未明显缓解，但经医生允许出院。此后，周某仍然感觉到腰腿部疼痛，再次入院治疗。医生仍诊断其为腰椎间盘突出症。后经查明，周某在手术中切除的是L3—4椎间盘，L4—5椎间盘突出症仍然存在。周某到其他医院就诊，均被诊断为L3、L4、L5腰椎间盘突出症。但各医院提供的治疗方案迥异，费用差别也较大。当地医学会的鉴定意见认为，周某案为严重医疗差错，但L3—4椎间盘切除未造成明显后果，不构成医疗事故。周某经向某医院要求赔偿未果，向当地人民法院提起诉讼，要求赔偿医疗费、误工损失、精神损失和今后的治疗费，共计10万元。同时，周某提出了法医鉴定申请，请求鉴定其L3—4椎间盘突出是否存在及与某医院的误切是否存在因果关系。法医鉴定意见为：周某的L3—4部位仍然存在部分椎间盘组织，且L3—4椎间盘膨出；不能排除周某目前的L3—4椎间盘膨出与手术误切有一定的因果关系。

【以案释法】

在本案中，某医院在手术过程中误切了周某L3—4椎间盘，现在周某L4—5椎间盘突出症仍然存在，L3—4部位存在部分椎间盘组织，且L3—4椎间盘膨出。这与某医院的手术误切存在一定的因果关系，某医院应当承担赔偿责任。周某要求赔偿误工损失，理由成立，应当支持；根据《最高人民法院关于确定民事侵权精神损害赔偿责任若干问题的解释》的规定，周某要求精神损害赔偿的诉讼请求于法有据，应当予以支持；周某目前的病情确需继续治疗，但因其应支付的治疗费及损失状况目前难以确定，各医院提供的治疗方案迥异，费用差别也较大，不应支持。在处理人身损害赔偿案件的过程中，能够一次了结双方的纠纷最好，但前提是损害后果已经稳定，损失状况能够确定，即使是今后尚需花费，数额也是可知的。否则，在今后继续发生的损失数额难以确定，双方又协商不一致的情况下，不宜直接判处。

法条链接

最高人民法院关于确定民事侵权精神损害赔偿责任若干问题的解释

第一条第一款 自然人因下列人格权利遭受非法侵害，向人民法院起诉请求赔偿精神损害的，人民法院应当依法予以受理：

（一）生命权、健康权、身体权；

（二）姓名权、肖像权、名誉权、荣誉权；

（三）人格尊严权、人身自由权。

7. 在预防接种过程中造成人身损害，应当由谁承担责任?

【知识要点】

在实施预防接种工作过程中造成人身损害的，不属于医疗事故的范畴。但是，在预防接种过程中，医务人员过失造成人身伤害的，医疗机构仍不能免责。

典型案例

刘某出生时，身体一切正常，当时在其右臂部注射了“乙肝疫苗”。此后的仅一百天时间内，刘某的父母虽然带其到医院看过病，但未注射针剂。2013 年 10 月，刘某的父母带刘某按规定到指定地点某医院儿保科注射“百白破”三联针的第一针。注射部位为刘某的左臂肌，操作者为该医院儿保科护士。半月后，刘某的父母发现刘某左脚掌下垂，足趾活动迟缓，左脚无力，遂带刘某到多家医院诊治。防疫站有关人员在对刘某的左腿和病历进行了查看和分析后，称此属于预防接种异常反应。在诊治过程中，医生对刘某施行了左坐骨神经探查、松解手术，手术诊断结论为刘某左坐骨神经损伤（注射性）。刘某虽经手术补救，但其神经恢复正常已经不可能。刘某的父母以刘某的名义向当地人民法院起诉，称：刘某按照计划免疫的要求，到某医院儿保科注射“百白破”三联针的第一针。在其左臂部注射防疫针两周后，发现刘某的左脚掌下垂，足趾活

动迟缓，扶立时左腿明显无力。经医院手术探查，确诊刘某为注射性左坐骨神经损伤，请求人民法院判决某医院赔偿一切损失。某医院答辩称：其是根据相关规定，应防疫站的要求，为防疫站提供条件和技术人员，实施计划免疫工作的。在为刘某进行“百白破”三联针注射时，其严格按照计划免疫操作规程进行。本案纠纷是在实施计划免疫工作期间发生的，应当以防疫站为被告。

【以案释法】

医疗事故，是指医疗机构及其医务人员在医疗活动中，违反医疗卫生管理法律、行政法规、部门规章和诊疗护理规范、常规，过失造成患者人身损害的事故。本案中，刘某是在预防接种的过程中致残的，虽然这是某医院医务人员的过失导致的，但由于医务人员不是在进行医疗活动，即治病工作，而是在实施预防接种，即防病工作，其主观过失和客观后果虽然都符合医疗事故的构成要件，但行为不是发生在医疗活动中，所以不属于医疗事故的范畴。

本病例是预防接种护士在预防接种工作中因注射部位错误导致刘某伤残，不符合预防接种异常反应和耦合的特征，却符合预防接种事故的三个特征，即发生在预防接种工作中；从事预防接种工作的人员在预防接种时主观上有过失；产生的后果严重，因此其构成预防接种事故。由此可见，本案应当属于预防接种事故争议引起的医疗纠纷案件。

本案中，当事人没有向预防接种反应诊断小组提出鉴定申请，而是直接向人民法院提起了民事赔偿诉讼。我国目前没有法律、法规规定鉴定意见是人民法院审理预防接种事故争议引起的民事赔偿案件的前置程序，因此，刘某的起诉只要符合民事诉讼法规定的起诉条件，未进行预防接种事故鉴定不能妨碍其行使民事诉讼的权利。

从《全国计划免疫工作条例》第四条、第八条、第九条的规定中可以看出，实施计划免疫工作的主体包括卫生防疫部门和医疗卫生单位，但它们各有分工。刘某居住地的卫生防疫工作由卫生防疫站和某医院共同进行。它们按照条例对其分工的规定各司其职，具体接种工作由某医院进行。由于卫生防疫工作是它们双方而并非防疫站一方的职责和法定义务，因此，对按法定分工履行各自职责时发生的事故，就应由职责段的过错方承担法定责任。如防疫站和某医院是共同错误（如防疫站发错接种疫苗，某医院注射时又未对疫苗进行查验就接种，导致损害发生的），就应由双方共同承担责任。刘某

残疾是某医院儿保科护士在实施预防接种时，注射部位错误导致的。该错误不是防疫站培训有误或指导不当所致，而是医院的过失造成的，防疫站对损害后果的发生没有过错，无须承担民事责任，某医院关于责任人应为防疫站的主张不能成立。某医院儿保科护士实施接种行为是履行职责，其间因过失导致刘某伤残是有过错的，该职务行为产生的法律后果应当由其所在单位某医院承担，因此，本案的责任人应当为某医院。

我国《预防接种异常反应鉴定办法》对异常反应、接种事故等只规定解决医药费用，与民法通则、侵权责任法等全面赔偿的法律、法规相比，在赔偿范围上相去甚远。前者规定的是有限赔偿，后者规定的是全额赔偿。《预防接种异常反应鉴定办法》是解决预防接种后出现的异常反应、事故等的专门规定，显然预防接种事故纠纷应受其调整。预防接种事故侵犯的是公民的生命健康权，而侵权责任法就是对侵犯公民生命健康权赔偿范围的规定，因此，预防接种事故纠纷也应受其规范。根据法律的位阶与效力的理论，《预防接种异常反应鉴定办法》是行政法规，不能违反上位法侵权责任法。由于它在保护受害人合法权益和追究侵权行为人责任上与侵权责任法的基本精神相一致，因此，可以适用。适用顺序应当为先侵权责任法，后《预防接种异常反应鉴定办法》。如果有限赔偿能使受害人的损失得到补偿，可适用该种赔偿办法；如不能则应采用侵权责任法给予全额赔偿。本案中，刘某的损失除医药费之外，还有其父母带其就医的交通费和住宿费、营养费、残疾生活自助具费、因残疾导致刘某谋生能力下降从而其生活所需的补助费等。如果适用《预防接种异常反应鉴定办法》某医院只负责医药费，远远不能弥补刘某的损失，因此，本案应当适用侵权责任法的赔偿方法，对刘某进行全额赔偿，以全面保护其生命健康权。

中华人民共和国侵权责任法

第十六条 侵害他人造成人身损害的，应当赔偿医疗费、护理费、交通费等为治疗和康复支出的合理费用，以及因误工减少的收入。造成残疾的，还应当赔偿残疾生活辅助具费和残疾赔偿金。造成死亡的，还应当赔偿丧葬费和死亡赔偿金。

预防接种异常反应鉴定办法

第十条 各级各类医疗机构、疾病预防控制机构和接种单位及其执行职务的人员发现预防接种异常反应、疑似预防接种异常反应或者接到相关报

告，应当及时向所在地的县级卫生行政部门、药品监督管理部门报告。

全国计划免疫工作条例

第九条 全国各级各类医疗卫生单位（包括企、事业单位的医疗卫生机构）和全体医疗卫生人员，必须按当地卫生防疫部门的统一安排，开展计划免疫工作。

8. 精神病患者服药自杀，医疗机构应否承担责任？

【知识要点】

精神病院在收治精神病患者的过程中，并不转移监护权，只是对患者进行比较特殊的治疗和护理。精神病患者服毒自杀，是值班医务人员难以预料和阻拦的，属于意外事件，医疗机构既没有责任事故，也没有技术事故，不应当承担侵权赔偿责任。

典型案例

童某因精神状况异常，被其家属送到某精神病医院接受治疗。经诊断，童某患精神分裂症，主治医生的医嘱是：对童某要“防消极、防意外、防自杀”。入院后，某精神病院未告知童某的家属童某需要家人护理，双方也未签订患者需家属陪护的书面协议。某日晚，童某突然撞开值班护士办公室的门，将办公室内用于环境卫生消毒的敌敌畏200毫升服下，经抢救无效死亡。童某的家属与某精神病院就童某死亡的责任承担问题发生争议，向当地人民法院提起诉讼，称：童某身患精神病，丧失民事行为能力，某精神病院在将其收治入院后，应当承担对童某的监护责任。由于某精神病院未尽到监护职责，导致童某受到人身伤害，应当承担赔偿责任，故请求人民法院依法判决某精神病院赔偿因童某死亡造成的各项物质和精神损失10万元。某精神病院答辩称：童某因精神病突发破门闯入值班护士办公室服毒自杀，属于意外的突发事件，医务人员既不存在责任事故，也不存在技术事故，而且在事发后积极采取了抢救措施，已经尽到了其护理职责，不应承担民事赔偿责任。同时，精神病院不是童某的监护人，请求人民法院依法驳回童某家属的诉讼请求。

【以案释法】

根据民法通则第十七条第一款的规定，精神病患者的法定监护人是其配偶、父母、子女、近亲属等，精神病院并不是患者的法定监护人。监护权的设立要有严格的程序，监护权的转移必须经当事人按法律途径办理。按照《最高人民法院关于贯彻执行〈中华人民共和国民法通则〉若干问题的意见（试行）》第十五条的规定："有监护资格的人之间协议确定监护人的，应当由协议确定的监护人对被监护人承担监护责任。"在本案中，精神病院并未与童某的家属达成监护委托协议，不能认为童某在精神病院接受治疗，其监护权就由其家属转移到了某精神病院。同时，根据我国法律规定，监护权具有十分丰富的内容，涉及遗嘱、抚养等重大经济活动。如果认为患者住院就自然地将其监护权转移给医院，医院就要行使其监护职责，不仅不现实，也缺乏可行性。因为医院一旦承担入院患者的监护职责，除了要负责患者的治疗、护理之外，还要花费大量的时间和精力去处理患者的民事事务。因此，妥善处理精神病患者的监护权问题，一方面要以我国的有关法律、法规为依据，不能任意理解和随意扩大；另一方面，还要从精神病院的具体情况来考虑。精神病院在收治精神病患者的过程中，并不存在监护权转移的问题，只是医院对患者进行比较特殊的治疗和护理。某精神病院对童某并没有监护责任，童某的家属以某精神病院未尽到监护职责为由，要求某精神病院承担责任，进行赔偿缺乏依据。

本案中，某精神病院对童某也不承担侵权赔偿责任。根据侵权责任法的规定，医务人员的医疗过失是构成医疗事故的首要条件。在本案中，判定某精神病院是否应当承担童某死亡的侵权赔偿责任，首先应当判定某精神病院的医务人员是否存在医疗过失行为，本案是否属于医疗事故。从本案的事实看，没有证据证明某精神病院在诊疗、护理的过程中有违反有关医疗卫生管理法律、法规、行政规章和行业惯例、常规，未尽到医务人员合理谨慎注意义务和职责的行为；童某由于突发精神病，破门闯入值班护士的办公室服毒自杀，经抢救无效死亡，属于意外事件，是医务人员无法预料，也无法预防的。因此，某精神病院不存在过失，不应当承担侵权赔偿责任。

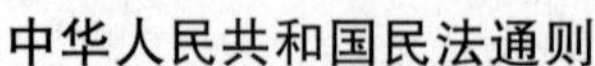

中华人民共和国民法通则

第十七条第一款 无民事行为能力或者限制民事行为能力的精神病人，

由下列人员担任监护人：

（一）配偶；

（二）父母；

（三）成年子女；

（四）其他近亲属；

（五）关系密切的其他亲属、朋友愿意承担监护责任，经精神病人的所在单位或者住所地的居民委员会、村民委员会同意的。

中华人民共和国侵权责任法

第三十八条 无民事行为能力人在幼儿园、学校或者其他教育机构学习、生活期间受到人身损害的，幼儿园、学校或者其他教育机构应当承担责任，但能够证明尽到教育、管理职责的，不承担责任。

第三十九条 限制民事行为能力人在学校或者其他教育机构学习、生活期间受到人身损害，学校或者其他教育机构未尽到教育、管理职责的，应当承担责任。

9. 未经死者家属允许擅自解剖尸体并留取脏器，应当承担何种责任?

【知识要点】

依照民法通则的相关规定，死者的家属对死者的尸体享有处分权。在未征得死者家属同意的前提下，医院不得擅自解剖死者尸体，更不能将死者尸体内的脏器取出。医院未经死者家属允许擅自解剖尸体并留取脏器的，违反了《解剖尸体规则》的规定，也侵犯了彭某家属对彭某尸体的处分权，应承担相应的侵权责任，对死者家属给予适当的精神损害赔偿。

典型案例

彭某因病到某医院住院治疗，后因败血症、多脏器功能衰竭死亡。某医院在对彭某进行治疗期间，曾会同其他医院的专家对彭某的病情进行会诊。在会诊时，专家对彭某的病情有不同意见。在此期间，彭某的病情恶化。彭某的家属怀疑某医院的诊断和治疗有误，向院方提出：在彭

某死后，要有外医院专家参加和彭某的家属在场，才能对彭某的尸体进行解剖检验，以查明死因。某医院对彭某家属的要求未给予明确答复。在彭某死亡的当天，某医院在没有办理完备尸检手续的情况下，由该院医务人员对彭某的尸体进行解剖检验，并取出心、肝、肺等脏器留作研究之用。彭某的家属在得知彭某的尸体被解剖后，甚为不满，与院方发生争执，遂向当地人民法院提起诉讼，称：某医院在死者没有遗嘱、未经家属同意的情况下，未办理合法手续，擅自将彭某的尸体解剖并取出了部分脏器作为标本。某医院的行为构成侵权，要求其返还死者的遗体及脏器，赔偿因侵权而造成的精神损害补偿费并赔礼道歉。某医院答辩称：我院对彭某的尸体进行解剖，是因其家属在彭某病危时多次要求，并经领导批准，手续是完备的，符合尸体解剖规则。彭某家属提出解剖尸体时自己必须在场，因不符合医院医疗工作制度，我院领导当即予以否决，彭某的家属未表示异议，应视为默认。我院取出彭某尸体的脏器是检验死因的必经程序，没有改变彭某的亲属对彭某的尸体的支配权。因此，不能将正常的病理解剖认定为侵权。彭某的家属无端指控我院侵权，损害我院名誉，给我院造成了经济损失，故反诉要求彭某的家属承认错误、赔礼道歉、停止侵害，并支付彭某遗体的停放费。

【以案释法】

根据我国现有法律、法规和规范性文件的规定，尸体解剖检验共有三种：普通解剖检验、法医解剖检验和病理解剖检验。这三种尸体解剖检验的性质、目的不同，具体实施的主体和程序以及死者亲属的权利也不同。在本案中，某医院对彭某的尸体进行的解剖检验，属于病理解剖检验。根据《解剖尸体规则》第二条的规定，施行病理解剖检验，“一般应先取得家属或单位负责人的同意。但对享受国家公费医疗或劳保医疗并在国家医疗卫生机构住院病死者，医疗卫生机构认为有必要明确死因和诊断时，原则上应当进行病理解剖，各有关单位应积极协助医疗卫生机构做好家属工作”。在本案中，彭某的家属提出对彭某的尸体进行解剖检验，目的是要弄清楚某医院对彭某病情的诊断和治疗是否有误，因此，他们提出要由外医院的专家和彭某的亲属在场。某医院对彭某家属的这一要求拒绝接受。在这种情况下，如果认为彭某的疾病极为罕见，有科学研究价值，一定要解剖，就要做好死者家属的工作，取得他们的同意。但某医院没有这样做，擅自解剖死者的尸体，违反了《解剖尸体规则》第二条的规定。

在本案中，彭某的家属主张的是对彭某的尸体的权利。这里涉及一个问题：死者的脏器能否成为民事权利的客体和亲属对死者的尸体享有何种权利。人具有社会属性和自然属性。人活着的时候，是生命的载体，具有人格权，享有民事权利，其社会属性占主导地位。因此，活着的人不能作为民法上的物，成为民事权利的客体，而只能作为民事主体参与民事活动。但人一旦生命结束，其民事权利能力终止，社会属性消灭，其尸体就转化成了一种纯自然的物。作为尸体的一部分的脏器，在科学发展的今天，可以用来制作标本供教学和科研之用，体现出一定的价值，这样死者的脏器就能成为民事权利的客体。同时，由于亲属与死者之间存在着血缘关系，与死者有着一种难以割断的亲情。因此，患者死后，其亲属对尸体享有所有权，他们可以根据死者的遗嘱或本人的意愿，将尸体献给某一医疗单位作为教学或科研之用，也可以将尸体火化之后留存骨灰或入土安葬，以寄托亲属对死者的哀思。由此可见，如何处理尸体，其权利属于亲属，其他任何单位或个人无权擅自处理。除法律有明确规定外，或经死者的近亲属同意外，医疗机构无权自行处理患者的尸体，包括转移、解剖、取出脏器官、火化等。哪怕这种处理是出于科研、教学等目的。[1] 彭某病逝后，其家属本身就很悲痛，在这种情况下，某医院不仅擅自解剖彭某尸体，还从尸体内取出脏器留作标本，破坏了尸体的完整性，这对彭某家属在感情上无疑是雪上加霜，使他们更加悲痛，精神上受到损害。因此，彭某家属提出精神损害赔偿的请求，应当依法予以支持。

综上所述，本案中，某医院未经死者家属同意，擅自解剖彭某的尸体并留取脏器的行为，侵犯了彭某家属对彭某尸体的处分权，构成侵权。彭某的家属要求返还尸体和脏器并赔偿精神损失的诉讼请求，应当予以支持。某医院反诉请求证据不足，理由不充分，应当不予支持。

法条链接

最高人民法院关于确定民事侵权精神损害赔偿责任若干问题的解释

第三条 自然人死亡后，其近亲属因下列侵权行为遭受精神痛苦，向人民法院起诉请求赔偿精神损害的，人民法院应当依法予以受理：

（一）以侮辱、诽谤、贬损、丑化或者违反社会公共利益、社会公德的

① 鲁为主编：《医疗损害责任纠纷诉讼指引与实务解答》，法律出版社2014年版，第80页。

其他方式，侵害死者姓名、肖像、名誉、荣誉；

（二）非法披露、利用死者隐私，或者以违反社会公共利益、社会公德的其他方式侵害死者隐私；

（三）非法利用、损害遗体、遗骨，或者以违反社会公共利益、社会公德的其他方式侵害遗体、遗骨。

解剖尸体规则

第七条 凡病理解剖或法医解剖的尸体，可以留取部分组织或器官作为诊断及研究之用。但应以尽量保持外形完整为原则。如有损坏外形的必要时，应征得家属或死者生前所在单位的同意。

10. 医疗器械质量缺陷造成患者人身损害，医疗机构应否承担赔偿责任?

【知识要点】

因医疗器械质量缺陷造成患者人身损害的，患者可以向医疗器械的生产者、销售者或者向医疗机构请求赔偿，也可以选择向其中两者或者三者一并索赔。患者向医疗机构请求赔偿的，医疗机构赔偿后，有权向负有责任的生产者或者销售者追偿。

典型案例

2010 年 10 月，韩某因右腿骨下端粉碎性骨折，到甲医院接受治疗。甲医院对韩某行用型号为 SPW—96 钢板的内固定术。韩某出院后，感到不适，又到乙医院复查。乙医院诊断为右大腿向外侧弯，右膝关节不能活动。后经该院 X 线摄片报告诊断为右股骨下端骨折、固定术后断钉移位。2011 年 6 月，韩某在乙医院住院治疗。在乙医院住院期间，花去医疗费 2 万元，其中包括进口交锁髓内钉费用 8000 元。韩某认为甲医院在医疗活动中使用不合格的钢钉和钢板，给自己造成重大损失，遂向当地人民法院提起诉讼，请求判决甲医院赔偿其医疗费、误工费、住院伙食补助费、精神损害抚慰金等，并要求对自己进行伤残登记鉴定。在诉讼过程中，受人民法院委托，有关机构对甲医院安装在韩某体内的型号为

SPW—96 钢板及配套钢钉质量进行鉴定，结论为：钢板、钢钉质量均不合格。法医鉴定中心受人民法院委托对韩某的伤情进行了鉴定，结论为韩某右股骨下端粉碎性骨折，经 L 型钢板内固定和石膏固定后，出现内固定钢板弯曲，螺丝钉离断，又行钢板螺钉取出、畸形矫正，交锁髓内钉固定及右髂骨取骨植骨术；右股四头肌成形术、右膝关节僵直粘连松解术等治疗后，目前右膝关节功能大部分受限，右下肢缩短 2 厘米。一般可酌情休息 3 年，营养 1 年。关于韩某要求作伤残登记鉴定的问题，由于韩某本身粉碎性骨折也可能造成其目前的伤残，而且时间较久，无法对甲医院的过错与韩某目前的伤残进行因果关系认定，故对其伤残等级不作鉴定。

【以案释法】

医疗产品是医疗行为过程中所使用的产品，属于产品的一种，是经过加工、制作，用于销售的物品。医疗产品不符合国家规定的医用产品质量标准，使用后造成患者健康损害，所产生的医患纠纷，属于医疗产品责任纠纷。依据侵权责任法第五十九条的规定，患者可以因医疗产品质量缺陷向生产者、销售者请求赔偿，也可以就侵权责任向医疗机构请求赔偿。本案中，由于患者无法确知产品的生产者，因此以医疗产品责任纠纷向医疗机构请求赔偿。在此，医疗机构实际上承担的责任为不合格产品销售者的责任。医疗机构赔偿后，有权向负有责任的生产者追偿。

医疗机构在采购医疗器械，特别是医疗器械植入患者体内的过程中，必须履行以下注意义务：(1) 采购合格的医疗器械的义务。根据上述法律规定，合格的医疗器械，其生产企业必须持有经省、自治区、直辖市人民政府药品监督管理部门审查批准，有效期为 5 年的生产企业许可证，此证应当在注册的有效期内，即为有效证件。同时，此类医疗器械应具有经国务院药品监督管理部门（即国家医药监督管理局）审查批准并发给的产品注册证书。(2) 使用前向患者说明的义务。《医疗事故处理条例》第十一条规定：“在医疗活动中，医疗机构及其医务人员应当将患者的病情、医疗措施、医疗风险等如实告知患者，及时解答其咨询；但是，应当避免对患者产生不利后果。”执业医师法、母婴保健法实施办法和《计划生育技术服务管理条例》等都有相应的规定。第三类医疗器械产品，用于植入人体，对于人体可能有潜在危险，因此，经治医师应当向拟接受此类医疗器械产品治疗的患者介绍产品的性能、特点、治疗有效性和可能产生的危害性，以供患者行使选择权

时参考。(3) 使用前核实检查的义务。执业医师法第二十五条第一款规定："医师应当使用经国家有关部门批准使用的药品、消毒药剂和医疗器械。"因此，每位经治医师对拟用于植入患者体内的医疗器械产品也应行使监督检查的权利。即使对于合法产品，经治医师仍然需要对待使用的医疗器械产品进行严格的调试和检查，以排除破损、失效、伪劣、假冒的医疗器械产品。(4) 正确安装使用、如实记录存档的义务。经治医师必须按照产品的说明以及医学治疗规范，正确地安装和使用医疗器械产品，不得违反规定野蛮、粗暴地安装，给患者造成伤害。对于植入体内的医疗器械产品，手术完成后，应用 X 线摄片保留完成时的状态，并填写使用记录表。

在本案中，甲医院安装在韩某右腿内的批号为 SPW—96 钢板及配套钢钉经有关部门鉴定为不合格产品。该 SPW—96 钢板及配套钢钉是 1996 年产品，在当时还未实施有效的管理办法和产品注册制度。《生物材料和医疗器材监督管理办法》是 1997 年 6 月由当时的主管部门国家卫生部颁发的。因此，当时具有生产资质的医疗器械生产企业生产出的产品在 2011 年被鉴定为不合格，情有可原。但由此造成韩某再次手术，延缓伤情愈合，甲医院是有过错的，应当承担相应的民事赔偿责任。甲医院在承担赔偿责任后，可向生产厂家追偿。

法条链接

中华人民共和国侵权责任法

第五十九条 因药品、消毒药剂、医疗器械的缺陷，或者输入不合格的血液造成患者损害的，患者可以向生产者或者血液提供机构请求赔偿，也可以向医疗机构请求赔偿。患者向医疗机构请求赔偿的，医疗机构赔偿后，有权向负有责任的生产者或者血液提供机构追偿。

医疗器械监督管理条例

第四条 国家对医疗器械按照风险程度实行分类管理。

第一类是风险程度低，实行常规管理可以保证其安全、有效的医疗器械。

第二类是具有中度风险，需要严格控制管理以保证其安全、有效的医疗器械。

第三类是具有较高风险，需要采取特别措施严格控制管理以保证其安全、有效的医疗器械。

评价医疗器械风险程度，应当考虑医疗器械的预期目的、结构特征、使用方法等因素。

……

11. 因输血被感染上艾滋病，医疗机构应否承担侵权责任?

【知识要点】

因输血感染艾滋病的，患者可以向相关医疗机构或者血液提供机构请求赔偿，医疗机构能够证明用血来源合法，没有过错的，不应当承担侵权责任。

典型案例

鲁某因患血友病，长期在某医院输血治疗。后鲁某到其他医院就诊时发现自己已感染艾滋病。2年后，鲁某死亡。鲁某的家人向当地人民法院提起诉讼，认为鲁某长期在某医院输血治疗，在感染艾滋病之前没有到其他医院就诊过，在平时也没有与其他艾滋病患者接触过，因此，鲁某感染艾滋病是在某医院输血导致的，请求人民法院依法判决某医院赔偿各项损失30万元。某医院答辩认为，该医院对鲁某所输的血来自合法采血机构，而且鲁某的家人未能提供有效证据证明艾滋病是因为在该院输血感染的，不同意其提出的赔偿损失的诉讼请求。

【以案释法】

患者在医院输血感染艾滋病的事实会导致医院的侵权责任与违约责任的竞合。即医院将不合格的血液用于患者治疗，造成患者感染艾滋病，就是对患者健康权的侵害，因而构成侵权责任；同时，医院的行为也违反了医疗合同中的义务，构成违约责任。侵权责任与违约责任的归责原则存在较大差异。侵权责任的归责原则为过错责任原则和公平责任原则，并以过错责任原则为主；而违约责任的归责原则一般为严格责任原则，一方当事人只要能够证明另一方构成违约，并不需要证明其负有过错，即可以使其承担违约责任。就患者在医院输血感染艾滋病的情况而言，如果认定为侵权责任，则医院在有过错的情况下才承担责任；如果认定为违约责任，则只要能够证明患者感染艾滋病与输血行为之间存在因果关系，医院即应当承担责任。按照责任竞合的一般理论，患者可以选择一种请求权行使，即或要求医院承担侵权责任，或要求其承担违约责任。但鉴于我国目前法制的现状和医学实践的情况，对患者因输血感染艾滋病按照侵权责任处理较为适宜，不宜以一般的责任竞合的原则处理。

(1) 从《医疗事故处理条例》第二条的规定可以看出，医疗事故责任

已经被规定为适用过错原则的侵权责任。从学理上讲，因不当行为造成受害人人身伤亡的，即使当事人之间存在着合同关系，由于合同责任不能对受害人的人身损害和精神损害给予救济，就应当按照侵权责任而不能按照合同责任处理。因输血感染艾滋病能否纳入医疗事故的范畴姑且不论，但作为一种医疗纠纷而言，采用与医疗事故统一的归责原则是妥当的、合理的。

(2) 血液不是一种商品，在临床使用中不是等价有偿的。从血液的取得看，献血法第二条第一款规定："国家实行无偿献血制度。"从血液的采集单位来看，负责采集、提供临床用血的血站是不以营利为目的的公益性组织。从血液的使用看，依据献血法的规定，无偿献血的血液必须用于临床，不得买卖，公民临床用血时只交付用于血液的采集、储存、分离、检验等费用。因而，血液不同于商品，它的取得及使用均不是等价有偿的，而是带有一定的公益性质，医院为患者输血并不是将血液卖给患者，不是一般的等价有偿的合同关系。

(3) 根据目前的有关规定，医院在输血前并无义务对血液中是否有病毒进行检测。原卫生部发布的《临床输血技术规范》仅规定医院有核对验收的义务，包括核对验收血液的运输条件、物理外观、血袋封闭及包装是否合格、标签填写是否清楚齐全等，而不包括对血液中是否有病毒进行检测。这是由于对血液的检测工作是由血站完成的，医疗机构在用血之前一般不再进行检测，以避免增加医疗成本。但如适用违约责任的严格责任原则，则即使医院能够证明履行了核对验收的义务，也不能免责。这样就会造成医院一方面没有检测血液的义务，另一方面又必须就输血感染承担责任的不公平后果。这样必然会打击医院采用输血方法治疗、抢救患者的积极性，长此以往，受损害的将是更多的患者。而且，如果根据合同关系追究责任，患者只与医院之间存在合同关系，与血站没有合同关系，因而患者无法向血站主张权利，对患者的权利救济不利。

(4) 医学实践证明，使用经检验合格的血液，仍会有传染艾滋病的可能性。这是因为献血者感染了病毒，早期血中标志物难以检出（医学上称为窗口期），而这时血液具有传染性。目前，检测试剂的敏感度还达不到百分之百的要求。因此，即使医院尽到了最大的注意义务，受血的患者仍有可能感染上艾滋病。由此可见，输血治疗本身是带有极大风险性的，不应将此风险完全归由医疗机构一方承担。

综上所述，在患者输血感染艾滋病的情况下，不应按违约适用严格责任的归责原则，否则与血液的非商品性质相悖，与医院在输血中应执行的技术规范不相应，也与临床医学实践相矛盾。适用严格责任原则将使医疗机构在

应该用输血方法治疗患者时止步不前，害怕承担责任，从而延误对患者的治疗，最终受损害的将是广大患者的利益。因此，应以侵权责任，适用过错责任原则。献血法第二十二条规定："医疗机构的医务人员违反本法规定，将不符合国家规定标准的血液用于患者的……给患者健康造成损害的，应当依法赔偿……"根据上述法律规定，"违反本法规定"是承担责任的前提条件，因而适用的是过错归责原则。根据献血法及《临床输血技术规范》的规定，在以下几种情况下应认定医院有过错：一是对用于输血的血液的合法来源无法说明的；二是对血液的保存措施不当，可能造成传染的；三是在输血前未按规定对血液进行检查，血袋有破损等。

根据侵权责任法，鲁某的家人除了可以向医院请求赔偿外，也可以向提供血液的血站请求赔偿，血站应提供证据证明自己履行了各项检验手续，如：对献血者进行了必要的健康检查；采血器材的使用符合国家规定；对采集的血液进行了检测，检测合格；采集血液的包装、储存、运输等符合国家规定的卫生标准和要求等。如果血站不能证明其履行了各项检验手续并尽到了合理的注意义务，则应承担侵权的民事责任。

法条链接

中华人民共和国侵权责任法

第五十九条 因药品、消毒药剂、医疗器械的缺陷，或者输入不合格的血液造成患者损害的，患者可以向生产者或者血液提供机构请求赔偿，也可以向医疗机构请求赔偿。患者向医疗机构请求赔偿的，医疗机构赔偿后，有权向负有责任的生产者或者血液提供机构追偿。

12. 医疗机构无正当理由拒绝收治急危患者的，是否应承担法律责任?

【知识要点】

抢救急危患者是医疗机构的职责所在，这既是执业医师法和《医疗机构管理条例》等卫生管理法律、法规赋予医疗机构及其工作人员的法定义务，也是作为医务工作者执业道德规范的基本要求。医疗机构无正当理由拒绝收

治急危患者，本身即构成了过失，而且收治患者的行为也应当属于医疗活动的范畴，按照《医疗事故处理条例》的规定，医疗机构的上述行为造成了患者人身损害的，构成医疗事故。

典型案例

李某因患急病，于深夜被送到某急救中心治疗。由于李某的家属不能按规定交纳5000元住院押金，该急救中心拒绝收治李某，从而导致李某因延误治疗而死亡。李某的家属向当地卫生行政部门提出医疗事故处理申请。卫生行政部门经审查后认为，本案不属于医疗事故，但鉴于某急救中心拒绝收治患者的行为与李某的死亡存在一定的因果关系，决定由某急救中心给予李某家属适当的经济补偿。李某的家属不服当地卫生行政部门的处理决定，向当地人民法院提起诉讼，请求判决某急救中心赔偿李某丧葬费、被扶养人生活费、精神损害抚慰金等共计15万元，同时提出法医鉴定申请，要求对某急救中心拒绝收治急危患者并造成患者死亡的行为是否属于医疗事故进行司法确认。

【以案释法】

某些医疗机构由于担心患者无力支付治疗费用而拒绝对急危患者进行治疗，由此导致因未及时采取治疗措施，患者死亡或残疾的情况。在这种情况下，医疗机构是否应承担法律责任，应当从医疗机构的性质和《医疗事故处理条例》的规定出发，进行全面和客观的分析。

我们应当承认，在市场经济条件下，医疗机构有自身独立的经济利益，不能要求医疗机构对任何患者都承担普遍的救死扶伤责任，否则医疗机构将无法维持。医疗机构如对一般的患者拒绝收治并产生损害后果的，仅产生因违反强制缔约义务而承担的缔约过失责任，而不作为侵权行为。但是，生命健康是人的最重大利益，急危患者的病情特点要求医疗人员必须迅速实施治疗，否则就会造成患者生命健康不可逆转的严重损害，在法律上规定患者的紧急救治权是对人的生命价值至上的肯定，是非常必要的。所以，在生命垂危等紧急情况下，请求并获得救治理应是患者的权利，紧急救治权既是患者的权利且也应是医疗机构的义务。[①] 这也是执业医师法和《医疗机构管理条

---

① 奚晓明主编：《〈中华人民共和国侵权责任法〉条文理解与适用》，人民法院出版社2010年版，第405—406页。

例》等卫生管理法律、法规赋予医疗机构的法定义务。同时，救治急危患者也是医疗机构和医务人员职业道德的基本要求。如果医疗机构无正当理由拒绝收治急危患者，本身即构成过失。从《医疗事故处理条例》的规定来看，构成医疗事故的行为在范围上从《医疗事故处理办法》中的“诊疗护理过程”改为“医疗活动中”，扩大了构成医疗事故的时间范围，而医疗活动应当包括可收治患者的行为。综上所述，医疗机构无正当理由拒绝收治急危患者并造成人身损害的，构成医疗事故，应承担法律责任。

在这里应当注意一个问题，对急危患者的范围应当作严格的限定。急危患者是和危急病症联系在一起的。所谓危急病症，是指如果迅速救治，患者可能摆脱危险；如不迅速救治，患者则可能在极短时间内死亡、致残或发生其他严重后果的疾病。具有持续性的严重病症应不属于危急病症。[①] 在存在危急病症的情况下，医疗机构拒绝收治患者的唯一正当理由是无治疗此种疾病的条件、设备或专业人员，患者未交钱不应作为拒绝收治的正当理由。收治后，如果医疗机构怠于治疗的，同样可以构成侵权。在本案中，李某因患急病，于深夜到某急救中心就医，但该急救中心因李某的家属无法交纳5000元住院押金而拒绝收治李某，导致李某因延误治疗而死亡。某急救中心存在严重过错，并在医疗活动中（在本案为收治患者的活动）造成了患者的人身损害，应当承担侵权赔偿责任，赔偿李某家属丧葬费、被扶养人生活费和精神损害抚慰金等。

法条链接

中华人民共和国侵权责任法

第五十六条 因抢救生命垂危的患者等紧急情况，不能取得患者或者其近亲属意见的，经医疗机构负责人或者授权的负责人批准，可以立即实施相应的医疗措施。

中华人民共和国执业医师法

第三条第一款 医师应当具备良好的职业道德和医疗执业水平，发扬人道主义精神，履行防病治病、救死扶伤、保护人民健康的神圣职责。

第二十四条 对急危患者，医师应当采取紧急措施进行诊治；不得拒绝急救处置。

医疗机构管理条例

第三条 医疗机构以救死扶伤，防病治病，为公民的健康服务为宗旨。

---

① 雎素丽、单国军编著：《医疗事故处理解析》，法律出版社2003年版，第155页。

第三十一条 医疗机构对危重病人应当立即抢救。对限于设备或者技术条件不能诊治的病人，应当及时转诊。

13. “小病大治”引起医疗纠纷，应当如何处理?

【知识要点】

医生在为患者诊断的过程中，安排其接受不必要的检查，给患者造成了额外的经济负担，属于“小病大治”，违反了诚实信用的原则，属于履行医疗服务合同义务不适当，患者可追究医院的违约责任。因过度治疗给患者造成其他身体伤害的，构成侵权。

典型案例

谭某因膝关节不适，到某医院就医。经医生检查后，初步诊断为膝关节囊肿，可能需要手术治疗，但需要进一步确诊，医生为谭某开出膝关节核磁共振检查申请。核磁共振检查结果是“膝关节未见异常”。谭某对这个结果很高兴。但医生认为还需作膝关节 B 超检查。B 超检查的结果也是未见异常。此时，医生进一步提出再作膝关节 CT 检查。经过上述检查后否定了膝关节囊肿的可能性。谭某认为医生让自己接受不必要的检查，花费了大量的检查费用，是出于经济目的而“小病大治”。双方因此而发生争议，谭某向当地人民法院提起诉讼，认为医院在医疗服务中存在欺诈行为，自己不应承担不必要的医疗费用。

【以案释法】

在本案中，谭某因膝关节不适，到某医院接受治疗。经治医生经初步诊断后，怀疑是膝关节囊肿，为进一步确诊，医生依次要求患者做了核磁共振、B 超、CT 三种辅助性物理检查。医生做如此复杂检查，一般是基于以下两种原因：一是在经济利益的驱动下，以增加检查费收入的方式，给单位或个人创效益；二是害怕因检查措施不到位，出现误诊、漏诊，贻误治疗机会，造成医疗事故，从而承担民事或行政责任。部分医务人员为了防止和减少医疗事故，往往误入极端，普遍想采用“小病大治”的做法，消极防卫，

明哲保身，但求无过。因此，因“小病大治”引起的纠纷越来越多。“小病大治”在一定程度上可以避免医疗事故纠纷，但因此又会出现其他形式的医疗侵权纠纷。

第一，“小病大治”不属于医疗事故纠纷。《医疗事故处理条例》第二条规定：“本条例所称医疗事故，是指医疗机构及其医务人员在医疗活动中，违反医疗卫生管理法律、行政法规、部门规章和诊疗护理规范、常规，过失造成患者人身损害的事故。”第四条第一款规定：“根据对患者人身造成的损害程度，医疗事故分为四级：一级医疗事故：造成患者死亡、重度残疾的；二级医疗事故：造成患者中度残疾、器官组织损伤导致严重功能障碍的；三级医疗事故：造成患者轻度残疾、器官组织损伤导致一般功能障碍的；四级医疗事故：造成患者明显人身损害的其他后果的。”根据上述法律规定，构成医疗事故必须是医疗机构及其医务人员在医疗活动中，由于过失造成患者人身损害。这种人身损害包括肉体上的损害和精神上的损害两个方面，表现为死亡、残疾、一般功能障碍、器官组织损伤以及容貌受损、精神上痛苦等。本案中的损害后果主要是经济上的损失，而不属于人身损害的范畴。因此，从损害后果上看，发生在医院的此类纠纷不属于医疗事故纠纷。但是，侵权责任法第六十三条也明确规定了医务人员不得实施不必要的检查，否则应根据侵权责任法等法律规范进行赔偿。

第二，在本案中，医生存在过错。核磁共振、B 超、CT 等辅助检查措施都有其“适应证”。在适用上有一定的次序。本案中的医务人员怀疑患者膝关节囊肿，应当根据病情以及三种辅助物理检查措施的特点，按照惯例，首选 B 超检查，既经济又实用，而首选核磁共振检查是不恰当的，这是过错之一。过错之二是，做了核磁共振后再做 CT 检查明显不当，一般来说，核磁共振是比 CT 更精密、更先进的检查手段。对于囊肿，经核磁共振检查未见异常，通过 CT 检查更难发现病变。本案中医生未经认真分析判断，随意使用价格昂贵的检查手段，违反了民法通则规定的诚实信用原则，也违反了执业医师法第二十二条第（二）项所规定的“树立敬业精神，遵守职业道德，履行医师职责，尽职尽责为患者服务”的义务，更是侵权责任法中所称的典型的“不必要检查”。患者到医院就医，同医院建立了医疗服务合同关系，双方都应全面履行合同义务。医疗机构不从实际出发，利用医患双方关于医疗设备使用上的信息不对称和医疗知识掌握上的不对称，为了减轻自己的责任或者出于某种目的而加重患者的经济负担，患者既可以提起基于医疗机构不适当履行义务的违约之诉，也可以对医疗机构提起基于欺诈的侵权之诉。

综上所述，本案中，谭某的诉讼请求具有事实和法律依据，应当予以支持。

法条链接

中华人民共和国侵权责任法

第六十三条 医疗机构及其医务人员不得违反诊疗规范实施不必要的检查。

中华人民共和国合同法

第一百二十二条 因当事人一方的违约行为，侵害对方人身、财产权益的，受损害方有权选择依照本法要求其承担违约责任或者依照其他法律要求其承担侵权责任。

14. 医疗机构篡改病历资料，应当承担何种责任?

【知识要点】

医疗机构在手术前夸大广告宣传误导消费者，且未将手术风险如实告知，术后擅自篡改病历的，根据侵权责任法推定医疗机构有过错，应当承担相应的法律责任。

典型案例

莫某是重庆市某医院的内科主治医生。2013 年 9 月，她以一名普通患者的身份接受了一次近视矫治手术。手术之前，莫女士戴了 20 年的眼镜，当年她看见了一种名为 lasik 激光治疗近视的新型手术，广告词上所说的“lasik 手术是高度近视、高度散光患者唯一选择”令她怦然心动。于是，莫某来到重庆市某人民医院的某国际眼科中心咨询，院方对她进行检查以后，认为她非常适合做这种手术，在这种情况下，莫某花了 5700 多元在这家医院做了手术，果然跟医院所说的一样，1 个月以后，莫某感到眼前的世界越来越清晰，半年过去后，手术后所带来的短暂的光明突然消失。莫某说：“到了术后 7 个月的时候左眼黄斑病变，整个黄斑就没有反光了，全部水肿，眼前一片暗淡。伴随左眼的病变，右眼视力也跟着下降，出现了视物暗淡，然后我又到某眼科中心去随访，眼科中心检查后说视网膜两边的周边视网膜出现了网状的变性，有裂缝，然

后就说我的眼睛要瞎了。”那么，莫某所接受的到底是一种什么样的手术呢？据了解，lasik 手术是一种用激光矫治近视的手术，引进我国的时间不长。由于是新技术，这种手术对眼睛到底有什么样的影响，目前还很难确定。而对于莫某术后出现的情况，院方认为：“莫某是高度近视。根据统计，高度近视眼有80%的可能性出现视网膜的变性，普通近视眼有41%的可能性出现视网膜变性，所以手术本身产生视网膜新的疾病的概率是比较高的，再说我们的手术是在眼球的前面，是角膜，莫某的病变是在眼球的里面。”因此，院方认为莫某眼睛病变与手术无关。作为一名医生，莫某对院方的说法表示怀疑，她大量地查阅有关 lasik 手术的文献。莫某说：“我查了很多的文献，都有这方面的报道，lasik 手术会引起眼底疾病，周边视网膜如果不好的话就不能做这项手术。”在莫某查阅的一篇来自美国的医学文献中提到，这种治疗近视的方法是一种医疗尝试，它的安全性和有效性并未得到证实，一旦对健康眼睛引起损害是不可恢复的，不宜作为常规手术操作使用。由于手术后病变，莫某向重庆市某区医疗事故鉴定委员会提出申请，要求对自己眼睛术后的病变进行鉴定，鉴定意见认为莫某的眼病是术后并发症，不属于医疗事故。莫某表示：“这个医疗鉴定很不公平，因为做这个医疗鉴定的人以前曾经都给我看过病，我都认识他们，还有某眼科中心的主任，以前曾经是医疗事故鉴定委员会的主任委员，因此我觉得这个鉴定有失公正性。”于是莫某将某国际眼科中心告到了重庆市某区人民法院，要求索赔 51 万元。重庆市某区人民法院经过审理后作出判决，驳回了莫某的其他诉讼请求，要求医院补偿莫某人民币 1 万元。

莫某对判决不服，向重庆市某中级人民法院提出上诉。当事双方就术后病变责任认定产生分歧。在莫某所出示的病历中，并没有看到医院给她进行眼底检查的记录。莫某同时认为，在手术之前，医院也没有就这种手术的风险性对她进行充分的告知。然而当手术完成，莫某的眼睛出现问题以后，她拿到这份病历手术意见书时却发现了问题。莫某说，后来她和眼科中心发生了矛盾，中心才加了一条“高度近视眼的并发症与本手术无关”，这完全是后加上去的，并且“高度近视眼”这些字写不下了，就写了一个“高”字，其他就是简写了。那么，莫某的怀疑是否是真实的？在本案二审开庭之前，莫某和她的律师委托某司法鉴定中心对手术同意书进行了笔迹鉴定。鉴定得出了这样的结论：“高近并发症与本手术无关”十二个字与手术同意书上其他字迹不是同一支笔在同一

一时期书写成的，而是在一年以后添写形成的。病历被人作了更改。然而在二审开庭时，该重庆市某人民医院的某国际眼科中心认为，对手术意见书的鉴定结果与莫某手术后出现的病变是否为医疗事故，两者之间没有任何因果关系，鉴定结果缺乏科学性。

【以案释法】

在本案中，眼科中心违反了我国关于广告管理的有关规定，应当承担行政责任；另外，作为提供医疗服务的经营单位，眼科中心违反了我国消费者权益保护法的有关规定，应当对作为消费者的莫某承担民事法律责任。

《广告管理条例》以及《医疗广告管理办法》中都明确规定，广告内容必须真实，不得以任何形式欺骗消费者，医疗广告中禁止出现保证治愈或者隐含保证治愈的内容。而眼科中心刊登的广告写着“lasik 手术是高度近视、高度散光患者唯一选择”的标语。事实上，即便是在医学发达的美国，也认为 lasik 手术是一种医疗尝试，安全性和有效性并未得到证实。眼科中心在手术后也承认，对于高度近视眼来说，有 80% 的可能性出现视网膜的变性。可见，眼科中心所写的隐含治愈内容的广告词有弄虚作假的成分，“唯一选择”的表述也有贬低同类服务的倾向。从而可以认定，眼科中心的广告违反了我国有关广告管理的规定，应当承担行政责任。应当如何承担呢？《医疗广告管理办法》第二十二条规定，工商行政管理机关对违反本办法规定的广告主、广告经营者、广告发布者依据广告法、反不正当竞争法予以处罚，对情节严重，造成严重后果的，可以并处一至六个月暂停发布医疗广告、直至取消广告经营者、广告发布者的医疗广告经营和发布资格的处罚。法律法规没有规定的，工商行政管理机关应当对负有责任的广告主、广告经营者、广告发布者给予警告或者处以一万元以上三万元以下的罚款；医疗广告内容涉嫌虚假的，工商行政管理机关可根据需要会同卫生行政部门、中医药管理部门作出认定。根据这一规定，工商行政部门应当责令眼科中心在相应范围内发布更正广告，停止发布原广告，并对眼科中心作出罚款。同时，莫某因为信赖该广告而遭到了损害，也可以要求眼科中心给予赔偿。

眼科中心的行为同时也违反了我国侵权责任法、消费者权益保护法的有关规定。我国侵权责任法第五十五条规定了医疗机构在诊疗活动中的告知义务。消费者权益保护法第八条第一款规定，消费者享有知悉其购买、使用的商品或者接受的服务的真实情况的权利。第十八条规定，经营者应当保证其提供的商品或者服务符合保障人身、财产安全的要求。对可能危及人身、财

产安全的商品和服务，应当向消费者作出真实的说明和明确的警示。第十九条规定，经营者发现其提供的商品或者服务存在缺陷，有危及人身、财产安全危险的，应当立即向有关行政部门报告和告知消费者，并采取防止危害发生的措施。第二十条规定，经营者应当向消费者提供有关商品或者服务的真实信息，不得作引人误解的虚假宣传。而在本案中，作为经营者的眼科中心在明知其所提供的lasik手术就目前而言，还仅是一种医疗尝试，其安全性和有效性并未得到证实，并且对于高度近视眼来说，有80%的可能性出现视网膜的变性的情况下，仍然在刊登的广告中写着“lasik手术是高度近视、高度散光患者唯一选择”的标语，隐瞒lasik手术的真实信息，作虚假的宣传。并且眼科中心在手术前并未明确告知莫某高度近视眼患者施行lasik手术的高风险性。而在医疗损害发生后，眼科中心在患者的病历手术意见书中，擅自添加了“高度近视眼的并发症与本手术无关”的内容，经过司法鉴定中心对手术同意书进行的笔迹鉴定意见，“高近视并发症与本手术无关”十二个字与手术同意书上其他字迹不是同一支笔同一时期书写成的，而是在一年以后添写形成的，由此可以得知，眼科中心对患者的病历进行了篡改。根据侵权责任法第五十八条第三项的规定，患者发生损害后，医疗机构伪造、篡改或者销毁病历资料的，则适用过错推定的归责原则，推定医疗机构有过错。因此可认定，眼科中心的术前行为侵犯了患者的知情权，术后则擅自篡改了病历，应推定医疗机构对莫某的损害具有过错。因此，莫某在术后各种诊治的医疗费、因误工减少的收入等都应当由眼科中心予以补偿。如果莫某最终双目失明，造成残疾，眼科中心还应当支付残疾者生活自助具费、生活补助费、残疾赔偿金以及由其扶养的人所必需的生活费等费用。

法条链接

中华人民共和国侵权责任法

第五十五条　医务人员在诊疗活动中应当向患者说明病情和医疗措施。需要实施手术、特殊检查、特殊治疗的，医务人员应当及时向患者说明医疗风险、替代医疗方案等情况，并取得其书面同意；不宜向患者说明的，应当向患者的近亲属说明，并取得其书面同意。

医务人员未尽到前款义务，造成患者损害的，医疗机构应当承担赔偿责任。

第五十八条　患者有损害，因下列情形之一的，推定医疗机构有过错：

（一）违反法律、行政法规、规章以及其他有关诊疗规范的规定；

（二）隐匿或者拒绝提供与纠纷有关的病历资料；

（三）伪造、篡改或者销毁病历资料。

医疗广告管理办法

第七条 医疗广告的表现形式不得含有以下情形：

（一）涉及医疗技术、诊疗方法、疾病名称、药物的；

（二）保证治愈或者隐含保证治愈的；

（三）宣传治愈率、有效率等诊疗效果的；

（四）淫秽、迷信、荒诞的；

（五）贬低他人的；

（六）利用患者、卫生技术人员、医学教育科研机构及人员以及其他社会社团、组织的名义、形象作证明的；

（七）使用解放军和武警部队名义的；

（八）法律、行政法规规定禁止的其他情形。

15. 医院因人工增高致人损害，应当怎样确定其赔偿责任？

【知识要点】

由于医疗机构对于“增高术”存在重大误解，对患者没有对症治疗。在整个治疗、护理的过程中，未按医师的职业要求履行义务，故医疗机构存在重大过错，且该过错直接造成了患者的损害后果，应向患者承担赔偿责任。

典型案例

2013年10月张某某到某医院接受人工增高手术，某医院系具有合法行医资质的机构，可进行一般的骨科治疗。入院后，某医院为张某某进行了各项术前常规检查及准备，并向张某某家属交代了手术的有关事项，并由张某某之母在手术同意书上签字同意某医院对张某某施行手术。当日下午，由吴某主刀，某医院医生刘某等3人协助为张某某施行了双下肢延长术。术后两个月，张某某仍住在某医院处，由某医院对其护理治

疗。出院后某医院曾数次到张某某家中观察术后情况，并为其进行了一些护理。同年12月，张某某发现其有足下垂及术后感染的症状，随后即到本市另一医院治疗，经诊断张某某患左胫骨延长术后针道感染。同年12月30日至第二年2月10日，张某某在该医院住院治疗。张某某术后因双足内翻，双腿、膝、踝关节功能障碍及骨髓炎等病症而到北京、上海多家医院就医治疗，无法正常行走。后，张某某向人民法院申请法医学鉴定。8月20日，法医作出鉴定意见："被鉴定人张某某在下肢延长术后出现右踝关节僵直，功能障碍残疾程度属7级；右踝关节功能丧失75%以上，功能障碍残疾程度属8级。被鉴定人张某某双小腿胫骨、腓骨骨折未完全愈合，双下肢不等长及膝关节功能障碍等待治疗终结后，再作鉴定。"

张某某遂诉至人民法院，要求某医院赔偿医疗费、营养费、交通费和住宿费、误工损失、赔偿其残疾生活补助费、生活自助具费、继续治疗费、精神损失费等各项损失共计人民币47万余元。

法院查明：据资料记载，肢体延长术是目前治疗肢体不等长畸形的主要手段，增高术是在骨外固定治疗骨折，矫治骨与关节畸形和治疗双下肢不等长基础上发展起来的一种骨科治疗技术，其是精湛的肢体延长技术与整形和美容技术的有机结合，与肢体延长术有质的不同。"增高术"技术要求较高，故尚未推广。本案中某医院历史上仅实施过双下肢延长术，并未实施过"增高术"，对于"增高术"应如何实施缺乏实际经验。在给张某某实施的手术中，某医院采取的是延长术的方法，器具选用与增高术的要求也不相符。在手术过程中，术前无讨论，选用的手术方案不明；术后也无特别护理，对于"增高术"所要求的术后护理中延长的次数和幅度也没有确定；另对张某某及家人亦无相关医嘱。

【以案释法】

本案的争议焦点是，某医院对张某某施行的手术医疗行为是否存在过错或过失，该行为与张某某的损害后果之间是否存在因果关系，也即某医院对张某某是否构成侵权。因此，本案应以侵权行为构成的四要件为标准来评判某医院的行为。

首先，根据查明的事实可以发现，某医院在主观上有重大过错，具体表现为：（1）将"肢体延长术"与"增高术"混淆。某医院并没有实施过"增高术"，对于"增高术"的内涵及要求并无了解，但某医院主观地将

"肢体延长术"理解为"增高术"，将治疾的手段应用于增高。(2) 具体施术者对张某某存在隐瞒其实际手术技能的故意，而某医院对此亦未能尽其注意义务。某医院从未实施过"增高术"。但其并未将该真实情况向张某某告知，其向张某某表达的信息，使张某某足以信赖其手术技能并同意让其为自己实施"增高术"，某医院作为治疗单位，对于所聘医师之真实技术状况没有作必要了解，故对张某某也没有尽到应尽的告知义务。

其次，对于某医院在整个医疗行为过程中是否存在过错的问题。某医院没有在术前对手术方案进行过讨论，也无法证明其手术符合规范要求，对术后护理有明确的护理要求及规范并实施了符合手术要求的护理，因此，可以认定某医院在手术过程中，未尽其职业义务，具有明显过错。另外，很重要的一点在于，某医院因其主观认识上的过错，对张某某错施"双下肢延长术"。

最后，关于张某某的损害后果，可以认定，张某某遭受的是生命健康权和身体权的双重损害。张某某由肢体健全的正常人变成了残疾人，其双腿经过手术后，丧失了原有的正常功能，这是一种当然的身体权伤害；但身体权又是包含于生命健康权之中的，故张某某所遭受的是生命健康权与身体权的双重侵害。通过审查张某某所遭受的损害后果完全是由某医院的手术行为直接造成的，故此某医院的行为与张某某损害后果之间存在直接因果关系。综上，可以认定，某医院的行为已构成了对张某某的侵权，张某某的侵权之诉成立，依据法律规定，某医院应按照张某某的实际损失承担赔偿责任，并向张某某赔偿精神损失费。

法条链接

中华人民共和国侵权责任法

第五十四条　患者在诊疗活动中受到损害，医疗机构及其医务人员有过错的，由医疗机构承担赔偿责任。

第五十五条　医务人员在诊疗活动中应当向患者说明病情和医疗措施。需要实施手术、特殊检查、特殊治疗的，医务人员应当及时向患者说明医疗风险、替代医疗方案等情况，并取得其书面同意；不宜向患者说明的，应当向患者的近亲属说明，并取得其书面同意。

医务人员未尽到前款义务，造成患者损害的，医疗机构应当承担赔偿责任。

16. 由于医学认识水平的局限性导致误诊，应否承担赔偿责任?

【知识要点】

由于当时的医疗水平的局限性而产生误诊，乃至对患者造成人身损害，医疗机构不存在主观过错的，不构成侵权，不承担赔偿责任，但可以根据公平责任原则，给予患者一定的补偿。

典型案例

赵某因发现右乳房包块而到某医院接受治疗，入院时诊断为“右乳房包块待查：右乳房小叶增生”，该院拟对赵某实施手术治疗。在手术前，某医院对赵某进行了穿刺细胞学检查和各项术前常规检查，未发现其有手术禁忌证。在该院医生进行术前讨论的过程中，因不能排除包块有恶变可能，故决定对赵某实施“右乳包块切除术+快速冰冻切片检查”，如快速冰冻切片病理报告诊断包块为恶性肿瘤，则拟实施“右乳癌改良根治术”。某医院就该手术方案告知赵某家属，赵某家属表示同意并签字。某医院随后对赵某实施了手术。在手术过程中，医院先将赵某右乳包块及周围乳腺组织切除并送病理室作快速冰冻切片诊断，此间将切口逐层缝合。约2小时后，快速冰冻切片病理诊断赵某右乳包块为恶性肿瘤，医院当即将此结果告知赵某家属，并说明需对赵某实施“右乳癌改良根治术”，赵某家属对医院提出的此手术方案表示同意，并再次签字。医院当即对赵某实施了根治术，将赵某的右乳及周围相关组织全部割除，并将割除组织的标本送该院病理科检验，整个手术过程顺利。赵某康复后出院。术后，某医院病理科对赵某右乳改良根治标本又进行了免疫组化病理检验，结论为赵某的右乳包块为侵袭性颗粒肌母细胞瘤，根据免疫组化结果可排除乳腺癌。后医院结合快速冰冻切片病理诊断结果和免疫组化病理检验结果，出具了对赵某右乳包块的病理报告书，报告书认为：赵某右乳包块为侵袭性颗粒肌母细胞瘤，属低度恶性或境界恶性，手术切除后不必做其他治疗，但必须紧密随访。

赵某在得知了免疫组化的病理结论后，将其所获的病理切片送交多家医院检验，数家医院的病理报告均诊断赵某的右乳包块非恶性肿瘤。据此，赵某认为：某医院的快速冰冻切片病理诊断失误，导致其右乳组织被全部割除，医院的治疗行为存在重大过失。为此，赵某向当地卫生行

政部门提出处理医疗事故的申请。当地卫生行政部门委托当地医学会组织医疗事故鉴定。当地医学会经鉴定认为：本病例为右乳腺颗粒（肌母）细胞瘤。颗粒细胞瘤是一种比较少见的软组织肿瘤，在乳腺组织上发生极少见。此次又在快速冰冻切片情况下，病理组织类似乳腺癌的改变，确定颗粒细胞瘤诊断是有较大难度的。但某医院快速冰冻切片病理报告明确为乳腺癌是不谨慎的。侵袭性颗粒肌母细胞瘤有恶性倾向，原则上可以做根治术，但术前应征得患者或患者家属同意。因根治术前不能确定侵袭性颗粒细胞瘤，未能如实征求患者及其家属意见，实施右乳癌改良根治术，客观上违反了患者意愿，手术扩大化，对患者造成了一定程度的损害。鉴定意见为：本例不属于医疗事故范围。

赵某不服上述鉴定意见，向卫生行政部门提出再次鉴定申请，卫生行政部门委托省医学会进行再次鉴定。省医学会经鉴定后认为：本病例为右乳腺颗粒（肌母）细胞瘤；"颗粒细胞瘤"是罕见的软组织肿瘤，国外文献中报道的仅有数百例，其中的"恶性颗粒细胞瘤"更是极为罕见。国内外权威专家论述其生物学行为属于来源未定，良恶性质难以确定的少数肿瘤之一，目前病理界命名各异，标准不一，恶性形态难以在显微镜水平下认定。某医院认为：（1）快速冰冻切片病理口头诊断为"恶性肿瘤"，后以书面报告再次诊断。其含义为：未肯定为乳腺癌；难以排除低度恶性的可能。但临床按常规理解为乳腺癌导致手术扩大，病理诊断与手术均有欠完美之处；病理口头诊断可附带说明其形态的特殊不典型性；临床也应当考虑患者年龄、婚姻状况及"恶性肿瘤"的含义的广泛性，适当选择手术范围。（2）颗粒（肌母）细胞瘤是一种极为罕见的病例，目前在国内外学术领域对其生物学行为均未能完全界定，现在的病理诊断学认知水平难以对此病例予以精确认定，就世界上目前对此病变的研究发展，当地的医疗水平以及快速冰冻切片检查的局限性等因素综合考虑，本病例虽有手术范围扩大的后果，但当事病理医师无过失行为。本例不属于医疗事故。

赵某向当地人民法院提起民事诉讼，称：因某医院的病理医师误诊自己的右乳包块是乳癌，而导致其整个右乳被割除，现要求某医院承担过错责任，并对自己由此而产生的物质和精神损失共计 30 万元进行赔偿。某医院辩称：赵某所患的是侵袭性颗粒肌母细胞瘤，即为低度恶性肿瘤。某医院根据对该肿瘤的治疗需要，对赵某实施了右乳癌改良根治术，其行为没有任何过错，且通过对赵某的手术治疗，排除了赵某今后再

遭受右乳肿瘤恶变损害的可能，是为了赵某更长远的健康利益着想。赵某仅从自己的形体美观角度出发，一味指责某医院，该院对此不能接受，请求人民法院依法驳回赵某的诉讼请求。

【以案释法】

本案中，赵某与某医院之间是医患关系。在此关系中，院方作为具有专门知识和技能的专家而赢得患者的信赖，因此，院方在进行执业活动的过程中负有高度注意、救死扶伤及努力完成受委托工作的义务。这些义务有些是医疗服务合同所约定的，有些是执业规范、职业道德的要求。如果在执业过程中违反上述义务，给患者造成了损害，医院应当承担专家责任。所谓专家责任，是指具有特别知识和技能的专业人员在履行专业职能的过程中给他人造成损害所应承担的民事责任。作为承担该责任的主体，应当具备以下条件：(1) 受过某一专门职业教育和训练；(2) 具有从事某专业活动的资格；(3) 以其具有的专业知识或资格向社会或他人提供智力性的专门服务并从中获益；(4) 与其服务对象之间存在特别的信赖关系。由此可见，在本案中，某医院是适格的专家责任主体。专家责任是一种过错责任，必须符合侵权行为的构成要件，即要具备行为违法、患者有损害后果存在、违法行为与损害后果有因果关系、主观上有过错。① 但在具体认定行为的违法及主观上的过错时，必须将医疗行业的习惯和惯例、现有医疗科学技术的实际发展状况作为重要的考量情节，以一个合格的医护工作者所应有的专业知识和技术水平来判断。

结合本案的具体情况，分析某医院的行为，可以看出：(1) 因赵某所患肿瘤罕见及特殊，某医院在手术前不能排除肿瘤恶变可能，因此，按行业习惯及惯例采用术中快速冰冻切片诊断，对此方案，某医院在手术前进行了慎重讨论，尽到了注意义务，并向患者家属给予了必要的告知，也尽到了告知义务。另外，某医院在对赵某实施手术前进行常规及必要的检查，手术过程中的操作及术后的护理也按规程要求履行，无异常现象。据此，可以认定某医院对赵某实施的治疗行为在操作程序上符合规范和行业习惯。(2) 因我国目前对该肿瘤的研究和技术水平尚不能对其良恶性有较明确的判断标准，且该肿瘤恶性表现形式复杂，因此，快速诊断难以达到精确程度。某医院的病

① 雎素丽、单国军编著：《医疗事故处理解析》，法律出版社 2003 年版，第 3—5 页。

理报告在形式上更具科学性。医学科学是极为复杂的学科，对同一病例，医师因学识、经验、认识差异而可能得出不同的印象和判断，尤其对于一些罕见的病例，则判断差异更为显著。因此，对本案的特殊罕见肿瘤的认定应以倾向性的诊断意见和该研究领域的权威意见相结合作为判断标准。本案涉及的这两类意见均共同认为该肿瘤细胞有符合恶性标准的形态存在，权威意见则更为明确，认为该肿瘤为恶性肿瘤，因此，综合各方面的意见，在审查有关证据的基础上，可以得出结论：赵某右乳包块中的肿瘤至少应是具有恶变倾向的颗粒肌母细胞瘤，据此可以认定某医院出具的快速切片病理报告没有达到精确诊断的要求，但不能视为误诊或错诊，在此诊断基础上实施根治术也符合行业惯例。某医院的行为不存在违法性，主观上也没有过错，而且手术后，某医院又对赵某进行了进一步的病理检测，并如实出具了详细报告，此体现了某医院对该病例诊疗的科学态度，尽到了其应尽的合同义务和法定义务。由此可见，本案中，某医院的行为不符合侵权行为的构成要件，不应当承担专家责任，即侵权的过错责任。换言之，两级医学会的鉴定意见是正确的，本病例不属于医疗事故，某医院不应当承担医疗事故的侵权赔偿责任。

另外，侵权责任法第六十条规定了医疗机构免责的三个事项，其中之一就是“限于当时的医疗水平难以诊疗”的情形。患者右乳被切除不是某医院主观上有过错或行为违法造成的，而是目前医学科学对该肿瘤的诊疗水平及技术局限造成的，如果要求由某医院承担此局限性的后果，势必不利于医学科学的发展，从社会公平的角度考虑也显不妥。对赵某而言，客观上其身体权受到侵害，但在目前医疗水平不能同时对患者的生命健康权及身体权并重予以完美保护的情况下，医者的职责及患者的根本利益均要求对生命健康权的保护是首要的、根本的，对患者身体权的保护须以不丧失生命健康权为成就条件，因此，赵某虽然右乳缺失，但此并不能视为损害后果，赵某因此治疗而承受的不利影响应是一种因病情诊断差异而产生的对术后现实不能接受的痛苦。虽然医患双方对损害的造成均无过错，但是这一扩大治疗确实对患者的身体乃至精神造成了巨大的损害和痛苦。基于此，可以根据民法通则中的公平责任原则，由某医院给予赵某一定的经济和精神补偿。

法条链接

中华人民共和国侵权责任法

第六十条第一款　患者有损害，因下列情形之一的，医疗机构不承担赔

偿责任：

（一）患者或者其近亲属不配合医疗机构进行符合诊疗规范的诊疗；

（二）医务人员在抢救生命垂危的患者等紧急情况下已经尽到合理诊疗义务；

（三）限于当时的医疗水平难以诊疗。

中华人民共和国民法通则

第一百三十二条　当事人对造成损害都没有过错的，可以根据实际情况，由当事人分担民事责任。

第五章 其他人身侵权责任

1. 影响邻居采光并造成环境污染，应该承担何种责任？

【知识要点】

采光权，是指房屋的所有人或使用人享有从室外取得适度光源的权利。对于采光权的侵害具体表现为两种：一是由于相邻一方的行为屏蔽或减弱了自然光线导致相邻的他方自然获取日光不足；另一种是由于相邻一方不适当地主动光源照射或被动光源反射因而导致相邻他方过量光照。对于以上两种表现，均可以认定为相邻采光权的侵权行为。

典型案例

王某住在某区一个临街巷内，住房是一间砖结构平房，2006 年 4 月，王某在原有平房的基础上自己加盖了一层。在王某房子的旁边，是一家服装店，王某房子加盖到二层后，二层窗户正好比服装店的屋顶高出约 1.5 米。2011 年 3 月，刘某承包服装店，将其改建成了饭庄，并进行了装修，把王某家主要的通风道夹成窄道。随后，刘某又在房顶上安装了一个大型脱排油烟机，并在屋顶安装了大型霓虹灯。

不久，饭庄开始正式营业。王某发现自己的二层房间里老有股油烟味，且一开窗户通风，油烟味更大，查找原因，才发现原来是饭庄厨房的油烟排放口离自己家二层窗口太近，饭庄一开始做饭，就会有油烟窜进房间里。即使是夏天，王某家也不敢开二层房间的窗户。眼看酷暑即将来临，王某找到刘某，要求刘某顾及邻居的生活环境，对饭庄的排油烟口和空调口进行改造，刘某以饭店装修已结束且刚开业为由，称过一段一定处理，并一次性付给王某“精神损失费”3000 元。

2012年6月，刘某又在饭店内增设了各种娱乐设备，音乐声直接传入王某的住宅，严重影响了一家人的休息。6月28日，王某再次找到刘某，要求解决噪声干扰问题，并再次提出彻底解决一层窗户通风与二层窗户污染的问题。刘某认为，王某家住宅一、二层窗户的通风和污染问题已一次性付清损失赔偿费3000元，自己已经是仁至义尽了。至于音响设备的声音，可以适当关小一点，其他的就不再负责。之后，饭庄的空调器与油烟排放依旧，晚间音响也没有多大的改变。王某住宅仍旧不能开窗通风，晚间仍旧休息不好，王某找刘某几次商量未果，不得已，向人民法院起诉。

【以案释法】

正确处理相邻关系，应该遵守民法通则第八十三条规定的“有利生产、方便生活、团结互助、公平合理”的原则。这些原则，既是相邻各方正确行使相邻权、妥善处理相邻关系的原则，也是人民法院正确处理相邻纠纷的原则。

本案中主要涉及相邻关系的采光权问题。采光权，指房屋的所有人或使用人享有从室外采取适度光源的权利。物权法第八十九条明确规定：“建造建筑物，不得违反国家有关工程建设标准，妨碍相邻建筑物的通风、采光和日照。”实践中，相邻一方因其行为而侵害相邻他方采光权的情况包括以下两个方面：(1) 因相邻一方建造房屋或其他设施，或其树冠未与相邻他方保持适当距离或适当的高度而遮挡相邻他方室内采光，导致采光不足的；(2) 由于相邻一方某些过度或不适时的光源照射因而导致相邻他方采进过量光照的。这些情况下发生的相邻采光纠纷往往易被忽视而使受害一方的正当采光权得不到合法保护，如相邻一方房屋上装饰有大面积的反光材料反射强烈的阳光等。

本案中的问题正是相邻采光权第二个方面的内容，即相邻一方对另一方的过度的、不适时的光源照射问题，被告在屋顶安装了霓虹灯，离原告二层住室的窗户很近，可以认为，当原告夜间需要休息时，被告的霓虹灯强烈的光照对原告形成了不适时的光源照射问题，那么，怎样对这类情况加以判定呢？无论通风，还是采光，都有一个适度问题，由于相邻一方的行为致使相邻他方室内通风、采光相对于自然条件而言不足或过度，都应认为是对他方通风权、采光权的侵犯，而应由一方承担相应的责任。

本案还涉及相邻关系中的相邻环保关系。相邻环保关系指相邻双方因环境问题发生的权利、义务关系。即相邻一方在自己疆界内经营工业或行使其

他权利时，对另一方应负有的，不得污染周围环境、危害人身、财产安全的义务和另一方对其疆界外的人享有的，可请求其采取必要的防止污染环境措施的权利的关系。公民个人因相邻而发生的纠纷，主要是由于噪声、有毒物、修建厕所、畜栏等散发的臭气引起的。民法通则第一百二十四条规定："违反国家保护环境防止污染的规定，污染环境造成他人损害的，应当依法承担民事责任。"侵权责任法第六十五条规定："因污染环境造成损害的，污染者应当承担侵权责任。"相邻各方应合理利用自然环境，防止环境污染，相邻一方违反环境保护法等有关法规的规定，排放废水、废气、废渣等有害物质超过国家规定的标准，或者散发的异味致人损害的，相邻他方有权要求其停止侵害、赔偿损失。相邻一方以噪声、喧嚣、震动等影响相邻他方的正常生活、工作的，相邻他方有权请求停止侵害、排除妨碍、赔偿损失。在本案中，被告方音响已对原告方造成影响，应当对此承担相应的责任，另外，空调热风、油烟废气的处理，也可以适用相邻环保关系的某些原则。

中华人民共和国物权法

第八十九条　建造建筑物，不得违反国家有关工程建设标准，妨碍相邻建筑物的通风、采光和日照。

中华人民共和国侵权责任法

第六十五条　因污染环境造成损害的，污染者应当承担侵权责任。

2. 环境污染侵权，应当怎样确定举证责任？

【知识要点】

环境污染侵权纠纷是一种特殊的侵权纠纷，是指因产业活动或其他人为原因，致生态自然环境的污染或破坏并因而对他人人身权、财产权、环境权益或公共财产造成损害或有造成损害之虞的事实而引起的纠纷。因污染环境发生纠纷，污染者应当就法律规定的不承担责任或者减轻责任的情形及其行为与损害结果之间不存在因果关系承担举证责任。

典型案例

张某、李某系同村村民，也是邻居，张某家居东，李某家居西。由于地势原因，两家地面落差近2米。张某十几年前在院内打了一口井，供家人的生活用水。张某家院内西南角有厕所一处，距水井7米；门口东南角有猪圈两处，距水井12米。2012年1月，李某在张某家的西边建设两排猪舍用于养猪，距张某家的水井15米。同年3月，张某称其水井受到污染，并于8月委托当地卫生防疫站对水井的水质进行检测。经检验，该水井的水硝酸盐超标2倍、细菌总数超标11倍、大肠菌群超标12倍。张某要求李某赔偿未果，遂诉至人民法院。

人民法院经审理认为，本案应为环境污染侵权纠纷，因环境污染引起的损害赔偿诉讼，应由加害人就法律规定的免责事由及其行为与损害结果之间不存在因果关系承担举证责任。李某不能证明其养猪场的粪便排放与张某的井水受到污染不存在因果关系，故李某应对张某因水井污染受到的损失承担赔偿责任，故判决由李某支付张某重新打井的费用1900元。

【以案释法】

对于一个案件的审理最关键也是最紧要的是确定案件的法律关系，就本案而言，关键就在于案由的确定也即本案性质的确认。相邻关系是指相互毗邻的两个以上不动产所有人、用益物权人或占有人在用水、排水、通行、通风、采光等方面根据法律规定产生的权利义务关系。在本质上，相邻关系是相邻不动产的权利人行使其权利的一种延伸或限制。给对方提供必要便利的不动产权利人是权利受限制的一方，因此取得必要便利的不动产权利人是权利得以延伸的一方，这种延伸是行使所有权和使用权所必需的。相邻污染侵害是指相邻不动产权利人违反国家规定弃置固体废物，排放大气污染物、水污染物、噪声、光、电磁波辐射等有害物质，以侵害相邻人之生命安全、身体健康和生活环境。为保护环境，物权法对与环境保护有关的相邻关系首次进行了规制，该法第九十条规定："不动产权利人不得违反国家规定弃置固体废物，排放大气污染物、水污染物、噪声、光、电磁波辐射等有害物质。"2008年4月1日起施行的《民事案件案由规定》随之增补相邻污染侵害纠纷为相邻关系纠纷的次级案由。众所周知，环境污染侵权纠纷是一种特殊的侵权纠纷，是指因产业活动或其他人为原因，致生态自然环境的污染或破坏并因而对他人人身权、财产权、环境权益或公共财产造成损害或有造成损害之

虞的事实而引起的纠纷。环境污染侵权纠纷不同于一般的侵权纠纷，它具有纠纷主体的不平等性、侵权行为方式的间接性、侵权行为过程的缓慢性、潜伏性以及损害后果的公害性等特点。《最高人民法院关于民事诉讼证据的若干规定》第四条第三项规定："因环境污染引起的损害赔偿诉讼，由加害人就法律规定的免责事由及其行为与损害结果之间不存在因果关系承担举证责任。"侵权责任法第六十六条也作出了同样的规定。综上，相邻污染侵害是以违反国家规定排放有害物质为前提，对本案而言，张某和李某相邻，但李某排放猪粪便的行为未违反国家规定，其排放的猪粪便亦不属于有害物质，故本案不宜定性为相邻污染侵害纠纷。由于李某的行为具备了环境污染侵权纠纷的侵权行为方式间接性、侵权行为过程缓慢性、潜伏性以及损害后果公害性的特点，李某因为建设养猪场而从事营利性行为，故其与张某之间也具备了纠纷主体的不平等性的特点，因此，本案可以定性为环境污染侵权纠纷，人民法院的判决是正确的。

中华人民共和国物权法

第九十条　不动产权利人不得违反国家规定弃置固体废物，排放大气污染物、水污染物、噪声、光、电磁波辐射等有害物质。

中华人民共和国侵权责任法

第六十六条　因污染环境发生纠纷，污染者应当就法律规定的不承担责任或者减轻责任的情形及其行为与损害之间不存在因果关系承担举证责任。

3. 对于严重的噪声污染，可否要求精神损害赔偿？

【知识要点】

随着城市化进程的加快，城市噪声污染也日益加剧。生活环境中没有任何噪声是不可能的，但公民只对在可忍受限度范围内的噪声有忍受的义务。对忍受限度范围的判断，一般以常人所能忍受的限度为准，一旦制造噪声的行为形成环境污染，影响了公民的生活安宁权，便构成侵权，严重的噪声污染行为甚至可能引发精神损害赔偿责任的发生。

典型案例

原告李某、王某于2010年6月与被告某房地产开发公司签订《商品房买卖合同》，购买房屋一套，并于同年12月4日入住。入住以后，房屋内一直有地下室水泵运转发出的噪声。原告李某、王某曾多次向某房地产开发公司和小区物业管理公司反映情况，要求更换水泵或对水泵房采取隔音降噪措施。某房地产开发公司对水泵房的噪声进行过治理，但噪声污染没有得到根本改善。2012年9月10日，李某委托某区环境保护监测站对自己所住房屋的噪声进行测量，环境保护监测站出具的《检测报告》证明：检测时间是2012年9月10日22:10，主要声源是水泵，实测值客厅中心为39.7dB（A）、客厅中心底部为29.4dB（A）。

2013年2月14日，李某、王某将某房地产开发公司诉至人民法院，称该小区水泵的启动及输水情况是不分昼夜的，水泵启动时的响声异常巨大，且间隔一小时就会有一次噪声响起。经区环境保护监测站噪声检测，房屋噪声超标。由于长期的噪声污染，致使一家人没有安静的生活环境，直接影响了正常工作和孩子的学习，甚至已严重危害了一家人的身心健康。为此，要求被告采取根本措施，彻底消除住房内的噪声污染，在彻底消除之前被告应按日进行补偿；同时要求被告赔偿精神损害抚慰金10万元。

案件审理期间，人民法院委托某区环境保护监测站对原告的住房再次进行了噪声检测。

人民法院经审理认为，住宅是人日常生活、休息的主要生活环境，作为国家环境保护行政主管部门的国家环境保护部为保护公民的生活环境，制定了环境噪声的最高限值标准。该市环境保护局于2001年12月17日在针对居民楼内电梯、泵房、变电器等设备产生的噪声问题而作出的《关于室内噪声污染有关问题的函》中答复，由于国家和该市对此类问题没有明确规定，但依据《中华人民共和国环境噪声污染防治法》第六条第二款“县级以上地方人民政府环境保护行政主管部门对本行政区域内的环境噪声污染防治实施统一监督管理”的规定，为解决人民群众的实际问题，环境保护部门可以对此类噪声问题进行管理。

原告李某、王某向被告某房地产开发公司购买住宅属《声环境质量标准》规定的一类声环境功能区域，该住房内从2010年12月开始出现水泵运转发出的噪声，经环境保护监测站两次进行噪声检测，夜间噪声实

测值分别为 69.7dB（A）、73.5dB（A）（水泵起动时）和 65.4dB（A）（水泵正常运转时），均超过了《声环境质量标准》规定的夜间最高限值标准。结合李某、王某入住的情况考虑，水泵的噪声污染是非常严重的，被告对原告住房的噪声污染侵权行为成立，被告有责任对水泵房采取有效、可靠的隔声减噪措施或更换水泵，切实改善原告住宅的声环境质量，以保障原告良好的生活环境；同时，长期噪声超标的住宅生活环境严重干扰和影响了原告一家的正常生活、工作、学习、休息和身心健康，对原告的环境权益造成严重损害，即使没有造成实际经济损失或医疗仪器暂时检测不出原告身体的损害后果，亦应作出相应赔偿，故依据《最高人民法院关于确定民事侵权精神损害赔偿责任若干问题的解释》，被告并应赔偿原告的精神损害。判决被告某房地产开发公司对水泵采取有效、可靠的隔声降噪措施，使原告李某、王某的住宅内的水泵噪声达到国家环境保护部规定的最高限值以下；逾期未达标准，按每日 100 元进行补偿，某房地产开发公司赔偿原告李某、王某精神损害抚慰金 20000 元。

【以案释法】

本案在对法律和事实进行全面考量的基础上，从保护公民的“环境权”出发认定被告环境噪声侵权成立，承担排除危害并赔偿损失的环境侵权责任。环境权，是指公民在良好、适宜的环境中生活的权利。包括生命健康权、财产安全权、生活和工作环境舒适权等。但是，到目前为止，我国的宪法、民法和环境法律中尚没有明文规定“环境权”，所以“环境权”还属学术和民间约定俗成的概念。而法官的重要职责就是运用诉讼技术及时化解社会矛盾，公平地保护当事人合法权益，维护社会和谐发展并促进法律的完善。因此，法官必须在审判实践中具体问题具体分析，通过对现行法律的适用和法学理论甚至是生活常理来解决立法滞后于现实的矛盾，给社会提供公正的判决。本案原、被告双方首先是商品房买卖合同关系，原告是购房人，被告是房地产开发商，诉讼原因是原告所购房屋楼内的水泵在运转过程中噪声严重，构成噪声污染，要求调整的对象是双方当事人之间形成的环境社会关系，请求保护的就是原告一家的“环境权”。

环境侵权行为是一种特殊的侵权行为，由此引起的诉讼存在着举证困难和举证责任分配问题，就这个问题的研究对改变目前我国环境侵权诉讼的混乱状况、保障司法统一有重要意义。就本案而言举证并不困难，只要检测原告家的水泵噪声是否超标就可以了，所以环境噪声是否超标而构成噪声污染

是本案认定事实的关键。噪声检测因对专业性和技术性的要求都很高，目前主要由环保部门的环境保护监测站进行。案件办理中，双方同意人民法院再次委托区环境保护监测站对房屋进行噪声检测。检测时法官及双方当事人均到场，对噪声源水泵分白天、夜间和水泵启动阶段分别进行了检测，结果显示水泵噪声对原告一家的污染是非常严重的。

关于环境侵权的救济方式，侵权责任法第六十五条规定："因污染环境造成损害的，污染者应当承担侵权责任。"同时该法第六十六条确定了环境污染的举证责任倒置原则："因污染环境发生纠纷，污染者应当就法律规定的不承担责任或者减轻责任的情形及其行为与损害之间不存在因果关系承担举证责任。"环境噪声污染防治法第六十一条第一款规定："受到环境噪声污染危害的单位和个人，有权要求加害人排除危害；造成损失的，依法赔偿损失。"上述环境法律在规定受害者有要求赔偿和排除危害权利的同时也规定了加害人相对应的双重责任。根据环境侵权的特点和加强预防性环境救济的现实需要，环境噪声侵权的构成应以"危害事实"而非"损害结果"为必要条件。如果仅以"损害结果"作为构成要件，则只能在损害结果发生后采取补救性的损害赔偿措施，这不利于保护公民的环境权。本案采用上述规定和法理，给予了原告排除危害和赔偿损失的全方位救济：(1) 损害赔偿数额的确定。目前，对环境侵权损害赔偿数额如何确定，法律、法规尚无一个统一、客观或是具体的标准，法官只能在审判实践中自由裁量。本案原告的身体虽然还没有直观或医学的病情伤害结果，但是事实上其夜间的宁静权已长期受到危害，精神上遭受痛苦，而这种危害和痛苦用金钱也不足以弥补；反之，被告作为房地产开发商，建房时一切从经济利益出发，没有足够注意水泵的噪声污染问题。在业主提出污染问题后又不采取积极措施加以大力度的整改。其主观上有明显过错。平衡双方利益及过错程度，被告理应多赔偿，也包括精神损害赔偿。(2) 排除危害责任的原理性分析和实现。环境噪声污染因具有反复持续性的特点而不同于其他民事侵权行为，在损害赔偿之后，环境污染的侵害状态依然存在。环境法中规定的"排除危害"（对已经发生或正在发生的环境侵害予以排除）这一责任形式与损害赔偿的事后被动、消极救济相比，兼具补救性与预防性的双重性质，它可以对环境侵权行为直接打击和制止，所以是应对环境问题的一种更积极、更彻底的责任形式。

法条链接

中华人民共和国侵权责任法

第二十二条 侵害他人人身权益，造成他人严重精神损害的，被侵权人可以请求精神损害赔偿。

第六十五条 因污染环境造成损害的，污染者应当承担侵权责任。

第六十六条 因污染环境发生纠纷，污染者应当就法律规定的不承担责任或者减轻责任的情形及其行为与损害之间不存在因果关系承担举证责任。

4. 建筑物脱落致人损害，应当由谁承担赔偿责任?

【知识要点】

建筑物、构筑物或者其他设施及其搁置物、悬挂物发生脱落、坠落造成他人损害，所有人、管理人或者使用人不能证明自己没有过错的，应当承担侵权责任。若建筑物、构筑物或者其他设施及其搁置物、悬挂物发生脱落、坠落是由于其他责任人的原因造成的，所有人、管理人或者使用人在先行赔偿后，有权向其他责任人追偿。

典型案例

原告张某某系张某（已故）之子。2013 年 3 月 23 日上午，张某骑摩托车外出办事。回家途中，张某到同一小区的朋友李某家参加聚会。聚会时，外面刮起的大风将其停放在门口的摩托车刮倒，张某遂出门扶车，并欲将车推到避风处，但因风太大走不动，此时李某到门口提醒其赶紧进屋，而张某未立即进屋躲避，后大风将居住在李某家同一单元的 4 楼的王某家加装的塑钢门窗罩（俗称“避风阁”）刮开，并将张某砸倒在地。李某遂拨打了“120”，急救车赶到将张某送往医院，在赴医院途中张某死亡。2013 年 4 月 23 日，原告张某某诉至人民法院，要求被告王某支付死亡赔偿金、丧葬费、精神损害抚慰金共计 22 万余元。案件审理过程中，人民法院到气象局调取了事发当天的气象情况资料，气象局出具的气象凭证写明：“本县 2013 年 3 月 23 日部分地区出现 8 级以上大风

天气，城区部分地区极大风速达 23.6 米/秒（9 级）。本县 2002 年曾出现 28.1 米/秒（10 级），2013 年 3 月 23 日的大风为本县 1994 年以来第二极大风速值。”同时还查明，砸伤张某的塑钢门窗罩系王某加装，但在事发前两年，该房屋已由王某租赁给自己的朋友赵某使用。

被告王某辩称，事发时其已经将房屋租赁给赵某使用，赵某在对房屋使用期间有进行管理和维护的义务，故不应由自己承担赔偿责任。且张某明知外面刮大风，在李某提醒其进屋的情况下，仍外出推摩托车，自身也有一定过错，因此不同意赔偿。

人民法院审理后认为，被告王某作为房屋的产权人，应当对房屋及其后加装的塑钢门窗罩负有管理义务，现其门外加装的塑钢门窗罩被风刮开，将原告张某某的父亲张某砸倒，致其死亡，王某不能证明自己不存在过错，故应当对张某的死亡后果承担赔偿责任。原告张某某作为死者张某的法定继承人，要求被告王某支付死亡赔偿金、丧葬费、精神损失费，符合法律规定，应予支持。然而，由于事发当天风速值超常，且死者本人经李某提醒后也未能立即进屋躲避，其对本人死亡后果亦存在一定的过错，故综合考虑上述因素适当减轻被告王某的赔偿责任，即减轻 30%。人民法院据此判决被告王某支付原告张某某各项费用共计 15 万余元。

【以案释法】

本案系被告王某所有的房屋加装的塑钢门窗罩发生脱落导致原告之父张某被砸伤后死亡引发，争议焦点是被告王某对张某的死亡结果是否承担相应的赔偿责任以及承担多大的责任，但在确定责任人及责任大小之前，需要明确引发纠纷的“避风阁”能否构成建筑物之一部分，从而适用侵权责任法第八十五条的规定。

(1)“避风阁”应视为房屋的组成部分。“避风阁”通常被用于房屋、楼门等地，可以在很多饭店、宾馆、商场等建筑物上见到，主要是为了保暖、避风所用。从物的属性上来讲，未安装到房屋上的“避风阁”属于动产，而自其安装固定到房屋上时，就成了不动产的一部分，则具有了不动产的属性。从物的使用目的来讲，单独的“避风阁”并不能发挥保暖、避风的作用，需要与不动产（房屋）共同发挥作用。因此，从保护被侵害人权益的角度出发，本案中的“避风阁”应当视为建筑物之一部分，因其脱落致人损害的，应当适用侵权责任法第八十五条的规定。

(2) 建筑物脱落致人损害责任的法律构成要件。根据侵权责任法第八十五条的规定，建筑物脱落、坠落致人损害的构成要件一是存在损害事实，即因侵权行为导致的损害，包括财产损失、人身损失和精神损失等，只要造成他人人身和财产利益受到损失，并且此类损失具有可补救性和确定性就应追究责任。二是损害事实是由建筑物脱落、坠落造成的，如果是由于其他原因，比如行为人故意致使建筑物脱落造成损害的，则应当由行为人承担责任，因为此时行为人将物件作为侵害他人权益的工具使用。三是受害人受到损害的事实与建筑物脱落、坠落存在因果关系，这种关系既包括直接的因果关系，如因建筑物脱落、坠落直接造成人身或财产损害；也包括间接的因果关系，如建筑物脱落、坠落并未直接造成受害人人身、财产损害，但由此引发他人造成损害的，也应认定为存在因果关系。四是物件所有人、管理人或使用人不能证明自己对建筑物脱落、坠落没有过错，这是对建筑物脱落、坠落造成损害的归责原则的规定，即过错推定原则。过错推定的方法是依据法律规定推定加害人有过错，然后由加害人就自己不存在过错承担举证责任。本案中，因“避风阁”脱落致使张某死亡，对此，被告王某需要对其无过错承担举证责任。

(3) 本案中房屋所有人与使用人不承担连带责任。侵权责任法第八十五条规定的责任主体为所有人、管理人或使用人，这与民法通则规定的责任主体相比范围有所扩大，将“使用人”纳入责任主体范围，是基于特定情形下使用人实际占有、控制着物，通过使用物获取收益，从而也应当承担责任，实践中，使用人承担责任有两种情况：一是使用人依法对其使用的建筑物负有管理、维护的义务；二是使用人依法对使用的建筑物的搁置物、悬挂物管理、维护不当造成他人损害。但是需要注意的是，所有人、管理人或使用人不一致时，三主体并不承担连带责任。本案中，王某作为房屋所有权人，赵某作为房屋使用人，致张某死亡的“避风阁”是由房屋所有人王某所加，同时其在庭审中承认，加装“避风阁”时存在质量瑕疵；赵某作为承租人与王某签订了租赁协议，作为承租人其负有妥善使用、保管承租物的义务，对于因罕见大风导致“避风阁”的脱落，已经超出了其正常的预见范围，因而作为使用人的赵某不承担责任，应由房屋所有人王某承担责任。

(4) 被害人的过错可以适当减轻侵权人的责任。侵权责任法第二十六条规定：“被侵权人对损害的发生也有过错的，可以减轻侵权人的责任。”可见，因被害人过错导致损害发生或扩大的，人民法院可以依据职权，依一定的标准减轻侵权人的赔偿责任。本案中，根据气象局出具的气象凭证显示，事发当日该县部分地区出现8级以上大风天气，在此情形下，作为正常人其应当减少户外活动，而且在张某外出扶车时，其未听从李某的提醒进屋躲

避，对损害的发生存在过失，因此可以减轻被告王某的赔偿责任。

此外，需要说明的是，根据侵权责任法第八十五条的规定，所有人承担赔偿责任后，可以向其他责任人进行追偿，具体到本案，如果确实是因加装质量不合格导致损害发生的，被告王某可以向加装“避风阁”的施工人员进行追偿。

法条链接

中华人民共和国侵权责任法

第二十六条 被侵权人对损害的发生也有过错的，可以减轻侵权人的责任。

第八十五条 建筑物、构筑物或者其他设施及其搁置物、悬挂物发生脱落、坠落造成他人损害，所有人、管理人或者使用人不能证明自己没有过错的，应当承担侵权责任。所有人、管理人或者使用人赔偿后，有其他责任人的，有权向其他责任人追偿。

5. 饲养的藏獒犬咬伤他人，应否给予精神损害赔偿?

【知识要点】

在各类侵权行为中，动物致人损害是一种比较特殊的侵权形式，其特殊性在于这是一种间接侵权引发的由动物饲养人或者管理人承担的侵权损害赔偿责任，其责任范围也包括精神损害赔偿的内容。这一规定，主要是基于动物对他人的财产或人身造成的损害有更大的危险性，其意义就在于要求动物饲养人或者管理人加强管理责任，增加对他人安全的保障。

典型案例

2013 年 3 月 20 日，吴某经过同村村民杨某家附近时，杨某饲养的 3 条藏獒犬跑出庭院，将吴某扑倒并进行撕咬，后杨某将藏獒犬牵走。吴某被咬伤，衣物被损坏。随后，杨某将吴某送往医院救治，经医院诊断为动物致伤（初诊），犬咬伤（Ⅲ级），杨某为此支付了医疗费。后吴某多次到医院进行后续治疗，花费医疗费 4300 元，交通费 300 元（酌定），

并分五次注射了狂犬疫苗。因后续治疗费用的给付发生纠纷，吴某将杨某诉至人民法院，要求给付后续治疗中其所支出的医疗费、交通费4600元，同时认为自己因遭受3条藏獒犬共同撕咬，导致精神受到严重伤害，要求吴某同时支付精神损害赔偿金6000元。

【以案释法】

被告杨某对自己饲养的动物疏于管理，致使其伤人，且原告吴某同时遭受3条藏獒犬的撕咬，不只是对其身体健康造成了伤害，而且对其精神形成了极其严重的伤害，被告杨某应承担一定的精神损害赔偿责任。

我国民法通则第一百二十七条规定："饲养的动物造成他人损害的，动物饲养人或者管理人应当承担民事责任；由于受害人的过错造成损害的，动物饲养人或者管理人不承担民事责任；由于第三人的过错造成损害的，第三人应当承担民事责任。"侵权责任法第十章的内容也专门就饲养动物损害责任进行了规定。之所以如此规定，主要是基于动物致财产或人身损害造成的后果比一般物体有更大的危险性的考虑，其意义就在于它更有利于加强动物饲养人或管理人的管理责任。具体而言，只有在具备以下四项条件时，受害人才可主张成立动物致人损害的民事责任：(1) 须为饲养的动物。此处所称的"饲养的动物"，通常为家畜、家禽。其他动物，如鸟、鱼、蜂、蛇等，凡为人所饲养者，亦可包括在内。饲养的动物在逃逸、遗弃期间，原则上仍视为饲养的动物。(2) 须为动物加害。动物加害，是指基于动物的本能行为所造成的损害，例如，狗咬人。但是，动物在人的驾驭、支配下造成的损害，如骑手策马急驰踏伤他人，则不属动物加害，而属人为加害。(3) 须受害人受到了损害。(4) 须动物加害与受害人所受损害之间有因果关系。

当然，并非饲养的动物造成他人损害的都由动物饲养人或者管理人承担民事责任，在出现以下三种情况之一时，动物饲养人或者管理人可免除民事责任：(1) 受害人的过错。受害人的过错主要有两种情况：一是受害人的过错为动物致损的前置原因，例如，攀越动物园围栏跌入兽笼而被猛兽致伤；二是受害人在动物致损后由于未尽保护自己应有的注意义务而引起本来可以避免的损害的发生。(2) 第三人的过错。例如，某人唆使邻居之狗扑咬他人。(3) 其他理由。例如，受害人借骑饲养人之马，饲养人已告知此马性烈，鉴于受害人甘冒其险，对其被马摔伤之损害，饲养人可以"受害人同意"为由主张免责。

就本案而言，被告杨某未对其饲养的藏獒犬进行妥善管理，致使其咬伤

原告吴某，其行为完全符合我国民法通则第一百二十七条的规定，显然应当对其饲养动物造成原告的损害承担民事责任。至于杨某应否承担精神损害赔偿责任，《最高人民法院关于确定民事侵权精神损害赔偿责任若干问题的解释》第八条虽然规定，“因侵权致人精神损害，但未造成严重后果，受害人请求赔偿精神损害的，一般不予支持”。但这里指的是“一般不予支持”。在一些侵权案件中，虽然受害人所受人身损害并非特别严重，但对精神上造成的损害是显而易见的，也应当进行赔偿。司法实践中，这种判例也是不鲜见的。如北京某人民法院曾审结一起女童到公园游玩被孔雀啄伤而引发的赔偿案件。

本案中，原告吴某被3条藏獒犬扑倒咬伤，就一个正常人而言，这种侵权行为势必使其产生一定程度的精神损害，甚至是心理阴影。故人民法院在审理过程中，不仅应当判决被告杨某给付后续治疗的合理费用，还应考虑案件的实际情况，酌情判决被告杨某承担适当的精神损害赔偿责任。

法条链接

中华人民共和国民法通则

第一百二十七条 饲养的动物造成他人损害的，动物饲养人或者管理人应当承担民事责任；由于受害人的过错造成损害的，动物饲养人或者管理人不承担民事责任；由于第三人的过错造成损害的，第三人应当承担民事责任。

中华人民共和国侵权责任法

第七十八条 饲养的动物造成他人损害的，动物饲养人或者管理人应当承担侵权责任，但能够证明损害是因被侵权人故意或者重大过失造成的，可以不承担或者减轻责任。

6. 婚恋网站履行告知义务后公开会员资料信息，是否侵犯会员的隐私权？

【知识要点】

当前，“剩男剩女”问题已成为人们热切关注的社会现象，婚恋网站也

成为单身男女相亲的重要平台。但婚恋网站不同于一般的商业网站，作为一个为用户提供各类身份介绍的网络信息平台，其对注册会员个人基本资料的公开，符合婚恋网站的开办宗旨，不侵犯会员的隐私权。但由于其公开的信息中必然涉及会员人格权，对个人影响重大，因此应采用足以引起注意的特别标识予以说明，并对交往的风险进行特别提示。

典型案例

2013 年 6 月，原告张某在被告某科技公司开发的婚恋网站上注册，成为非付费的普通会员。注册时，张某填写了姓名、年龄、身高、婚姻状况、学历、收入等个人基本资料并嵌入自己的真实照片，还填写了个人联系方式。在个人基本资料信息中，除真实姓名和个人联系方式外，张某的所有信息都是公开的。对于电子邮件地址和 qq 号，网站在填写项后面都进行了提示，显示“该部分信息可能会被付费会员查看，请慎重”。张某注册后，与陈某（付费会员）相识。两人通过互留网站内部信息的方式联系后，继续加深交往，形成了恋爱关系。后因张某认为陈某的实际工作、学历、收入等情况与网站上提供的情况不符，双方产生矛盾，恋爱关系破裂。其后，张某以某科技公司泄露其个人联系方式给陈某，且没有核实陈某的真实情况，某科技公司侵犯自己的隐私权为由向人民法院起诉，要求被告某科技公司赔偿医药费、交通费和精神损失费共计 40000 元。

【以案释法】

本案的主要争议焦点是被告某科技公司将张某的会员资料信息进行公开是否侵犯了原告张某的隐私权。笔者认为，被告某科技公司没有侵犯原告张某的隐私权。理由是网站所公布的信息是原告张某主动填写并提供给网站，且在网站的显著位置已经标明了该部分信息可能被公开给付费会员，故应视为张某已经认可网站向付费会员公开其个人资料和联系方式的行为，不能认为网站向陈某提供原告张某联系方式的行为是侵犯了其隐私权，故应驳回原告张某的诉讼请求。以下进行具体分析：

（1）网站公开原告张某的个人基本资料和向付费会员公开原告张某联系方式的行为均不应认定为侵犯了其隐私。第一，从个人基本资料这一部分看，个人基本资料主要包括的内容为原告张某个人的姓名、网名、年龄、身高、婚姻状况、学历、照片、收入。对于原告张某的真实姓名，网站采取的

是绝对不公开的方式，也就是说不论是网站的免费会员、收费会员，还是对网页进行一般性浏览的非会员，均不可能得知其真实姓名。对于其他内容，网站所采取的是完全公开的方式，也就是说任何人都可以查看和浏览。那么，这部分是不是侵犯了原告张某的隐私权呢？对于这一点，我们要着重从本案所涉网站的性质上来分析。本案所涉网站并非普通的新闻、娱乐或者交友类网站，而是专业性的婚恋网站，性质上类似于网上的“婚姻介绍所”。该网站最主要的功能就是给单身男女提供一个交流认识的平台，以促成婚恋为目的。因此，这类网站必然要求参与者（也就是会员）提供更为真实和准确的个人信息，并将这部分个人基本资料公开给其他参与者，以备查询和选择，并最终促成参与者在现实社会中形成真实的婚恋关系。所以对个人基本资料的公开，符合婚恋网站的开办宗旨，不属于侵犯会员的隐私权。第二，从联系方式这一部分看，联系方式主要包括电子邮件地址、qq号、电话号码等。对于电话号码这种现实状态中的联系方式，网站采取的是相对不公开的管理方式，也就是网站对于所有会员的电话号码都是不公开给他人的，但是会员可以自主选择将自己的电话号码告知给网站内的其他会员。对于电子邮件地址和qq号这类网络虚拟状态中的联系方式，网站采取的是相对公开的管理方式。就是说当会员将自己的电子邮件地址和qq号提交给网站后，网站默认的状态是将该部分信息公开给付费会员，但是会员可以随时登录到网站上将该部分信息的状态更改为不公开。而在填报电子邮件地址和qq号的时候，网站已经在显著的位置注明该信息可能会被提供给付费会员，而原告张某在网站有提示的情况下填写联系方式的行为，就应当认定为其已经认可网站的此种公开行为。在此情形下，网站向付费会员公开张某联系方式的行为，应该认定为是已经告知了原告张某，并取得了其同意的行为，而不是一种“非法”性质的公开。综上，被告某科技公司不存在侵犯原告张某隐私权的行为。

（2）婚恋网站对会员个人资料的真实性无实质审查义务。商业类的婚恋网站，对于参与者的身份情况和个人基本信息，现阶段只能要求其履行一种相对的审查义务。商业类网站并不具备条件对每个参与者的情况都进行严格的核实，其只能起到一种相对的引导、督促作用，从制定导向正确的网站管理条款、要求参与者提供身份信息等有限的几个方面促使参与者提供真实的身份和个人基本信息。婚恋网站的参与者最终还是要自己对自己的人生和未来负责，尽可能地多了解对方的情况后再进行深入交往，否则像本案原告张某这样的苦果，最终还是要自己品尝。

法条链接

中华人民共和国侵权责任法

第六条 行为人因过错侵害他人民事权益，应当承担侵权责任。

根据法律规定推定行为人有过错，行为人不能证明自己没有过错的，应当承担侵权责任。

7. 对于侵害死者荣誉权的行为，死者的近亲属是否有权要求精神损害赔偿？

【知识要点】

死者的荣誉权是死者生前所享有的荣誉权及生者死后被授予或追认荣誉产生的荣誉权。对死者荣誉的保护，不仅是对生者荣誉的尊重与维护，而且也是对死者近亲属的荣誉感和荣誉权的尊重和保护。《最高人民法院关于确定民事侵权精神损害赔偿责任若干问题的解释》第三条就侵害死者荣誉的行为作出了规定。对死者荣誉的侵害行为，侵权人应承担侵害死者荣誉的责任，并对死者的近亲属予以精神损害赔偿。

典型案例

焦某，1949年参加工作。20世纪50年代，他担任某市铁矿中部车间深孔鑿岩队队长期间，率队推广、创新优采矿法成绩突出，他领导的集体被命名为“焦某小组”，其本人也多次受到表彰，被授予“市先进工作者”称号，被共青团市委授予“青年突击手”称号。1956年4月，焦某专门赴京参加全国先进工作者代表大会，受到了党和国家领导人的接见。会上，他所领导的“焦某小组”被评为“全国先进集体”，在全国广为传扬，为某市及铁矿赢得了荣誉。1989年4月，焦某因病去世。

2013年3月，焦某的长子焦某某偶然见到一本2011年出版的《某市铁矿志》第一卷（1949—1985），发现在该矿志第六编“大事记”及附录的“光荣册”中，对其父焦某的事迹及荣誉均未刊载。焦某某遂找该矿领导要求增补，并提出解决焦某住院期间的医疗费及劳模待遇问题。

该矿领导答复说："焦某并非个人劳模，不能享受劳模待遇。"其后，焦某某又多次到上级单位信访、上访，但由于种种原因，荣誉称号及其他问题一直没有解决。2013 年 9 月，焦某的遗孀——80 岁的退休女工赵某向人民法院提起诉讼，状告某市铁矿侵犯其丈夫焦某的荣誉权，并请求人民法院判令被告立即停止侵害行为，重新编纂《某市铁矿志》，增添有关焦某的事迹的内容，并赔偿精神损失。

人民法院经审理判决：某市铁矿修订或重版《某市铁矿志》第一卷（1949—1985）时对焦某的事迹及所获荣誉作出补充，如不再修订重版，则须在编纂出版《某市铁矿志》第二卷时予以补充及说明，并向赵某及其家属赔礼道歉，消除影响，赔偿精神损失费 3000 元。

【以案释法】

首先，集体荣誉具有集体成员共同保护和个人保护的双重性。该集体荣誉不能归个人所独享，但集体成员中每个人都享有其个人应有的荣誉利益（包括精神利益和物质利益）。1956 年，焦某领导的"焦某小组"被授予"全国先进集体"的称号，这是该小组集体的荣誉。焦某作为该小组的领导人员付出了巨大的努力，这从小组以他的名字命名及其多次获得的表彰中可得到证明。而且焦某作为小组代表进京出席了全国先进工作者代表大会并代表集体接受了该荣誉。因此，焦某生前享有部分"全国先进集体"的荣誉不容置疑。同时，焦某还享有"先进工作者"的个人荣誉称号。这两种荣誉都应当载入某市铁矿的史册。

其次，荣誉权不仅包括获得荣誉的权利，也包括荣誉保持的权利。所谓荣誉保持权，是指权利主体对已获得荣誉享有继续保持归己享有的不受侵犯的权利。荣誉保持权有两项内容：一是对已获得的某种荣誉保持归己享有的权利；二是要求荣誉权人以外的任何其他人（包括组织）负有不得侵害的义务。荣誉保持权的客体集中体现了权利主体对已获得荣誉保持归己享有的独占权。荣誉一经获得，即为权利主体终生享有，未经法定程序不得非法剥夺或不法侵害，也不得转让、继承。荣誉的撤销或剥夺，须由授誉主体或司法机关依法按照一定的程序（或手续）进行。否则，任何非法剥夺、撤销等行为，或者转让、继承荣誉的行为，都是无效行为，都是对荣誉保持权、独占权利的否定。荣誉保持权的另一个内容是荣誉的不可侵犯权。荣誉权人之外的任何其他人，包括授誉主体和司法机关，也包括与该荣誉无关连的任何人，都负有不可侵犯的法定义务。任何违反这一法定义务而实施侵权行为的

人，应承担违反法定义务的法律后果。本案某市铁矿编纂的《某市铁矿志》第一卷（1949—1985），从焦某的事迹及所获得的荣誉来考虑，焦某应当有资格入选该矿志。而某市铁矿故意未予刊载，侵犯了焦某的荣誉保持权，应承担相应的民事责任。

最后，荣誉权具有人身性特征，其包含的荣誉称号，特别是精神利益只能自己享有，不能转让与继承（荣誉中的物质利益除外）。一般而言，侵害荣誉权案件应由荣誉权人本人提起诉讼。本案中，荣誉权人已经死亡，那么，死者生前所获得的荣誉是否也随之消失呢？答案显然是否定的。一个人精神权利的存续期间并不等同于肉体生命的长短。德操高尚的人，其人格力量甚至可影响千秋万代。荣誉是特定主体（授誉主体）对公民、法人等权利人的突出表现的身份和肯定性评价，这种评价不依赖于被评价人生存与否，而应依赖于其行为是否持续对社会产生影响。对死者的荣誉权进行保护，既是对死者生前期盼的安慰，也是对死者近亲属的心灵慰藉，更是对全社会知荣避耻的伦理心和道德感的倾力维护。为保护死者的荣誉权，《最高人民法院关于确定民事侵权精神损害赔偿责任若干问题的解释》第三条已作出明确规定："自然人死亡后，其近亲属因下列侵权行为遭受精神痛苦，向人民法院起诉请求赔偿精神损害的，人民法院应当依法予以受理：（一）以侮辱、诽谤、贬损、丑化或者违反社会公共利益、社会公德的其他方式，侵害死者姓名、肖像、名誉、荣誉；（二）非法披露、利用死者隐私，或者以违反社会公共利益、社会公德的其他方式侵害死者隐私……"根据这一规定，侵害死者荣誉权的行为包括：一是对死者的荣誉进行侮辱、诽谤、贬损、丑化；二是非法剥夺死者的荣誉。上述两种行为均构成对死者荣誉权的侵害，侵权人应承担相关法律责任，并对死者的近亲属予以赔偿，尤其是精神损害赔偿。死者的近亲属有权为保护死者的荣誉权而提起侵权之诉。本案中，赵某作为死者的配偶，其诉权应受法律保护。同时，荣誉权人生前死后因荣誉获得的奖品、奖金、津贴等物质利益可由荣誉权人的亲属继承。荣誉权人获得荣誉，对其近亲属而言，也是一种荣耀，任何对荣誉权的侵害行为同时也会影响和伤害荣誉权人亲属的情绪和感情。荣誉权人死亡后，其近亲属有权并有义务维护荣誉权人的荣誉和自己的有关利益，享有诉讼主体资格。因此，本案中焦某的妻子赵某和儿子焦某某都有权提起诉讼，保护焦某的荣誉权和自身的相关利益。

法条链接

最高人民法院关于确定民事侵权精神损害赔偿责任若干问题的解释

第三条 自然人死亡后，其近亲属因下列侵权行为遭受精神痛苦，向人民法院起诉请求赔偿精神损害的，人民法院应当依法予以受理：

（一）以侮辱、诽谤、贬损、丑化或者违反社会公共利益、社会公德的其他方式，侵害死者姓名、肖像、名誉、荣誉；

（二）非法披露、利用死者隐私，或者以违反社会公共利益、社会公德的其他方式侵害死者隐私；

（三）非法利用、损害遗体、遗骨，或者以违反社会公共利益、社会公德的其他方式侵害遗体、遗骨。

第六章　侵害生命健康权的精神损害赔偿

1. 人身受到严重意外伤害，是否有权要求精神损害赔偿?

【知识要点】

生命、健康和身体，是自然人的人格赖以存在的物质载体，对于人的存在和发展具有极为重要的意义，所以，生命权、健康权和身体权这些物质性人格权，是人的最基本、最重要的权利。对这些权利的侵害，是对人的最严重的侵害。民事责任是以采用理想的恢复原状救济手段为原则，当难以恢复原状时，则采用损害赔偿予以补救。物质性人格权受到侵害后，除要求侵权人赔偿因此造成的财产损失外，还可以要求侵权人对受害人因人格权受到侵害而遭受的生理上、心理上的损害承担精神损害赔偿责任。

典型案例

2012 年 5 月 26 日，某市儿童林某某（女，3 周岁）由保姆背着回家，当保姆行至水电局附近时，被某土建队正在进行道路施工切割路面的切割机上脱落的钢片击中，射入右眼并进入大脑。保姆第一时间将林某某送至医院进行救治。经数家权威医院诊断，结果基本一致：患者脑挫伤，脑内血肿，手术后形成软化灶，外伤后颅骨缺损；外伤性癫痫，重度右偏瘫；右侧中枢性面瘫，伴智力、语言障碍，右眼缺失。经申请法医鉴定，认定林某某构成 3 级伤残。截至 2013 年 2 月 19 日，林某某的父母已支付医疗费、交通费、住宿费、护理费等有关费用共计 15 余万元。根据医生诊断，林某某还需后期治疗，主要是进行颅骨修补、安装义眼等，预计费用为 30 余万元。对于林某某父母已支付的治疗费用，土建队所属的工程施工公司进行了全额赔付。2013 年 3 月 15 日，林某某的

父母以法定代理人身份向法院提起诉讼，称该工程施工公司下属土建队的行为严重损害了林某某的健康及智力发展，请求判令赔偿后续医药费、护理费、整形美容费、精神损失费等费用共计46万余元，其中精神损失费10万元。

法院经审理认为：某土建队施工过程中存在过错，损害了林某某的身体健康，应承担民事赔偿责任。现该土建队所属的工程施工公司已经赔偿了前期的治疗费用，后续治疗费用未实际发生，双方亦未申请进行相关费用的鉴定，对于后续治疗费用，林某某可待发生后再行主张。根据本案的实际情况，判决某土建队所属的工程施工公司赔偿林某某精神损失费6万元。

【以案释法】

本案是有关物质性人格权受到侵害而发生的精神损害赔偿问题的典型案例。所谓精神损害赔偿，是指民事主体因其人身权利受到不法侵害而使其人格利益和身份利益受到侵害或者遭受精神痛苦，要求侵权人主要通过以财产救济方式进行赔偿和保护的民事法律制度。

精神损害赔偿制度体现在对自然人物质性人格权的保护上，也称为人身伤害抚慰金或者侵害物质性人格权抚慰金，是指自然人因身体权、健康权、生命权受到侵害，致使受害人或其近亲属遭受精神痛苦，为了弥补这种损害，而对受害人或其近亲属给予赔偿的法律制度。

我国民法通则第一百二十条规定，公民的姓名权、肖像权、名誉权和荣誉权受到侵害的，有权要求停止侵害，恢复名誉，消除影响，并可以要求赔偿损失。但在生命权、健康权、身体权受侵害时，是否必然对受害人给予精神损害抚慰金赔偿，并没有作出具体、明确的规定，这是我国民事基本法律在物质性人格权保护方面，也是在精神损害赔偿制度方面的一大缺陷，主要表现在：(1) 对于侵害生命权的救济造成不公平的后果。根据民法通则第一百一十九条的规定，死者近亲属只能得到数百元的丧葬费赔偿，而如果受害人伤残，有时可以获得数万元甚至近百万元的赔偿，这显失公允。(2) 对于健康权的侵害，只是赔偿财产上的损失，受害人的精神痛苦和创伤得不到救济。财产损失可以用金钱计算并可以通过物质手段进行赔偿，而精神损害却难以用金钱衡量，精神上的损害给人带来的痛苦并不比财产损失小，有时反而更直接、更难以弥补和愈合，然而法律却没有规定如何赔偿精神损害，这使受害人因健康权受侵害而导致的精神痛苦得不到救济和补偿，有失公平。

(3) 对于侵害身体权的损害，往往无法救济。根据民法通则第一百一十九条的规定，侵害身体造成伤害的才可以请求赔偿，而侵害身体权行为往往并未造成严重的伤害后果，但由于受害人的身体权受到侵害，其在精神上可能蒙受巨大的痛苦和创伤，而我国民法通则中规定的精神损害赔偿制度却对这种情况不能适用。这样，自然人在其身体权受到侵害时，难以得到精神方面的救济。譬如，在司法实践中，法院对不是过于严重的生命健康权受到侵害的受害人抚慰金的诉讼请求，一般不予支持。

为了解决前述法律规定存在的问题，我国在随后颁布的一些单行法律、法规和规章中规定了一系列具体的举措。比如，产品质量法第四十四条规定了"丧葬费"，消费者权益保护法以及国家赔偿法规定了"残疾赔偿金"和"死亡赔偿金"。可以说，上述这些单行法的规定，是侵害健康权致人伤残的人身伤害抚慰金赔偿和侵害生命权致人死亡给死者近亲属抚慰金的变通形式。这些规定使我国民事立法中有关物质性人格权保护方面的缺陷得到了一定的弥补，也为我国人身伤害精神抚慰金赔偿制度的司法实践提供了法律依据，其在立法上的进步是值得肯定的。但这些单行法中的规定不具有普遍适用的效力，各自只能调整在特定领域内发生的某些人身伤害，并且只有致人伤残或死亡的情况下才能适用，对于没有造成伤残或死亡的一般人身伤害，或侵害身体权尚未造成严重人身伤害的，仍然无法给予抚慰金赔偿救济。此外，这些规定或属行政规章、或属单行法规，其法律地位远远低于作为民事基本法的民法通则。从严格意义上讲，这些规定尚不能确定人身伤害都能够得到精神损害赔偿，在这方面仍有许多问题亟待解决。

在这种情况下，制定了《最高人民法院关于确定民事侵权精神损害赔偿责任若干问题的解释》。该解释第一条明确规定，自然人因生命权、健康权和身体权受到非法侵害，向人民法院起诉请求赔偿精神损害的，人民法院应当依法受理。该解释首次确立了我国的侵害物质性人格权的精神损害赔偿制度，具有重大的意义。

本案中，原告林某某年仅3周岁惨遭横祸，并受伤致残，导致其今后的生活存在很大困难，对原告本人及其父母等近亲属的精神打击非常大。考虑到原告今后生活必须达到起码的一般人生活标准条件，又鉴于被告有履行能力，依据我国民法通则等有关法律及司法解释的规定，结合普通市民的一般生活标准，法院在有关规定的幅度范围内，原则又灵活地选择一个合适的精神赔偿数额，是合法、合情、合理的。

法条链接

最高人民法院关于确定民事侵权精神损害赔偿责任若干问题的解释

第一条 自然人因下列人格权利遭受非法侵害，向人民法院起诉请求赔偿精神损害的，人民法院应当依法予以受理：

（一）生命权、健康权、身体权；

（二）姓名权、肖像权、名誉权、荣誉权；

（三）人格尊严权、人身自由权。

违反社会公共利益、社会公德侵害他人隐私或者其他人格利益，受害人以侵权为由向人民法院起诉请求赔偿精神损害的，人民法院应当依法予以受理。

2. 未经允许剃人发须，是否可能导致精神损害赔偿？

【知识要点】

身体是生命的物质载体，由此决定了身体权对自然人而言至关重要。作为公民的基本人格权之一，身体权与生命权、健康权密切相关，又有所不同，侵害自然人的身体往往导致对自然人健康的损害，但身体权的客体是自然人的身体，其更加着重于保护身体组织的完整以及对身体组织的支配。侵犯公民的身体权，情节严重的，可能会导致精神损害赔偿的发生。

典型案例

韩某、谢某、许某是同一宿舍的学生。2013 年夏天，韩某、谢某想剃光头，约许某一起剃，许某坚决不同意。韩某和谢某剃完以后，还想让许某剃，遂借了理发剪，在晚上趁其熟睡之机，将许某的头发剪掉。许某非常气愤，在向校保卫处控告得不到解决的情况下，向当地法院起诉，要求追究韩某、谢某的侵权责任，并要求给付精神损害抚慰金。

【以案释法】

本案中韩某、谢某的行为破坏了许某的身体组织的完整性，构成对许某身

体权的侵害，许某的起诉理由成立，应判决韩某、谢某适当赔偿许某一定数额的精神损害抚慰金。在我国当前的民法理论和实务中，对于身体权是否为公民的一项独立的民事权利，通说持否定态度，只承认公民享有生命权、健康权，不承认身体权为独立的民事权利。也有少数学者认为身体权是一项独立的民事权利，为公民所享有，并与公民的生命权、健康权相区别，各个均为独立的民事权利。

所谓身体权，是指自然人依法保持肢体、器官和其他组织完整并予以支配的人格权。身体权的宗旨，在于保护自然人的肢体、器官和其他组织保持自然完整状态，并保证权利人可以在法律限度内自由支配自己的身体。侵害身体权的常见行为主要是殴打或者其他物理伤害导致肌肉和软组织损伤，还包括对附属性组织的破坏。身体权具有以下特征：

（1）身体权的客体是自然人人身。身体是构成一个自然人的全部生理组织的总称。身体权中的身体含义要大于生理学或者医学意义上的身体概念，它不仅包括自然人天然生长的组织，而且包括因发挥身体完整机能需要而植入体内，与身体成为不可分割的一部分的植入物或移植物，如人工心脏、陶瓷骨骼等。

（2）身体权是完全支配权。身体权是自然人对自己的身体所具有的完全性的支配权，但是，这种支配权的行使以不损害社会公共利益和一般社会伦理道德为原则。比如，自然人可以在适当限度内义务献血，可以订立以死后把自己的身体交给医学解剖研究使用为内容的遗嘱，等等。但是，这种处分权使用不得破坏自己身体的完整性和生命力，如自然人可以为他人捐献自己的一个肾，但如果决定同时把两个肾都捐献出去，就会危及自身生命，这为法律所不提倡。同时，自然人的身体权为权利人自己所专有，其他人不得分享，否则，就是对权利人身体权的侵害。例如，有的医院以验血为名大量抽取公民的血液，就是严重侵犯公民身体权的行为。

（3）身体权所包含的内容。身体权所包含的利益与名誉权、隐私权、荣誉权等精神性人格权一样，可以延伸到死后仍然受法律保护。也就是说，自然人死亡后，其身体的完整性不得被任意破坏。如果死后确属社会公共利益的需要对自然人的身体加以利用的，如为了研究某种特殊病症，则必须经过相应的法律程序。

（4）身体权为公民的基本人格权之一。人格权与所有权不同，人格权是自然人基于人本身而享有的权利，所有权是人出生后基于某种方式后天取得的。而且身体与人本身不可分割，如果没有了身体，则人也就不存在了。所有权与人本身的分割性表现明显，人即使失去对物的所有权，也不影响其所

享有的人格权。

我国民法通则第九十八条规定："公民享有生命健康权。"据此，生命权和健康权均有法可依，而身体权似乎尚未成为一种单独的权利类型。但笔者认为，身体权是一种独立的人格权，这不仅因为从比较法的角度来看，身体权在诸多国家的法律中均与生命权、健康权相独立而存在，还因为身体权与生命权、健康权相比，具有独自的特点，后两者并不能涵盖前者。身体权和生命权既有联系又有区别。生命是自然人身体的活动能力和来源，只有在具有生命的前提下，自然人的身体才具有生理意义和法律意义，没有生命的躯体是尸体。身体则是生命的物质载体，没有身体，生命也就无法存在。生命权和身体权也是两个各自独立的权利。身体权因创伤而受到侵害，生命权因死亡而受到侵害，两种权利界限分明，不可混淆。身体权和健康权也是两种不同的权利。其二者所保护的客体不同，身体权所保护的客体是肢体、器官和其他组织的完满状态，而健康权所保护的客体，则是各个器官乃至整个身体的功能健全。结合具体案例，可以很清楚地分辨其区别。例如，使用谩骂、诋毁或者其他精神暴力手段，致他人患有心理疾病的，所侵害的是健康权，而不是身体权。相反，殴打致人肌肉或软组织损害，经治疗而痊愈，并无后遗症者，所侵害的则是身体权，而不是健康权。在身体权具有独立性的前提下，应对我国民法通则第九十八条的规定作扩张性解释，即其中规定的"健康权"在实质内容上包含了身体权，这样才能构建完整的物质性人格权类型，也才能满足权利人的需求，满足法官妥善处理侵权案件的需求。实际上，《最高人民法院关于确定民事侵权精神损害赔偿责任若干问题的解释》在第一条第一款中也就严重侵犯身体权可能导致精神损害赔偿责任作出了明确规定。

综上所述，本案被告韩某、谢某未经原告许某同意，擅自剪去许某的头发，侵犯了原告的身体权，给原告许某的精神造成一定损害，应当承担精神损害赔偿责任。

中华人民共和国民法通则

第九十八条 公民享有生命健康权。

最高人民法院关于确定民事侵权精神损害赔偿责任若干问题的解释

第一条 自然人因下列人格权利遭受非法侵害，向人民法院起诉请求赔偿精神损害的，人民法院应当依法予以受理：

（一）生命权、健康权、身体权；

（二）姓名权、肖像权、名誉权、荣誉权；

（三）人格尊严权、人身自由权。

违反社会公共利益、社会公德侵害他人隐私或者其他人格利益，受害人以侵权为由向人民法院起诉请求赔偿精神损害的，人民法院应当依法予以受理。

3. 美容手术失败，实施手术的美容院是否应承担精神损害赔偿责任?

【知识要点】

由整形美容手术造成毁容或容貌受损所引发的纠纷不同于医疗事故纠纷，也不同于一般的人身损害，它往往是由于美容手术实施者或美容产品存在缺陷造成消费者的轻伤甚至是残疾从而引起精神上的损害。对于受害人请求精神损害赔偿而提起诉讼的，可视为其身体权受到侵害，人民法院应予受理。

典型案例

2012 年 9 月，周某（女）来到王某经营的某美容院做定位双眼皮、取脂、开眼角手术，并交纳了手术费 4500 元。手术后，周某一直感觉眼部不适，并多次向该美容院进行询问。美容院一直答复称可能是正常的手术反应，让周某吃一些消炎药。后周某感觉情况越来越糟糕，便于 2013 年 5 月向有关部门反映。2013 年 7 月，该区卫生局对王某经营的美容院进行检查，并认定，王某所经营的美容院系个体工商户，在没有《医疗机构执业许可证》的情况下对周某进行了眼部美容手术，该美容院系借用刘某经营的美容中心的名义进行经营。为周某进行手术的秦某系王某个人雇佣的员工，秦某不具备《医师资格证书》《医师执业证书》等相应资质。卫生局对王某及秦某进行了行政处罚。周某到正规的医院进行检查，发现其右眼手术处缺少半针，眼角有疤痕，两眼上眼睑尾部有疙瘩，且眼睛胀痛。两只眼睛一只是双眼皮，一只是半双眼皮，两眼的眼皮内有疙瘩。周某难以承受手术失败带来的打击，起诉至法院要求某

美容院、王某、刘某退还手术费4500元，赔偿美容修复费12000元、精神损害抚慰金20000元。

法院经审理认为，王某借用刘某的个体工商户营业执照对外以某美容院的名义进行经营，并在无《医疗机构执业许可证》且所雇人员无《医师资格证书》《医师执业证书》的情况下为周某进行双眼皮整形手术，造成周某眼部不适及双眼眼皮有疤痕等不良后果，故王某及美容院应返还周某手术费并赔偿其因此次手术造成的合理损失。刘某作为出借营业执照的一方，应承担连带责任。故判决由王某及美容院退还周某手术费4500元，赔偿其精神损害抚慰金8000元，刘某承担连带责任。因周某主张的美容修复费尚未发生且周某在本案诉讼中不申请医疗费用鉴定，可待该费用发生后另行主张。

【以案释法】

本案争议的焦点为在美容手术失败的情况下，相关责任主体对于患者是否应承担相应的精神损害赔偿责任？对此，需要着重从美容行为的性质和赔偿责任的划分上进行分析：

（1）美容院的行为性质。医疗整容一般而言不是一种必需的、常见的医疗行为，而是医疗机构和接受手术的对象约定根据美学标准运用医学手段对人体进行的再塑造，它更侧重于在健康人体上塑造美。接受手术的对象身体本身是健康的，这一特点不同于一般的医疗手术，更不同于一般的侵权纠纷。在美容手术失败造成损害方面，我国法律并没有明确的规定。而美容损害，是指美容手术后未能达到预期的目的，给被美容者造成了身体、精神上的伤害。

医疗美容行为是一种特殊的医疗行为，故其主体必须是具有医疗资质的人或者机构。本案中美容院没有取得《医疗机构执业许可证》，且美容手术人员秦某也未取得有效的《医师执业证书》，故不论是该美容院的行为还是秦某的行为均不是医疗行为，无法依据我国侵权责任法以及其他相关法律中用于规范医疗行为的法律及规定规范其行为。但是，周某在手术后眼部出现不适并且眼睛一只是双眼皮另一只是半双眼皮，直接影响到周某的眼部美观，可认为美容手术行为造成周某身体上的伤害及眼部不美观的损害后果会给其造成精神上的伤害。

（2）赔偿责任的划分。尽管我国法律对美容手术失败造成的损害方面没有明确的法律规定，但是依据一般的生活常识，美容产生的结果须能达到公

认比原有的相貌更美，若不能产生这种效果，不能为一般人所接受，术后反而变丑，不能达到预期美容效果，即属于美容损害或损伤。这是因为，美容不同于整形，整形是将身体或者容貌恢复正常，美容则是试图超过正常。一般侵权行为的构成要件是过错、侵权行为、损害结果以及侵权行为与损害结果之间有因果关系。通过上文的分析，美容院秦某在无医疗资质的情况下从事医疗美容行为，其主观上存在过错，实施美容手术的行为即侵权行为，该行为造成了周某眼部的不适及造成两只眼睛一只双眼皮另一只半双眼皮，依据一般人的审美来看，该手术影响到了周某的眼部美观，故存在损害后果。而侵权行为与损害后果之间存在因果关系是显而易见的。因秦某系该美容院的雇员，故应由该美容院及其经营者王某进行赔偿。周某在并未确认美容院及秦某是否有医疗美容资质的情况下，轻信美容院及秦某，要求在被告美容院进行美容手术，其主观上亦存在过错，故应在一定程度上减轻被告的赔偿责任。

依据我国民法通则、侵权责任法及《最高人民法院关于确定民事侵权精神损害赔偿责任若干问题的解释》的相关规定，侵害公民身体造成伤害的，应当赔偿医疗费、因误工减少的收入等损失。侵权责任法中的民事权益包括生命权、健康权等权利，造成被侵权人精神损害的还应当给付受害人精神抚慰金。

在本案中，周某的健康权、身体权受到了侵害，侵权人美容院及王某应对其损害进行赔偿包括医疗费以及交通费等实际支出的费用。同时，法院综合考量侵权人的过错程度、侵害的具体情节、侵权行为所造成的后果等方面的因素，判决3被告连带给付周某8000元精神抚慰金是适当的。

法条链接

中华人民共和国侵权责任法

第二十二条 侵害他人人身权益，造成他人严重精神损害的，被侵权人可以请求精神损害赔偿。

最高人民法院关于确定民事侵权精神损害赔偿责任若干问题的解释

第一条 自然人因下列人格权利遭受非法侵害，向人民法院起诉请求赔偿精神损害的，人民法院应当依法予以受理：

（一）生命权、健康权、身体权；

（二）姓名权、肖像权、名誉权、荣誉权；

（三）人格尊严权、人身自由权。

违反社会公共利益、社会公德侵害他人隐私或者其他人格利益，受害人以侵权为由向人民法院起诉请求赔偿精神损害的，人民法院应当依法予以受理。

4. 发生医疗事故致人死亡的，医院是否承担精神损害赔偿责任?

【知识要点】

近年来，我国司法实践中对医疗损害受害人及其近亲属提出的精神损害赔偿请求多给予了肯定，由存在过错的医疗机构承担精神损害赔偿责任。《医疗事故处理条例》也明确规定，对医疗事故造成医疗损害的受害人及其近亲属赔偿各种医疗费用的同时，应给予一定数额的精神损害抚慰金。这在一定程度上解决了司法实践中是否给予精神损害赔偿的问题，体现了法律、法规对医疗损害受害人社会性的认可和人身权的全面保护。

典型案例

2013 年 9 月，陈某因患急性肠炎到某医院就医。该院医务人员为其静脉滴注庆大霉素、病毒唑、地塞米松、5% 葡萄糖盐水后，陈某发生严重输液反应，经抢救无效死亡。陈某的妻子孙某诉至法院，主张由于药物和输液器具含有致热源，导致陈某发生严重输液反应而死亡。医院的行为使自己家庭受到巨大损失，给自己造成了重大的精神伤害，诉请判决某医院赔偿损失。

法院经审理后认为，某医院为陈某输液治疗过程中输入了致热“过敏源”，引起陈某发生严重输液反应、过敏性休克、弥散性血管内凝血、多脏器功能衰竭，导致死亡。某医院作为医疗者，未尽医疗上的善良密切注意之义务，输入了有害物质，此行为违反了《中国医院制剂规范》第五项之规定，系侵害患者生命健康权的行为，遂判决某医院承担侵权赔偿责任，赔偿孙某医疗费、殡葬费等费用 40000 元，精神损失费 30000 元。

【以案释法】

本案争议的焦点是某医院医疗事故致陈某死亡，是否应当给予其妻孙某

精神损害赔偿。对此，在审理中有两种不同的意见：

一种意见认为根据民法通则第一百一十九条规定，可以对死者作出死亡赔偿金赔偿，但请求赔偿精神损害于法无据，不应予以支持；另一种意见认为，死者家属的精神损害赔偿要求合理合法，法院应当予以支持。

笔者同意后一种意见。在以前的法律、法规中，对精神损害赔偿没有统一的称谓。但毋庸置疑的是，产品质量法中所规定的“抚恤金”，消费者权益保护法中所规定的“残疾赔偿金”，都包含有精神损害赔偿的内容。另外《最高人民法院关于确定民事侵权精神损害赔偿责任若干问题的解释》第九条对精神损害赔偿的称谓也作出了具体规定：“精神损害抚慰金包括以下方式：（一）致人残疾的，为残疾赔偿金；（二）致人死亡的，为死亡赔偿金；（三）其他损害情形的精神抚慰金。”在《医疗事故处理条例》第五十条规定的医疗事故赔偿项目中，规定为精神损害抚慰金，与该解释的精神相一致，该条例对造成患者死亡和造成患者残疾两种情形，统称为精神损害抚慰金。这是因为当医疗损害导致患者死亡、残疾或功能障碍时，不仅会给受害人本人的肌体或生理机能造成损害，而且会给受害人及其近亲属造成严重的精神痛苦，甚至伴随其一生。2010 年 7 月 1 日起施行的侵权责任法第二十二条规定：“侵害他人人身权益，造成他人严重精神损害的，被侵权人可以请求精神损害赔偿。”笔者认为该条规定同时也适用于医疗损害赔偿责任。而且，司法实践中患者因医疗事故受到人身权益损害，造成严重精神损害的，也有权要求精神损害赔偿。如 2003 年 5 月 15 日，河南一男子到医院进行包皮环切手术。由于医院的过错，造成李某阴茎坏死，最后阴茎被全部切除。男子将医院告上法庭，法院终审判决医院赔偿该男子 10 万元精神损害赔偿金。

侵权行为发生后，相应的精神损害抚慰金应该交付给谁，即精神损害赔偿的对象应该是谁呢？在实践中，人们往往认为，精神损害赔偿对象应该是对受害人而言的，但实际上这种说法并不合理，应区分两种情形予以处理：对造成患者死亡的情形，因患者已经死亡，其作为权利主体的资格已经消失，对其而言，已不存在精神损害赔偿，故不应把精神损害赔偿的对象列为已死去的患者。由于死者死亡的事实使死者近亲属的精神、情感受到终生创伤，这种痛苦是由侵权人的行为造成的，精神痛苦与侵权行为间具有法律上的因果关系。根据《最高人民法院关于确定民事侵权精神损害赔偿责任若干问题的解释》第七条的规定，自然人因侵权行为致死，死者的配偶、父母和子女向人民法院起诉请求赔偿精神损害的，列其配偶、父母和子女为原告；没有配偶、父母和子女的，可以由其他近亲属提起诉讼，列其他近亲属为原告。在产品质量法及消费者权益保护法中也作出了类似的规定，由此可见，

死亡受害人的近亲属享有精神损害赔偿请求权已被我国立法所确认。

那么，是否所有的间接受害人均可提出精神损害赔偿？答案是否定的。能够提出精神损害赔偿的间接受害人包括配偶、父母、子女或其他近亲属。但上述间接受害人的范围应有一定的限制。具体为：

(1) 幼儿、胎儿和患有精神病的近亲属的精神损害赔偿请求权应加以限制。这主要是因为精神损害是一种非财产损害，即受害人因人身伤亡导致精神上或肉体上的损害，包括受害人丧失亲人之痛苦、精神折磨、丧失生活享受等。而幼儿、胎儿和患有精神病的近亲属的感知能力欠缺或尚未成熟，无痛苦感受，其精神损害请求不应支持。幼儿、胎儿能否待其长大成人后或精神病患者痊愈后有痛苦感觉时再请求赔偿，在司法实践中有两个难点：一是诉讼时效的规定，有可能因诉讼时效的期限届满而无法请求赔偿；二是由于成人后或精神病患者痊愈后的精神损害的发生具有不确定性，导致此类损害发生的概率、损害程度上认定困难。

(2) 必须考虑间接受害人与死者间亲疏程度、扶养状况等因素，对于关系疏远或不履行扶养义务的间接受害人，其精神损害的请求权应加以限制。

综上所述，本案陈某入院时只有急性肠炎症状，输液后，又出现输液严重反应及其他多种症状，导致病情转危而死亡。经鉴定，陈某死亡的主要原因是医院在为其输液的过程中存有过错，构成医疗事故，导致陈某死亡，给其妻子孙某造成极大的精神创伤，孙某有权要求精神损害赔偿，法院根据上述原则和方法确定精神损害的赔偿数额是恰当的。

法条链接

中华人民共和国侵权责任法

第二十二条 侵害他人人身权益，造成他人严重精神损害的，被侵权人可以请求精神损害赔偿。

最高人民法院关于确定民事侵权精神损害赔偿责任若干问题的解释

第九条 精神损害抚慰金包括以下方式：

(一) 致人残疾的，为残疾赔偿金；

(二) 致人死亡的，为死亡赔偿金；

(三) 其他损害情形的精神抚慰金。

医疗事故处理条例

第五十条 医疗事故赔偿，按照下列项目和标准计算：

(一) 医疗费：按照医疗事故对患者造成的人身损害进行治疗所发生的

医疗费用计算，凭据支付，但不包括原发病医疗费用。结案后确实需要继续治疗的，按照基本医疗费用支付。

（二）误工费：患者有固定收入的，按照本人因误工减少的固定收入计算，对收入高于医疗事故发生地上一年度职工年平均工资 3 倍以上的，按照 3 倍计算；无固定收入的，按照医疗事故发生地上一年度职工年平均工资计算。

（三）住院伙食补助费：按照医疗事故发生地国家机关一般工作人员的出差伙食补助标准计算。

（四）陪护费：患者住院期间需要专人陪护的，按照医疗事故发生地上一年度职工年平均工资计算。

（五）残疾生活补助费：根据伤残等级，按照医疗事故发生地居民年平均生活费计算，自定残之月起最长赔偿 30 年；但是，60 周岁以上的，不超过 15 年；70 周岁以上的，不超过 5 年。

（六）残疾用具费：因残疾需要配置补偿功能器具的，凭医疗机构证明，按照普及型器具的费用计算。

（七）丧葬费：按照医疗事故发生地规定的丧葬费补助标准计算。

（八）被扶养人生活费：以死者生前或者残疾者丧失劳动能力前实际扶养且没有劳动能力的人为限，按照其户籍所在地或者居所地居民最低生活保障标准计算。对不满 16 周岁的，扶养到 16 周岁。对年满 16 周岁但无劳动能力的，扶养 20 年；但是，60 周岁以上的，不超过 15 年；70 周岁以上的，不超过 5 年。

（九）交通费：按照患者实际必需的交通费用计算，凭据支付。

（十）住宿费：按照医疗事故发生地国家机关一般工作人员的出差住宿补助标准计算，凭据支付。

（十一）精神损害抚慰金：按照医疗事故发生地居民年平均生活费计算。造成患者死亡的，赔偿年限最长不超过 6 年；造成患者残疾的，赔偿年限最长不超过 3 年。

5. 环境污染侵权案件发生后，受害人是否有权主张精神损害赔偿?

【知识要点】

作为伴随着现代工业发展而出现的一种新类型的特殊侵权行为，环境污

染侵权常常损害的是自然人的身体、心理健康，严重时甚至可以导致自然人死亡。而精神损害赔偿具有抚慰与惩罚的双重功能，可以达到伸张法律正义，维护合法权利的效果，在环境污染侵权案件中适用精神损害赔偿应无异议。但需注意，环境污染侵权所适用的客体只能是自然人的生命权、健康权、身体权这三项权利，其余的如姓名权等人格权利不适用精神损害赔偿。

典型案例

被告某塑料化工实业有限公司位于某小学东南，两者相距不远。2011年4月4日上午10时，该塑料化工实业有限公司的生产车间发生苯乙烯泄漏事故，以致某小学的学生刘某等400多名学生相继出现头痛、头昏、恶心、腹痛、咳嗽等症状。经该塑料化工实业有限公司所在省、市两级疾病预防控制中心组织的有关专家小组的检查、分析，认为刘某等400余名小学生于4月4日上午11时左右相继出现的不良症状，系某塑料化工实业有限公司苯乙烯气体泄漏所引起的过敏性刺激反应。就此，某塑料化工实业有限公司所在地的市政府提出了紧急处理意见，该处理意见总体上被双方所接受，被告某塑料化工实业有限公司按照处理意见向刘某等400多名学生支付医疗费用共计30余万元。

在医院治疗期间，刘某等400多名学生认为，某塑料化工实业有限公司发生生产事故，苯乙烯的泄漏已严重侵害了其人身和财产权利，并对其造成了精神损害。鉴于此，刘某等400多名学生正式向法院提起诉讼，要求被告某塑料化工实业有限公司赔偿其因泄漏事故所导致的人身伤害、财产损失及精神损害，共计人民币800余万元（其中精神损害抚慰金600余万元）。法院依法受理案件后，经过缜密的审理，于2012年12月24日作出判决。判决认为：（1）被告某塑料化工实业有限公司因苯乙烯泄漏事故所散发的苯乙烯气体污染了工厂周围的大气环境，应属违反环境保护法的污染损害环境的行为。（2）被告某塑料化工实业有限公司的环境侵权行为影响了原告刘某等400多名学生的正常学习、生活秩序，已构成了较为严重的损害后果。被告某塑料化工实业有限公司应对原告刘某等400多名学生因环境污染损害而遭受的精神损害承担赔偿责任。按被告某塑料化工实业有限公司向原告每人支付1000元人民币精神损害抚慰金的标准计算，合计应向原告刘某等400多名学生支付精神损害抚慰金共计40余万元。

【以案释法】

《最高人民法院关于确定民事侵权精神损害赔偿责任若干问题的解释》第一条中规定，自然人因生命权、健康权、身体权、姓名权、肖像权、名誉权、荣誉权、人格尊严权、人身自由权受非法侵害，以及违反社会公共利益、社会公德侵害他人隐私或者其他人格利益，受害人以侵权为由向人民法院起诉请求精神损害赔偿的，人民法院应当依法予以受理。在环境侵权案件中，受害者以生命权、健康权、身体权受到侵害为来源的精神痛苦是大量存在的。因而该规定也毫无疑问地适用于环境侵权案件。

但有一点需要特别说明，环境侵权精神损害赔偿与一般的精神损害赔偿的适用主体、条件和适用后果都是相同的，但是在适用范围上要远远小于一般的民事侵权精神损害赔偿。作为特殊侵权行为的环境侵权，常常损害的是自然人的身体、心理健康，严重的甚至可以导致自然人死亡，因此，环境侵权案件中的精神损害赔偿请求权，适用的客体只能是自然人的生命权、健康权、身体权这三项权利，其余的如姓名权等的人格权利不适用于此类案件。

虽然环境侵权精神损害赔偿请求权的法律依据是明确的，但是，在我国司法实践中，环境侵权损害赔偿大多限于有形的经济损害赔偿，精神损害赔偿的司法认定率很低，甚至对环境侵权案件的精神损害赔偿的诉求不予理睬。导致这种现象的出现主要有以下两方面的原因：一是相关的立法内容简单、模糊，缺乏可操作性。有关精神损害赔偿的司法解释也是一些原则性的规定，没有体现出环境侵权中精神损害赔偿的特殊性。二是环境侵权中精神损害赔偿的认定较传统的侵权行为更为复杂和不确定。传统的侵权行为，大多为直接的损害、一次性侵害、个别性侵害，而环境侵权精神损害往往由于环境侵权的特殊性而呈现出连续性、反复性、广阔性和累积性，这使得环境侵权精神损害的认定具有极强的不确定性。

随着社会进步和文明发展，人的人格精神利益越来越受到重视。笔者认为，人的人格尊严、生命、健康等是无法用金钱来衡量的，也不是用金钱可以交换的，但是，一旦侵权行为发生后，一定数额的金钱赔偿也许是我们迄今为止的法律智慧所能找到的最重要的救济方法。精神损害赔偿，作为对受害人精神利益损害的良好救济手段，具有救济、补偿和惩罚的社会功能，它既然已适用于传统的民事侵权行为，那么，将之适用于环境侵权领域同样是必要的。在侵权责任中规定精神损害赔偿顺应了社会的需要，对保障人权有着重要的意义。而环境污染由于自身的特点，对受害人的身心健康往往造成更大损害，无论是从精神损害赔偿的功能还是从环境侵权的特殊性来说，在环境

侵权中确立精神损害赔偿制度都是非常必要的。因此，将来在修订法律时，应对环境侵权中的精神损害赔偿制度作出明确的、具有可操作性的规定。

法条链接

最高人民法院关于确定民事侵权精神损害赔偿责任若干问题的解释

第一条 自然人因下列人格权利遭受非法侵害，向人民法院起诉请求赔偿精神损害的，人民法院应当依法予以受理：

（一）生命权、健康权、身体权；

（二）姓名权、肖像权、名誉权、荣誉权；

（三）人格尊严权、人身自由权。

违反社会公共利益、社会公德侵害他人隐私或者其他人格利益，受害人以侵权为由向人民法院起诉请求赔偿精神损害的，人民法院应当依法予以受理。

6. 制药厂违法倾倒废物致人严重伤害时，被侵权人是否有权主张精神损害赔偿？

【知识要点】

制药厂违法倾倒废物的行为致使他人的身体受到严重伤害，制药厂应当承担赔偿责任，包括精神损害赔偿责任。这是由于其倾倒行为构成环境侵权，适用的是无过错责任原则，除非制药厂能够证明，伤害的造成完全是由于不可抗拒的自然灾害，并经及时采取合理措施仍不能避免造成损害的，则可以免责，或者证明因第三人过错或者受害人自己致害，则在相应范围内减轻其责任。

典型案例

某制药厂主要生产医用药品，其将生产中的废物及生活垃圾交由某村村民吴某及姚某清运，2 人未领取危险废物运输许可证，亦未接受专业培训。某制药厂未向 2 人指定废物倾倒地点，而是由其随意倾倒。吴某、姚某 2 人将废物倾倒在该区殡仪馆附近的垃圾坑内，其清运的垃圾中

含有内装液体（硝酸甘油）的针剂瓶。2012年5月7日，该区某小学五年级学生郝某与另2名同学来到该区殡仪馆附近的垃圾坑内捡拾内装液体的针剂瓶。郝某将拾到的针剂瓶内的液体（硝酸甘油）集中灌装在空矿泉水瓶里，液面高约5厘米，藏匿在自家楼道里。同年5月8日19时40分许，郝某的同学杨某来找郝某玩耍，2人在楼区间做丢沙包游戏。后天色渐晚，视线不清，郝某提议玩“酒精”，杨某应允。郝某回自家楼道取收集的液体，倒在地上少许，用火柴点燃，并与杨某蹲在火旁观看。火势渐小，郝某再次将液体向火上倾倒，火焰突然升高，杨某面、颈、前胸、右上肢被点燃并烧伤。经医院诊断，杨某头、面、颈部、前胸烧伤面积达15%，杨某的治疗费用9111.39元，已由郝某父母负担。2012年6月3日，杨某转院住院治疗24天，花费10064元。后杨某在整形外科医院进行整形手术，经医院证实，杨某整形手术将伴其终生，初次手术每块伤需做三次到四次，每次费用约60000元。2013年4月2日，杨某诉至法院，要求某制药厂和郝某赔偿自己的损失。诉讼中，法院委托鉴定机构对杨某的伤情进行了鉴定，经鉴定杨某伤残7级。另查明，杨某的父母均为聋哑人。庭审中，郝某的法定代理人提起反诉，要求杨某退还其支付的医药费9111.39元。

法院经审理认为，吴某、姚某未领取从事危险废物处置的经营许可证，亦未受过专业培训，而某制药厂在明知的情况下却将生产中的危险废物交由2人处置，严重违反固体废物污染环境防治法的相关规定。某制药厂应对杨某受到的伤害承担主要侵权责任。郝某系限制行为能力人，其智力、学识尚不足以使其完全辨认其行为的性质，其将捡拾的硝酸甘油当做“酒精”点燃，已说明其尚未意识到危险的存在，其“点火行为”只是起到了使废品硝酸甘油潜在的危险爆发的作用，故其在对杨某侵权的过程中，属次要责任。鉴于郝某系未成年人，其父母作为监护人对其侵权行为应向杨某承担替代赔偿责任。郝某法定代理人反诉要求杨某退还其已支付的医疗费，无法律依据，不予支持。依监护理论，杨某父母在杨某烧伤事件中亦应承担适当的责任。杨某处在生长期，整形手术对其成长实为必需，费用可依据医生意见酌定。杨某伤残7级，其精神上受到很大的伤害，尤其是其处在一个特殊的家庭里，父母均是残疾人，其要求精神损失赔偿理应支持，根据其伤情及痛苦程度，可酌情考虑赔偿100000元，故判决：（1）某制药厂于判决生效后30日内赔偿杨某医疗费、护理费、营养费、伤残补助费、整形手术费、精神损失费共计

693951.7 元；（2）郝某于判决生效后 30 日内赔偿杨某医疗费、护理费、营养费、伤残补助费、整形手术费、精神损失费共计 104092.75 元（由郝某父母承担赔偿责任，已承担 9111.39 元）；（3）驳回杨某其他诉讼请求；（4）驳回郝某的反诉请求。

【以案释法】

本案的关键问题在于以下两点：

（1）某制药厂是否应对杨某烧伤事件承担赔偿责任？我国固体废物污染环境防治法第五十七条规定："从事收集、贮存、处置危险废物经营活动的单位，必须向县级以上人民政府环境保护行政主管部门申请领取经营许可证；从事利用危险废物经营活动的单位，必须向国务院环境保护行政主管部门或者省、自治区、直辖市人民政府环境保护行政主管部门申请领取经营许可证。具体管理办法由国务院规定。禁止无经营许可证或者不按照经营许可证规定从事危险废物收集、贮存、利用、处置的经营活动。禁止将危险废物提供或者委托给无经营许可证的单位从事收集、贮存、利用、处置的经营活动。"本案中，吴某、姚某 2 人均未领取经营许可证，也未接受专业培训。某制药厂在明知 2 人无经营许可证、无专业知识的情况下，将生产中的废品硝酸甘油交由 2 人处置，违反了上述法律的相关规定。在处置废物过程中，某制药厂既不指定废物倾倒地点，也未过问 2 人处置废物的方法，而是由 2 人随意倾倒，随意处置。某制药厂作为硝酸甘油的生产单位，理应知道该产品的化学属性，但其对产生的废物却不按法律的规定进行处置，采取放任的态度任其对周边环境及他人的人身和财产造成隐患。某制药厂的违法倾倒危险品的行为与杨某烧伤的损害事实存有因果关系，其对杨某的经济损失应承担主要的侵权责任。

（2）郝某父母对郝某点燃液体将杨某烧伤的行为是否应承担监护责任？郝某父母在杨某烧伤的事件中，并未实施侵权行为，不是致害人，但其对郝某的点火事件要向杨某承担侵权责任，此时郝某父母所承担的即为替代责任。所谓替代责任系责任人为他人的行为所致损害负有的侵权赔偿责任。在一般侵权行为中，责任人与致害人是一人，单一的致害人对自己的行为承担责任。而替代责任中，责任人与致害人并非同一人。就责任人的主观上看，其没有致人损害的意图，故不能以其主观上是否有过错作为其承担责任的前提条件。责任人对致害人的侵权行为之所以要向受害人承担责任，系因责任人与致害人之间存在一种特定的关系。这种特定关系表现为隶属、雇佣、代

理、监护等身份关系。郝某父母作为郝某的监护人，对郝某的侵权行为给他人造成的损失应承担赔偿责任。在本案中，郝某作为限制行为能力人，尚不能完全辨认其行为的性质，其不能预见自己行为的危险性。郝某点火行为只是废品硝酸甘油潜在的危害性爆发的诱导因素，而真正危害杨某生命健康的是某制药厂违法倾倒废品危险物的行为，故郝某应承担次要责任。同理，根据侵权责任法第二十六条之规定："被侵权人对损害的发生也有过错的，可以减轻侵权人的责任。"杨某父母对杨某烧伤事件亦应承担相应的监护失责责任。

法条链接

中华人民共和国侵权责任法

第二十六条 被侵权人对损害的发生也有过错的，可以减轻侵权人的责任。

中华人民共和国固体废物污染环境防治法

第五十七条 从事收集、贮存、处置危险废物经营活动的单位，必须向县级以上人民政府环境保护行政主管部门申请领取经营许可证；从事利用危险废物经营活动的单位，必须向国务院环境保护行政主管部门或者省、自治区、直辖市人民政府环境保护行政主管部门申请领取经营许可证。具体管理办法由国务院规定。

禁止无经营许可证或者不按照经营许可证规定从事危险废物收集、贮存、利用、处置的经营活动。

禁止将危险废物提供或者委托给无经营许可证的单位从事收集、贮存、利用、处置的经营活动。

7. 医院未经家属同意擅自处理死胎，是否应承担精神损害赔偿责任?

【知识要点】

死胎是指在分娩时已经没有生命体征的特殊物。从权利角度上讲，其不同于胎儿，胎儿在出生时具有生命并自出生时享有民事权利；其也不同于一般的

尸体，尸体是指现有生命失去后留下的特殊物。虽然死胎从来不具有民事权利，但死胎的亲属对其享有所有权，医院无权擅自将其作为医疗废物处理。

典型案例

2014 年3 月4 日凌晨2 点10 分，张某（女）因腹中的胎儿胎动消失5 天，腹痛14 个多小时，由某区人民医院转入某妇幼保健院。入院时诊断为“先兆子宫破裂，相对头盆不称，重度妊娠高血压综合征，孕40 +2 周临产，巨大儿，胎死宫内”。该医院急诊行剖宫产术。3 月4 日3 点18 分，手术娩出一男死婴全身高度水肿，呈青紫色。3 月4 日上午9 点，某妇幼保健院向张某及其丈夫交代了病情，并建议其对死胎进行尸检。张某的丈夫王某签字表示不同意尸检。3 月7 日，某妇幼保健院将死胎按照医疗废物自行处理。3 月9 日，张某得知某妇幼保健院已对死胎按医疗废物处理完毕后，极度不满，与医院发生争议。

3 月25 日，张某诉至法院称：我曾在某区人民医院治疗感冒，长达20 天左右。其间出现脚肿、腿肿的情况，后来全身浮肿，胎动一天比一天少。我想做法医鉴定，但想不到被告某妇幼保健院未经我同意就把婴儿的尸体给私自处理了，致使我追究某区人民医院责任的证据丢失，因此，我要求被告某妇幼保健院赔偿经济损失7000 元、误工费20000 元、营养费6000 元、交通费100 元、通信费50 元，精神抚慰金12000 元，并公开赔礼道歉。

被告某妇幼保健院辩称：根据我国相关法律、法规的规定，人流、引产、胎死宫内娩出的死胎应属于病理性医疗废物，应由医疗机构按照规定集中处置，而且这是我国医疗机构长期以来的通行做法。死胎不属于我国法律规定的自然人，家属对自然人遗体享有的权利义务不适用于死胎。我们曾劝说原告张某进行尸检，但其丈夫王某明确表示不进行尸检，也没有表示其自行处理死胎。因此，我们按规定处理完全合法，请法院驳回原告的诉讼请求。

【以案释法】

本案争议的焦点是死胎的性质和死胎的所有权（主要是处分权）归谁所有。

（1）死胎是属于尸体还是医疗废物？死胎由于其产出时即已无生命，按照我国法律关于自然人的权利能力始于出生、止于死亡的规定，其自始便未

享有过民事权利能力，亦即自始未具有过独立的人格，因此，其不能完全等同于自然人死亡后的尸体。但是，由于本案中产出的死胎已经足月，完全具有了人形；同时，其虽因未取得过独立的人格而未能与母体形成法律上的身份关系，但生命孕育过程中的血肉联系使其与特定的主体又具有不可否认的事实上的身份关系。从这两点特征上看，其与尸体的特征又无太大实质区别。因此，笔者认为，死胎虽不属于尸体，但其类似于尸体，可以比照尸体的性质加以处理。

那么，死胎是否属于某妇幼保健院所称的医疗废物呢？对此，《医疗废物管理条例》并未加以明确，该条例第二条第一款规定："本条例所称医疗废物，是指医疗卫生机构在医疗、预防、保健以及其他相关活动中产生的具有直接或者间接感染性、毒性以及其他危害性的废物。"《医疗机构新生儿安全管理制度（试行）》第十二条规定，对于死胎和死婴，医疗机构应当与产妇或其他监护人沟通确认，并加强管理；严禁按医疗废物处理死胎、死婴。实务中，也有观点认为死胎可属于人体医疗废物。但笔者认为，在当前依照相关规定，医疗废物尚未完全归由医疗机构处置的情况下，如果将死胎亦划归医疗废物完全归由医院处置，不仅缺少法律依据，也与社会伦理不合。

（2）死胎是否与尸体一样属于一种特殊的物，由其亲属享有所有权？关于尸体的法律性质，历来存有争议，归结起来主要有以下三种观点：一是"非物"说。认为尸体其实不应是物，而是人的身体延伸的变化形式，是人在死后延续的一种人格利益，应适用人格权保护。二是"物"说。认为在人的生命消失之后，身体已经不再是自然人的人格载体，因为人格已经脱离了身体，因此，尸体中即使是存在人格利益，但是也已经由身体物化为尸体，完全没有作为人格载体的身体那么重要。三是"物与非物结合说"。认为尸体具有物的属性，但是包含确定的人格利益，具有社会伦理道德因素，是一种特殊的物，应由其亲属享有所有权，但受到一定限制，不是一个完全的所有权。从法律实践出发，笔者赞同最后一种观点。死胎既与继承法中规定的保留胎儿的继承份额这样一种先期法益的保护不同，更不存在延续的人格利益保护的问题，而其恰恰与上述第三种关于尸体的法律属性的认识相同，具有物的属性，但又是一种具有一定的人格利益和伦理道德因素的特殊的物，所有权应归于其亲属。

（3）某妇幼保健院是否应给予赔偿，特别是精神损害赔偿？本案中，某妇幼保健院未经死胎所有权人同意，擅自处理死胎，构成侵权行为。其给所有权人造成的财产损失应予赔偿。同时，笔者认为，由于死胎是一种具有一定人格利益的特殊的物，所以因侵权行为对死胎所有权人造成精神上的损害

亦应给予适当赔偿，但是我国法律目前并未对此作出明确规定，由此形成了法律的漏洞。

就本案而言，尽管民法通则和《最高人民法院关于确定民事侵权精神损害赔偿责任若干问题的解释》中的条文，对死胎受到侵害其近亲属是否可要求精神损害赔偿并没有明确规定，但是，该司法解释第三条第三款明确规定，“非法利用、损害遗体、遗骨，或者以违反社会公共利益、社会公德的其他方式侵害遗体、遗骨”的，近亲属可以起诉请求赔偿精神损害。由前述死胎与尸体的相类似性，笔者认为法院可以通过类推适用这一法律漏洞填补的方法，比附援引该条规定对侵害死胎的行为处以精神损害赔偿，以充分保护死胎所有权人的利益。

综上所述，笔者认为某妇幼保健院未经原告张某同意，按照医疗废物自行处理死胎，侵犯了其作为亲属的知情权，并必然造成一定的精神痛苦，故某妇幼保健院应承担侵权责任，赔偿张某必要的精神损失费用。

法条链接

最高人民法院关于确定民事侵权精神损害赔偿责任若干问题的解释

第三条 自然人死亡后，其近亲属因下列侵权行为遭受精神痛苦，向人民法院起诉请求赔偿精神损害的，人民法院应当依法予以受理：

（一）以侮辱、诽谤、贬损、丑化或者违反社会公共利益、社会公德的其他方式，侵害死者姓名、肖像、名誉、荣誉；

（二）非法披露、利用死者隐私，或者以违反社会公共利益、社会公德的其他方式侵害死者隐私；

（三）非法利用、损害遗体、遗骨，或者以违反社会公共利益、社会公德的其他方式侵害遗体、遗骨。

8. 当事人在伤残等级确定后又基于同一侵权事实另行起诉请求赔偿精神损害的，人民法院是否应支持？

【知识要点】

如果当事人在侵权诉讼中没有提出赔偿精神损害的诉讼请求，诉讼终结

后又基于同一侵权事实另行起诉请求赔偿精神损害的，人民法院将不予受理。此处的“诉讼终结”是指民事侵权的诉讼法律关系得以结束，双方之间不再产生新的诉讼。如果被侵权人因伤残等级未确定先提起诉讼解决前期的治疗费用，在伤残等级确定后，其仍然有权提起后续治疗费用以及精神损害赔偿的诉讼请求。

典型案例

2012 年 11 月 22 日，汪某搭乘陈某驾驶的摩托车被李某驾驶的小型轿车追尾碰撞，致使摩托车侧翻造成汪某受伤以及两车不同程度遭受损坏的道路交通事故。事故发生后，交警部门作出了道路交通事故认定书，认定李某承担本事故的主要责任，陈某承担次要责任，汪某无责任。事发当日，汪某被送往医院住院治疗，经诊断汪某有腿部、骨盆多处骨折等症状。医院做了针对性治疗，拟对腿、骨盆骨折施行复位固定术，医院预计需开支医疗费等 10 余万元。由于汪某家庭经济困难无钱预交医药费用，李某和陈某又拒绝支付前述医药费。汪某于 2013 年 1 月 22 日（当时汪某尚未出院）向法院起诉，请求判令被告李某、中国人民财产保险股份有限公司某分公司（李某车辆的投保公司）支付医药费 10 余万元，并承担案件诉讼费。法院经审理后，依法判决：（1）被告中国人民财产保险股份有限公司某分公司赔偿原告汪某各项经济损失人民币 51024 元；（2）驳回原告汪某的其他诉讼请求。该判决已发生法律效力。2013 年 10 月10 日，汪某以其治疗终结经伤残等级鉴定被评定为十级为由，以李某为被告再次向法院提起诉讼，主张其后续治疗费用、精神损害赔偿金等各项损失 65000 元。

庭审中，被告李某认为原告汪某第一次起诉时未行使要求赔偿精神损害抚慰金的请求权，而本次提出由其赔偿其该项损失的主张，属于诉讼终结后又基于同一侵权事实另行起诉请求赔偿精神损害，人民法院不应受理，依法应驳回原告汪某的该项诉讼请求。

【以案释法】

笔者认为，原告汪某第二次起诉时提出要求被告李某给付精神损害赔偿金，不属于《最高人民法院关于确定民事侵权精神损害赔偿责任若干问题的解释》第六条规定之情形，人民法院应予支持。理由如下：

《最高人民法院关于确定民事侵权精神损害赔偿责任若干问题的解释》

第六条规定:“当事人在侵权诉讼中没有提出赔偿精神损害的诉讼请求,诉讼终结后又基于同一侵权事实另行起诉请求赔偿精神损害的,人民法院不予受理。”其理论根据是民事诉讼上的“一事不再理”原则。所谓一事不再理,是指为防止法院对于同一事实作出不同或互相抵触的判决,或为实现诉讼经济的目的,避免浪费诉讼资源,或为维持生效判决之既判力,法律规定的禁止当事人另行起诉的制度。一事不再理对于当事人和法院均有约束力。对于当事人而言,某一事件一经法院作出裁判,即不得再行起诉。对于法院而言,某一诉讼一经受理或作出裁判,不得另行受理。一事不再理中的“一事”,是指前后两个诉讼必须为同一事件,才受一事不再理的限制。所谓同一事件,是指同一当事人,基于同一法律关系(同一事实)而提出的同一诉讼请求。同一当事人并不限于在前后两个诉讼中同处于原告或者被告的诉讼地位,原告不得另行起诉,被告同样不得另行起诉;同一法律关系,指产生当事人争议的诉讼标的的法律关系(法律事实);同一请求,是指当事人要求法院作出判决的内容相同。以上三个条件必须同时具备,才能称为同一事件。若三个条件有一个不同,就不是同一事件。而本案中,原告汪某的第一次起诉请求赔偿的数额是基于其已实际发生的前期治疗费用损失,其中包括已经实际产生的医药费、护理费、误工费、住院伙食补助费用损失等,此时原告汪某的伤情治疗尚未终结,对其造成的损害后果及治愈程度尚未确定。如果此时原告汪某起诉请求精神损害赔偿,其该项诉求势必因条件尚未成就而得不到法院的支持,这样原告汪某的合法权益就得不到应有的保障。而原告汪某的第二次起诉是其在后期治疗终结后,并经司法鉴定机构对其伤残等级进行评定之后,就本次治疗所产生的费用损失及根据构成的伤残等级而提出相应的精神损害赔偿请求,依法不属于《最高人民法院关于确定民事侵权精神损害赔偿责任若干问题的解释》第六条规定的人民法院不应受理的情形。因为,两次诉讼中,虽然系同一当事人,同一法律事实,但是并非同一诉讼请求,且原告汪某在第一次起诉中未提起精神损害赔偿是因为条件未成就,即治疗未终结,其伤残等级未能确定。因此,法院对原告汪某第二次起诉中提出要求被告李某赔偿精神损害抚慰金的诉讼请求,依法应当予以支持。这样的处理于法有据,也只有这样原告汪某的合法权益才能得到应有的保障。

综上,原告汪某的第一次起诉因条件未成就而没有提出精神损害赔偿请求不是对其该项权利的放弃,其第二次起诉提出该项赔偿请求也不是第一次起诉索赔数额的叠加或者重复。如果原告汪某因该类纠纷案件在治疗终结前起诉索赔前期治疗费用损失时没有提出赔偿精神损害,而在后期治疗终结并

经伤残评定后，对侵权行为所造成的经济损失及精神损失提出精神损害赔偿请求，法院依据《最高人民法院关于确定民事侵权精神损害赔偿责任若干问题的解释》第六条的规定不予受理，则会将原告置于孤立无援的境地，其合法权益将得不到应有的保障，这样的结果也与上述条款的立法目的相去甚远。因此，应该支持原告汪某的精神损害赔偿请求。

法条链接

最高人民法院关于确定民事侵权精神损害赔偿责任若干问题的解释

第六条 当事人在侵权诉讼中没有提出赔偿精神损害的诉讼请求，诉讼终结后又基于同一侵权事实另行起诉请求赔偿精神损害的，人民法院不予受理。

9. 被认定工伤后，能否要求工伤精神损害赔偿?

【知识要点】

因工伤引发的精神损害赔偿属于劳动争议的范畴，职工向劳动争议仲裁委员会申请劳动争议仲裁，其精神损害赔偿未获支持后向人民法院提起民事诉讼，请求精神损害赔偿的，人民法院可以按照民事侵权的相关法律规定裁决用人单位是否承担精神损害赔偿责任。

典型案例

2012 年 9 月，刘某在工作时不慎被一根没有固定好的钢筋甩出击伤右眼。经抢救治疗无望后，刘某的右眼球被摘除并安装义眼。治疗期间，刘某支付医疗费 30000 元，其所在的某建筑公司支付医疗费 10000 元。因该建筑公司没有依法为刘某缴纳工伤保险费，所以双方就赔偿问题协商未果，2013 年 5 月，刘某申请工伤认定。2013 年 7 月 12 日，刘某被认定为工伤。2013 年 8 月，刘某的伤情被某劳动能力鉴定委员会评定为伤残五级。2013 年 9 月，刘某向事发地的劳动争议仲裁委员会申请仲裁，要求与某建筑公司解除劳动合同，并要求某建筑公司支付医疗费和一次性

伤残补助金及伤残就业补助金等共计30余万元，同时要求赔偿精神损失费10万元。劳动争议仲裁委员会裁决某建筑公司支付刘某各项工伤保险待遇15万元，但以其诉请的精神损害赔偿不属于《工伤保险条例》规定的工伤保险待遇和劳动争议调解仲裁法规定的劳动争议仲裁委员会受理范围为由，驳回其精神损害赔偿请求，刘某不服，诉至法院。

【以案释法】

本案审理过程中，有意见认为，工伤保险赔偿属于社会保障法的范畴，具有公法性质。劳动者遭受工伤事故，应当按照《工伤保险条例》的规定享受相应的工伤保险待遇，既然《工伤保险条例》和社会保险法规定的工伤保险待遇中没有规定精神损害赔偿，就不能对用人单位提起工伤精神损害赔偿。笔者对此不敢苟同，理由分析如下：

精神损害赔偿是指自然人因其人身权利受到不法侵害，使其人格利益和身份权益受到损害，或者遭受精神痛苦，受害人本人或死者近亲属要求侵权人通过财产赔偿等方法进行救济和保护的民事法律制度。精神损害赔偿的目的在于抚慰，在于使受害人感到侵权人受到了法律上应有的惩罚，感到自己所受的伤害得到某种程度的补偿，故精神损害赔偿又称为“抚慰金”。作为人身伤害的一种，工伤无疑会给受伤害职工带来精神上的痛苦，心理上的创伤，尤其是工伤造成职工身体器官的缺损而无法恢复的时候，更是会给受伤职工带来无与伦比的打击和精神上的巨大折磨。

第一，伤残补助金虽确为残疾赔偿金，但残疾赔偿金并不是精神损害赔偿金。目前，我国调整人身损害赔偿的法律规范主要有民法通则、《最高人民法院关于确定民事侵权精神损害赔偿责任若干问题的解释》（以下简称《侵权精神损害司法解释》）、《最高人民法院关于审理人身损害赔偿案件适用法律若干问题的解释》（以下简称《人身损害赔偿司法解释》）和侵权责任法等。虽然，《人身损害赔偿司法解释》第十八条第一款规定：“受害人或者死者近亲属遭受精神损害，赔偿权利人向人民法院请求赔偿精神损害抚慰金的，适用《最高人民法院关于确定民事侵权精神损害赔偿责任若干问题的解释》予以确定。”但《侵权精神损害司法解释》却在第九条规定：“精神损害抚慰金包括以下方式：（一）致人残疾的，为残疾赔偿金；（二）致人死亡的，为死亡赔偿金；（三）其他损害情形的精神抚慰金。”简单地按照法条进行理解，精神损害抚慰金包括“残疾赔偿金和死亡赔偿金”。但笔者认为，精神损害（抚慰）金和残疾赔偿金、死亡赔偿金并不排斥，其理

由，一是从《人身损害赔偿司法解释》的法条逻辑上讲，残疾赔偿金不是精神损害赔偿。虽然该司法解释第十八条规定精神损害抚慰金适用《侵权精神损害司法解释》予以确定，而《侵权精神损害司法解释》第九条又规定精神损害抚慰金包括“残疾赔偿金”，在逻辑上给人一种残疾赔偿金应属于精神损害抚慰金的感觉。但实际上，《人身损害赔偿司法解释》第十七条单独就残疾赔偿金进行了规定。如果认为残疾赔偿金是精神损害抚慰金的话，《人身损害赔偿司法解释》第十七条和第十八条就不会作此分立条文式的规定，否则，就会产生逻辑上的矛盾。此外，《人身损害赔偿司法解释》第三十一条明确规定：“人民法院应当按照民法通则第一百三十一条以及本解释第二条的规定，确定第十九条至第二十九条各项财产损失的实际赔偿金额。前款确定的物质损害赔偿金与按照第十八条第一款规定确定的精神损害抚慰金，原则上应当一次性给付。”这一条司法解释的规定更是明确地将残疾赔偿金认定是物质损害赔偿金，而不是精神损害抚慰金。二是从有关法律规范的内容来看，残疾赔偿金不是精神损害赔偿。2010 年 7 月 1 日起施行的侵权责任法在第十六条规定了残疾赔偿金和死亡赔偿金等赔付项目。在第二十二条还明确规定：“侵害他人人身权益，造成他人严重精神损害的，被侵权人可以请求精神损害赔偿。”可见，残疾赔偿金并非精神损害赔偿。此外，2012 年 10 月 26 日第二次修正的国家赔偿法第三十四条和第三十五条也已经作出明确规定，将残疾赔偿金和死亡赔偿金与精神损害抚慰金分开。

第二，本案用人单位具有重大过失，应承担与其过错程度相应的精神损害赔偿。本案中，刘某是在工作时被一根没有固定好的钢筋突然甩出击伤其右眼引致的工伤，显然是用人单位安全措施不到位，具有明显过错。刘某经过劳动争议仲裁已经获得《工伤保险条例》规定项目待遇的相关赔偿后，虽然由于《工伤保险条例》没有规定精神损害赔偿，劳动争议仲裁委员会驳回其精神损害赔偿请求有一定道理，但刘某就其精神损害赔偿诉至法院，法院应根据过错原则来判断用人单位是否有过错及过错程度来裁决是否予以支持。

工伤能否主张精神损害赔偿，其实质是工伤赔偿能否适用民法的问题，而这个问题的实质就是劳动法与民法的关系。笔者认为，《工伤保险条例》是特别法，民法是一般法，《工伤保险条例》有规定的，应当适用其规定，没有规定的，应当适用民法的相关规定。虽然现行《工伤保险条例》没有规定精神损害赔偿，但依照相关民事法律的规定（如侵权责任法第二十二条等），作为有过错的侵权人，用人单位应当对工伤职工的精神损害承担与其过错程度相应的赔偿责任。实际上，安全生产法第四十八条和职业病防治法第五十八条均规定，工伤职工除依照工伤保险法规享有工伤保险待遇外，仍

有权依照有关民事法律，向用人单位提出赔偿要求，其中当然包括提出精神损害赔偿的要求。

综上所述，本案中的刘某在其精神损害赔偿的请求未获劳动争议仲裁委员会支持后，可向人民法院单独提起民事诉讼请求精神损害赔偿，人民法院可以按照民事侵权的相关法律规定裁决用人单位是否承担精神损害赔偿责任。

法条链接

中华人民共和国侵权责任法

第二十二条 侵害他人人身权益，造成他人严重精神损害的，被侵权人可以请求精神损害赔偿。

最高人民法院关于确定民事侵权精神损害赔偿责任若干问题的解释

第九条 精神损害抚慰金包括以下方式：

（一）致人残疾的，为残疾赔偿金；

（二）致人死亡的，为死亡赔偿金；

（三）其他损害情形的精神抚慰金。

最高人民法院关于审理人身损害赔偿案件适用法律若干问题的解释

第十八条第一款 受害人或者死者近亲属遭受精神损害，赔偿权利人向人民法院请求赔偿精神损害抚慰金的，适用《最高人民法院关于确定民事侵权精神损害赔偿责任若干问题的解释》予以确定。

第三十一条 人民法院应当按照民法通则第一百三十一条以及本解释第二条的规定，确定第十九条至第二十九条各项财产损失的实际赔偿金额。

前款确定的物质损害赔偿金与按照第十八条第一款规定确定的精神损害抚慰金，原则上应当一次性给付。

10. 相邻方产生噪声侵害他人健康权的，是否可能导致精神损害赔偿?

【知识要点】

不动产相邻各方应按照有利生产、方便生活的精神处理相邻关系。生活

环境中没有任何噪声是不可能的，但公民只对在可忍受限度范围内的噪声有忍受的义务。对忍受限度范围的判断，一般以常人所能忍受的限度为准，一旦制造噪声的行为形成环境污染，影响了公民的生活安宁权，便构成侵权，严重的噪声污染行为甚至可能引发精神损害赔偿责任的发生。

典型案例

杨某居住的居民楼（2 号楼）北侧是 1 号楼，1 号楼是经相关部门合法登记经营的某幼儿园。1 号楼与 2 号楼之间相距 16 米。自 2009 年开始，杨某被诊断患有肌萎缩侧索硬化症，终日瘫痪在床，需要安心静养。该幼儿园有三四百名学生每天早晨 7—8 点、9—11 点，下午 3—4 点、5—6 点，家长接送子女以及儿童户外活动时间噪声较大，影响杨某休息，病情加重。经多次协商不成，2012 年 4 月 19 日，杨某诉至法院。

原告杨某认为，某幼儿园的噪声使其无法正常休息，精神受到伤害，病情日益加重，要求某幼儿园采取措施降低噪声，达到国家规定的居民区噪声标准，即白天不得超过 55 分贝、夜间不得超过 45 分贝，并赔偿其精神抚慰金 30000 元。被告某幼儿园辩称，认可杨某所述的噪声情形，但其一直在寻求解决噪声的办法，已经将播放录音机做操改为教师喊号，并将儿童做操地点改到教学楼北侧，其可与杨某协商解决噪声的办法，但不同意支付杨某精神损害抚慰金的要求。

法院经审理认为，公民的合法权益受法律保护，不动产相邻各方应按照有利生产、方便生活的精神处理相邻关系。判决某幼儿园在教学楼北侧进行户外活动，在 1 号北墙新建院门一个用于家长接送儿童，被告某幼儿园给付原告杨某精神损害抚慰金 3000 元。

【以案释法】

本案的争议焦点是某幼儿园是否应支付精神损害抚慰金及相关数额确定。一般而言，精神损害赔偿必须是人身权遭受侵害才可以要求赔偿。财产遭受损害时，只有在法律明确规定的情形下才可以要求精神损害赔偿。精神损害包括两种情况，一种是因为遭受有形的人身或财产损害而导致的精神损害；一种是未遭受有形的人身或财产损害而直接导致的精神损害。就本案而言，笔者认为，法院判定某幼儿园的行为造成杨某精神损害是正确的，具体分析如下：

(1) 精神损害构成要件：

第一，某幼儿园有侵害杨某健康权的行为。从相邻关系角度讲，某幼儿园的噪声超过了国家的标准，影响了杨某的正常休息。我国物权法第八十四条规定："不动产的相邻权利人应当按照有利生产、方便生活、团结互助、公平合理的原则，正确处理相邻关系。"不管是通风、采光还是噪声等相邻各方都不得妨碍相邻人的工作、生活和休息。不动产的相邻关系从本质上讲是一方所有人或使用人权利的延伸，同时又是对他方所有权或使用权的限制。杨某住在幼儿园的北面，相距16米。某幼儿园平时产生噪声较多，包括儿童户外活动、家长接送孩子等产生的噪声，超过了居民区的噪声白天不超过55分贝、夜晚不超过45分贝的国家标准，幼儿园方也认可应当降低噪声。但直至杨某起诉前幼儿园也没有对减少噪声作出实质性的努力。杨某患有肌萎缩侧索硬化症，瘫痪在床，需静心养病。某幼儿园的噪声严重影响了杨某的休息，导致其病情加重，侵害了杨某的健康权和身体权，故杨某有权利要求其进行赔偿。

第二，某幼儿园有造成杨某精神损害的事实。从杨某的身体状况讲，杨某患有肌萎缩侧索硬化症，终日瘫痪在床，需要安心静养，但是某幼儿园的噪声持续时间较长（早晨7—8点、9—11点，下午3—4点、5—6点），严重影响了杨某的休息，精神受到损害，病情日益加重。《最高人民法院关于确定民事侵权精神损害赔偿责任若干问题的解释》第一条规定："自然人因下列人格权利遭受非法侵害，向人民法院起诉请求赔偿精神损害的，人民法院应当依法予以受理：(一)生命权、健康权、身体权；(二) 姓名权、肖像权、名誉权、荣誉权……违反社会公共利益、社会公德侵害他人隐私或者其他人格利益，受害人以侵权为由向人民法院起诉请求赔偿精神损害的，人民法院应当依法予以受理。"

第三，某幼儿园的行为与杨某的精神损害之间存在因果关系。因果关系分为事实上的因果关系和法律上的因果关系。事实上的因果关系是指行为与权益被侵害之间客观存在的因果关系。法律上的因果关系是指因果关系中具有法律意义的部分的因果关系。本案中，既存在事实上的因果关系，也存在法律上的因果关系。某幼儿园的行为客观上造成了杨某的精神损害，杨某提供了医院的病例以及某幼儿园噪声的客观存在都可以证明，这是事实上的因果关系。法律上因果关系的认定，目前我国主要采用"相当因果关系说"。该学说对因果关系的判断分为两个步骤：条件关系和相当性。条件关系的判断标准是："如果没有某行为，就不会发生某结果"，或从反面认定："如果没有某行为也会发生某结果，那么该行为就不是该结果的条件"；相当性的

判断标准是："通常会产生该种损害"。本案中，如果没有某幼儿园的噪声，就不会影响到杨某的休息，其就可以静心养病，心情也会比没有噪声更为愉悦，即使在安静的环境当中，我们也无法确定其病情会加重，故具备条件关系；众所周知，病人需要静养，噪声分贝过高必然会影响到病人的休息，并且杨某是在居民区中休息，地点也合情理，较大的噪声影响瘫痪在床的病人的休息也符合常理，影响病人的健康，故本案"通常会产生这种因果关系"，具备了因果关系的相当性。

第四，某幼儿园主观上存在过失。过错是行为人应承担责任的主观状态。一般情况下，过错的证明责任由受害人来承担。本案中被告是在居民区中经营的幼儿园，相关责任人应当预见家长接送孩子以及儿童室外活动产生的噪声较大，可能影响到周围居民的休息。但该幼儿园并未采取过相关的措施来减低噪声。杨某因某幼儿园产生的噪声而使健康权、身体权受到伤害，最终导致精神损害，在此过程中，某幼儿园是存在过失的。

(2) 精神损害赔偿的数额问题。目前，我国法律对精神损害赔偿数额没有明确的规定。《最高人民法院关于确定民事侵权精神损害赔偿责任若干问题的解释》第十条规定："精神损害的赔偿数额根据以下因素确定：(一) 侵权人的过错程度，法律另有规定的除外；(二) 侵害的手段、场合、行为方式等具体情节；(三) 侵权行为所造成的后果；(四) 侵权人的获利情况；(五) 侵权人承担责任的经济能力；(六) 受诉法院所在地平均生活水平。法律、行政法规对残疾赔偿金、死亡赔偿金等有明确规定的，适用法律、行政法规的规定。"本案中，对原告杨某造成的损害，某幼儿园存在过失。侵害行为发生以后，某幼儿园也为减低噪声作出了积极的努力。就侵害造成的后果来说，某幼儿园影响了杨某的休息，使其病情加重，但未造成十分严重的损害，综合考虑受诉法院所在地平均生活水平，法院判决3000元的精神损害抚慰金是适当的。

综上，法院认为相邻方某幼儿园产生噪声构成侵害他人健康权的侵权行为，并酌情判决给付相应的精神损害赔偿是正确的。

最高人民法院关于确定民事侵权精神损害赔偿责任若干问题的解释

第一条　自然人因下列人格权利遭受非法侵害，向人民法院起诉请求赔偿精神损害的，人民法院应当依法予以受理：

(一) 生命权、健康权、身体权；

（二）姓名权、肖像权、名誉权、荣誉权；

（三）人格尊严权、人身自由权。

违反社会公共利益、社会公德侵害他人隐私或者其他人格利益，受害人以侵权为由向人民法院起诉请求赔偿精神损害的，人民法院应当依法予以受理。

第十条第一款 精神损害的赔偿数额根据以下因素确定：

（一）侵权人的过错程度，法律另有规定的除外；

（二）侵害的手段、场合、行为方式等具体情节；

（三）侵权行为所造成的后果；

（四）侵权人的获利情况；

（五）侵权人承担责任的经济能力；

（六）受诉法院所在地平均生活水平。

11. 亲人的遗体遭损毁，近亲属是否有权获得精神损害赔偿？

【知识要点】

自然人死亡后遗体被损毁的，其近亲属可以向法院起诉请求精神损害赔偿。此处的“尸体被损毁”，是指遗体受到非法损害或者是被违反社会公共利益、社会公德的方式而造成的。如果是以合法的手段或方式，例如，火葬场火化遗体系经过死者近亲属的同意，则不能要求精神损害赔偿。

典型案例

2012年2月3日上午9时，张某的妻子因病在家中去世。10时30分，张某及其子女与当地殡仪馆取得电话联系，要求殡仪馆出车将死者的尸体拉去火化。11时15分，殡仪馆的车辆到达，将死者及其家属一并拉上，驶往殡仪馆。途中，殡仪馆的车辆在转弯时与一辆直行车辆相撞，致使殡仪馆车辆侧翻。事故发生后，不仅张某及其子女受伤，张某妻子的遗体也遭到严重损坏。为此，张某及其子女认为自己的精神受到强烈刺激，起诉到法院，要求殡仪馆赔偿精神损害抚慰金10万元，接送尸体费用及火化费用30460元。

【以案释法】

各国民事法律普遍将损害区分为财产损害和非财产损害两大类。所谓财产损害，是指因权利人的财产或人身权利遭受侵害而造成的受害人经济上的损失。财产损害一般可用金钱确定，不仅包括积极损害，即财产的积极减少，也包括消极损害，即财产价值应该增加而没有增加。在我国民法理论界，非财产损害也被称为精神损害。精神损害是指权利人精神上遭受痛苦，包括公民的生命权、姓名权、肖像权、名誉权、荣誉权、隐私权等受损害使受害人在精神上产生恐惧、悲伤、绝望、羞辱等痛苦。精神损害具有无形性，不能以金钱来计算和衡量。

根据《最高人民法院关于确定民事侵权精神损害赔偿责任若干问题的解释》（以下简称《解释》）第三条第三项的规定，自然人因非法利用、损害遗体、遗骨，或者以违反社会公共利益、社会公德的其他方式侵害遗体、遗骨的侵权行为而遭受精神痛苦，向人民法院起诉请求精神损害赔偿的，人民法院应当受理。这一规定确立了对死者遗体、遗骨依法给予延伸保护的制度。且该《解释》第七条规定："自然人因侵权行为致死，或者自然人死亡后其人格或者遗体遭受侵害，死者的配偶、父母和子女向人民法院起诉请求赔偿精神损害的，列其配偶、父母和子女为原告；没有配偶、父母和子女的，可以由其他近亲属提起诉讼，列其他近亲属为原告。"本案中，死者遗体因交通事故受损，给死者的亲属造成了精神损害，侵权人应对此予以赔偿。

根据查明的事实，被告殡仪馆的司机虽然没有引发交通事故的故意，但是，其没有尽到足够的安全注意义务，车辆驾驶不当，导致交通事故的发生，存在明显的过失。交通大队也对事故作出处理，认定被告殡仪馆的司机负事故的主要责任。精神损害赔偿民事责任的主观要件要求侵权人有过错，这种过错既包括故意，也包括过失。以上两种主观状态反映出侵权行为人的主观因素不同，对受害人产生的精神损害有轻重之别，在对应的赔偿数额上也应作出区分。被告殡仪馆的司机本身不是故意，且殡仪馆在事故发生后，对死者的遗体进行了整容修复，积极采取措施弥补过错，极力降低近亲属的精神损害。因此，人民法院酌情减少精神损害赔偿数额合情合法。

最高人民法院关于确定民事侵权精神损害赔偿责任若干问题的解释

第七条 自然人因侵权行为致死，或者自然人死亡后其人格或者遗体遭

受侵害，死者的配偶、父母和子女向人民法院起诉请求赔偿精神损害的，列其配偶、父母和子女为原告；没有配偶、父母和子女的，可以由其他近亲属提起诉讼，列其他近亲属为原告。

12. 未经允许擅自解剖死者尸体，是否应当承担精神损害赔偿责任?

【知识要点】

人的生命一旦结束，其民事权利能力终止，社会属性消灭，尸体也就转化成了一种纯自然的物，成为民事权利的客体。每个公民对其尸体（包括尸体脏器）享有处分权。当公民生前留有遗嘱时，其近亲属按其意志行使处分权；当公民生前没有留下遗嘱时，尸体处分权由其近亲属行使，以寄托亲属对死者的哀思。公民死亡后，其近亲属本就很悲痛，擅自处分他人尸体的行为破坏了尸体的完整性，使得其近亲属的感情伤害雪上加霜，精神上受到刺激，责任人应承担一定的精神损害赔偿责任。

典型案例

2012 年 11 月 16 日，武某因患病住进某医院，11 月 27 日凌晨因败血症、心脏衰竭而死亡。某医院在对武某进行治疗期间，曾会同某医科大学附属医院的专家进行会诊，两院的专家对武某病情的诊断存在分歧意见。在此期间，武某的病情迅速恶化。武某的儿子武某某怀疑某医院的诊断、治疗有误，即向某医院提出：武某死亡后，要有某医科大学附属医院的专家参加、武某某在场，对武某的尸体进行解剖检验，以查明死因。某医院对武某某提出的“有某医科大学附属医院的专家参加、武某某在场”的要求未给予明确答复，即在武某死亡的当天，在没有办理完备尸检手续的情况下，由本院医务人员对武某尸体进行解剖检验，并取出心、肝、肺等脏器留作研究用。次日，武某某得知武某的尸体被解剖，甚为不满，在找某医院解决问题过程中发生激烈争执。武某某遂向人民法院提起诉讼，要求某医院返还死者遗体及脏器，补偿因侵权而造成的精神损害抚慰金 80000 元，并要求某医院赔礼道歉。

【以案释法】

本案涉及对尸体的法律保护问题，对于这一问题的认识应从以下几个方面了解：

(1) 尸体的法律属性。身体作为身体权的客体，是人格权存在的物质基础。从物理意义上讲，身体也是物质，但因为人作为客观世界的主宰者，具有崇高的法律地位，这就将身体与其他物体区分开来，而不能等同于一般的物，否则，就会导致人的物化。这意味着身体虽然是物质性生命体，但与法律意义上的物有深刻的分野鸿沟，不能成为物权的客体，这一点为学界所普遍认可。因为，虽然人在死后其尸体具有可以利用性、有体性、可控制性这些物的属性，也具有某些能够满足人们某种需要的利用价值（如用于医学研究或者其他科学研究)。但是，这些并非尸体的本质属性。这是因为，其一，尸体的利用程度非常有限，一般只能在法律允许以及不违背公序良俗的前提下用以科学研究，且这种现象只是个别的，并不具有普遍性；其二，尸体是自然生成的，不含有社会必要劳动时间这一价值因素，其虽有某些利用价值但它不是严格意义上的使用价值，因而它不具有物的本质属性，不能在市场上流通，不能成为交易的标的；其三，绝大多数人的尸体最终要被消灭其原有的形态，即通过火化、掩埋而转化成其他物质形态，回归自然界，或者仅留少部分骨灰以资纪念。其实，否认尸体不是物的基本支点，在于尸体是从自然人身体转化而来，具有极强的伦理意义，而不具有一般的物的属性。

(2) 对尸体的民法保护。对尸体进行民法保护的理论基础是人身权延伸保护理论。所谓人身权延伸保护，是指法律在依法保护自然人所享有的人身权的同时，对于其在出生前或死亡后所依法享有的人身利益，所给予的延伸至其出生前和消灭后的民法保护。其理由：一是自然人在其出生前和死亡后，存在着与身体权客体即身体利益相区别的先期身体利益和延续身体利益，这种利益经过法律调整而成为法益。先期身体法益是对胎儿形体所享有的利益，延续身体法益是对尸体所享有的利益。这些身体利益并非物质利益，而是人格利益。二是身体法益与身体权互相衔接，统一构成民事主体完整的身体利益。这种衔接，以身体权为中心，向前延伸与先期身体法益相衔接，向后延伸与延续身体法益相衔接。这种前后相续、一脉相承地衔接的基础，就在于它们的客体都是身体利益。先期身体法益为先导条件，以本体身体利益为中心，在其终止后，又转变成延续身体利益，并使其继续存在。三是自然人身体利益的完整性和身体法益与身体权的系统性，决定了法律对自然人身体保护必须以身体权的保护为中心和基础，向前延伸保护和向后延伸

保护。其中，对于身体权的保护是完全必要的，但是，对于先期身体法益和延续身体法益的延伸保护，同样是维护自然人身体利益和人格尊严的必要手段，以对身体权的法律保护为中心，向前延伸以保护先期身体法益，向后延伸以保护延续身体利益，才能构成对自然人身体利益法律保护的链条，确保自然人身体权和身体法益不受任何侵犯。

(3) 侵害尸体的民事法律责任。

第一，财产损失赔偿责任。非法利用尸体的，应当进行适当赔偿。这种赔偿区分以下两种情况：一是非法移植死者器官的，应当按照当地移植该种器官的一般补偿标准予以赔偿；二是非法利用尸体进行教学，或者采集尸体器官、骨骼以及用整尸制作标本的，应当按照关于利用尸体一般补偿标准予以赔偿。损害尸体或者以其他方式侵害尸体，而给死者近亲属造成财产利益直接损失的，侵害人应对该损失给予全部赔偿。

第二，精神损害赔偿责任。根据我国民法通则第一百二十条的规定，侵害自然人姓名权、肖像权、名誉权等精神性人格权的，受害人可以请求精神损害赔偿，但此条规定的范围并未穷尽。《最高人民法院关于确定民事侵权精神损害赔偿责任若干问题的解释》第三条第三项对此作出了明确规定，非法利用、损害遗体、遗骨，或者以违反社会公共利益、社会公德的其他方式侵害遗体、遗骨，致使死者近亲属遭受精神痛苦，并向人民法院起诉请求精神损害赔偿的，人民法院应当依法予以受理。这给因侵害尸体而导致精神损害赔偿责任的承担，提供了直接的法律依据。该《解释》第七条同时规定，自然人死亡后遗体遭受侵害的，死者的配偶、父母和子女向人民法院起诉请求精神损害赔偿的，列其配偶、父母和子女为原告；没有配偶、父母和子女的，可以由其他近亲属提起诉讼，列其他近亲属为原告。

综上所述，某医院擅自对武某尸体进行解剖检验，属于侵害尸体的违法行为。根据卫生部（现为中华人民共和国国家卫生和计划生育委员会）1979年9月10日发布的《解剖尸体规则》第二条的规定，以及卫生部对此条的解释，医院对武某的尸体进行解剖检验，属于病理解剖检验。施行病理解剖检验，“一般应先取得家属或单位负责人的同意。但对享受国家公费医疗或劳保医疗并在国家医疗卫生机构住院病死者，医疗卫生机构认为有必要明确死因和诊断时，原则上应进行病理解剖，各有关单位应积极协助医疗卫生机构做好家属工作”。本案武某某提出对武某的尸体进行解剖检验，弄清某医院对武某病情的诊断治疗是否有误，因此，提出由外医院的专家参加和一名亲属在场，但某医院拒绝接受武某某的这一要求。在这种情况下，如果认为武某的疾病实为罕见，有科学研究的价值，一定要解剖，就要做好死者亲属

的工作，取得他们的同意。但某医院没有这样做，擅自解剖检验死者武某尸体，属于侵害尸体的违法行为，应当对武某某承担精神损害赔偿。法院支持这一诉讼请求是正确的。

法条链接

最高人民法院关于确定民事侵权精神损害赔偿责任若干问题的解释

第三条 自然人死亡后，其近亲属因下列侵权行为遭受精神痛苦，向人民法院起诉请求赔偿精神损害的，人民法院应当依法予以受理：

（一）以侮辱、诽谤、贬损、丑化或者违反社会公共利益、社会公德的其他方式，侵害死者姓名、肖像、名誉、荣誉；

（二）非法披露、利用死者隐私，或者以违反社会公共利益、社会公德的其他方式侵害死者隐私；

（三）非法利用、损害遗体、遗骨，或者以违反社会公共利益、社会公德的其他方式侵害遗体、遗骨。

第七条 自然人因侵权行为致死，或者自然人死亡后其人格或者遗体遭受侵害，死者的配偶、父母和子女向人民法院起诉请求赔偿精神损害的，列其配偶、父母和子女为原告；没有配偶、父母和子女的，可以由其他近亲属提起诉讼，列其他近亲属为原告。

附录：

中华人民共和国侵权责任法

（2009年12月26日第十一届全国人民代表大会常务委员会第十二次会议通过）

第一章　一般规定

第一条　为保护民事主体的合法权益，明确侵权责任，预防并制裁侵权行为，促进社会和谐稳定，制定本法。

第二条　侵害民事权益，应当依照本法承担侵权责任。

本法所称民事权益，包括生命权、健康权、姓名权、名誉权、荣誉权、肖像权、隐私权、婚姻自主权、监护权、所有权、用益物权、担保物权、著作权、专利权、商标专用权、发现权、股权、继承权等人身、财产权益。

第三条　被侵权人有权请求侵权人承担侵权责任。

第四条　侵权人因同一行为应当承担行政责任或者刑事责任的，不影响依法承担侵权责任。

因同一行为应当承担侵权责任和行政责任、刑事责任，侵权人的财产不足以支付的，先承担侵权责任。

第五条　其他法律对侵权责任另有特别规定的，依照其规定。

第二章　责任构成和责任方式

第六条　行为人因过错侵害他人民事权益，应当承担侵权责任。

根据法律规定推定行为人有过错，行为人不能证明自己没有过错的，应当承担侵权责任。

第七条　行为人损害他人民事权益，不论行为人有无过错，法律规定应当承担侵权责任的，依照其规定。

第八条　二人以上共同实施侵权行为，造成他人损害的，应当承担连带责任。

第九条　教唆、帮助他人实施侵权行为的，应当与行为人承担连带责任。

教唆、帮助无民事行为能力人、限制民事行为能力人实施侵权行为的，

应当承担侵权责任；该无民事行为能力人、限制民事行为能力人的监护人未尽到监护责任的，应当承担相应的责任。

第十条 二人以上实施危及他人人身、财产安全的行为，其中一人或者数人的行为造成他人损害，能够确定具体侵权人的，由侵权人承担责任；不能确定具体侵权人的，行为人承担连带责任。

第十一条 二人以上分别实施侵权行为造成同一损害，每个人的侵权行为都足以造成全部损害的，行为人承担连带责任。

第十二条 二人以上分别实施侵权行为造成同一损害，能够确定责任大小的，各自承担相应的责任；难以确定责任大小的，平均承担赔偿责任。

第十三条 法律规定承担连带责任的，被侵权人有权请求部分或者全部连带责任人承担责任。

第十四条 连带责任人根据各自责任大小确定相应的赔偿数额；难以确定责任大小的，平均承担赔偿责任。

支付超出自己赔偿数额的连带责任人，有权向其他连带责任人追偿。

第十五条 承担侵权责任的方式主要有：

（一）停止侵害；

（二）排除妨碍；

（三）消除危险；

（四）返还财产；

（五）恢复原状；

（六）赔偿损失；

（七）赔礼道歉；

（八）消除影响、恢复名誉。

以上承担侵权责任的方式，可以单独适用，也可以合并适用。

第十六条 侵害他人造成人身损害的，应当赔偿医疗费、护理费、交通费等为治疗和康复支出的合理费用，以及因误工减少的收入。造成残疾的，还应当赔偿残疾生活辅助具费和残疾赔偿金。造成死亡的，还应当赔偿丧葬费和死亡赔偿金。

第十七条 因同一侵权行为造成多人死亡的，可以以相同数额确定死亡赔偿金。

第十八条 被侵权人死亡的，其近亲属有权请求侵权人承担侵权责任。被侵权人为单位，该单位分立、合并的，承继权利的单位有权请求侵权人承担侵权责任。

被侵权人死亡的，支付被侵权人医疗费、丧葬费等合理费用的人有权请求侵权人赔偿费用，但侵权人已支付该费用的除外。

第十九条 侵害他人财产的，财产损失按照损失发生时的市场价格或者其他方式计算。

第二十条 侵害他人人身权益造成财产损失的，按照被侵权人因此受到的损失赔偿；被侵权人的损失难以确定，侵权人因此获得利益的，按照其获得的利益赔偿；侵权人因此获得的利益难以确定，被侵权人和侵权人就赔偿数额协商不一致，向人民法院提起诉讼的，由人民法院根据实际情况确定赔偿数额。

第二十一条 侵权行为危及他人人身、财产安全的，被侵权人可以请求侵权人承担停止侵害、排除妨碍、消除危险等侵权责任。

第二十二条 侵害他人人身权益，造成他人严重精神损害的，被侵权人可以请求精神损害赔偿。

第二十三条 因防止、制止他人民事权益被侵害而使自己受到损害的，由侵权人承担责任。侵权人逃逸或者无力承担责任，被侵权人请求补偿的，受益人应当给予适当补偿。

第二十四条 受害人和行为人对损害的发生都没有过错的，可以根据实际情况，由双方分担损失。

第二十五条 损害发生后，当事人可以协商赔偿费用的支付方式。协商不一致的，赔偿费用应当一次性支付；一次性支付确有困难的，可以分期支付，但应当提供相应的担保。

第三章　不承担责任和减轻责任的情形

第二十六条 被侵权人对损害的发生也有过错的，可以减轻侵权人的责任。

第二十七条 损害是因受害人故意造成的，行为人不承担责任。

第二十八条 损害是因第三人造成的，第三人应当承担侵权责任。

第二十九条 因不可抗力造成他人损害的，不承担责任。法律另有规定的，依照其规定。

第三十条 因正当防卫造成损害的，不承担责任。正当防卫超过必要的限度，造成不应有的损害的，正当防卫人应当承担适当的责任。

第三十一条 因紧急避险造成损害的，由引起险情发生的人承担责任。如果危险是由自然原因引起的，紧急避险人不承担责任或者给予适当补偿。紧急避险采取措施不当或者超过必要的限度，造成不应有的损害的，紧急避险人应当承担适当的责任。

第四章　关于责任主体的特殊规定

第三十二条 无民事行为能力人、限制民事行为能力人造成他人损害

的，由监护人承担侵权责任。监护人尽到监护责任的，可以减轻其侵权责任。

有财产的无民事行为能力人、限制民事行为能力人造成他人损害的，从本人财产中支付赔偿费用。不足部分，由监护人赔偿。

第三十三条 完全民事行为能力人对自己的行为暂时没有意识或者失去控制造成他人损害有过错的，应当承担侵权责任；没有过错的，根据行为人的经济状况对受害人适当补偿。

完全民事行为能力人因醉酒、滥用麻醉药品或者精神药品对自己的行为暂时没有意识或者失去控制造成他人损害的，应当承担侵权责任。

第三十四条 用人单位的工作人员因执行工作任务造成他人损害的，由用人单位承担侵权责任。

劳务派遣期间，被派遣的工作人员因执行工作任务造成他人损害的，由接受劳务派遣的用工单位承担侵权责任；劳务派遣单位有过错的，承担相应的补充责任。

第三十五条 个人之间形成劳务关系，提供劳务一方因劳务造成他人损害的，由接受劳务一方承担侵权责任。提供劳务一方因劳务自己受到损害的，根据双方各自的过错承担相应的责任。

第三十六条 网络用户、网络服务提供者利用网络侵害他人民事权益的，应当承担侵权责任。

网络用户利用网络服务实施侵权行为的，被侵权人有权通知网络服务提供者采取删除、屏蔽、断开链接等必要措施。网络服务提供者接到通知后未及时采取必要措施的，对损害的扩大部分与该网络用户承担连带责任。

网络服务提供者知道网络用户利用其网络服务侵害他人民事权益，未采取必要措施的，与该网络用户承担连带责任。

第三十七条 宾馆、商场、银行、车站、娱乐场所等公共场所的管理人或者群众性活动的组织者，未尽到安全保障义务，造成他人损害的，应当承担侵权责任。

因第三人的行为造成他人损害的，由第三人承担侵权责任；管理人或者组织者未尽到安全保障义务的，承担相应的补充责任。

第三十八条 无民事行为能力人在幼儿园、学校或者其他教育机构学习、生活期间受到人身损害的，幼儿园、学校或者其他教育机构应当承担责任，但能够证明尽到教育、管理职责的，不承担责任。

第三十九条 限制民事行为能力人在学校或者其他教育机构学习、生活期间受到人身损害，学校或者其他教育机构未尽到教育、管理职责的，应当承担责任。

第四十条 无民事行为能力人或者限制民事行为能力人在幼儿园、学校或者其他教育机构学习、生活期间，受到幼儿园、学校或者其他教育机构以外的人员人身损害的，由侵权人承担侵权责任；幼儿园、学校或者其他教育机构未尽到管理职责的，承担相应的补充责任。

第五章 产品责任

第四十一条 因产品存在缺陷造成他人损害的，生产者应当承担侵权责任。

第四十二条 因销售者的过错使产品存在缺陷，造成他人损害的，销售者应当承担侵权责任。

销售者不能指明缺陷产品的生产者也不能指明缺陷产品的供货者的，销售者应当承担侵权责任。

第四十三条 因产品存在缺陷造成损害的，被侵权人可以向产品的生产者请求赔偿，也可以向产品的销售者请求赔偿。

产品缺陷由生产者造成的，销售者赔偿后，有权向生产者追偿。

因销售者的过错使产品存在缺陷的，生产者赔偿后，有权向销售者追偿。

第四十四条 因运输者、仓储者等第三人的过错使产品存在缺陷，造成他人损害的，产品的生产者、销售者赔偿后，有权向第三人追偿。

第四十五条 因产品缺陷危及他人人身、财产安全的，被侵权人有权请求生产者、销售者承担排除妨碍、消除危险等侵权责任。

第四十六条 产品投入流通后发现存在缺陷的，生产者、销售者应当及时采取警示、召回等补救措施。未及时采取补救措施或者补救措施不力造成损害的，应当承担侵权责任。

第四十七条 明知产品存在缺陷仍然生产、销售，造成他人死亡或者健康严重损害的，被侵权人有权请求相应的惩罚性赔偿。

第六章 机动车交通事故责任

第四十八条 机动车发生交通事故造成损害的，依照道路交通安全法的有关规定承担赔偿责任。

第四十九条 因租赁、借用等情形机动车所有人与使用人不是同一人时，发生交通事故后属于该机动车一方责任的，由保险公司在机动车强制保险责任限额范围内予以赔偿。不足部分，由机动车使用人承担赔偿责任；机动车所有人对损害的发生有过错的，承担相应的赔偿责任。

第五十条 当事人之间已经以买卖等方式转让并交付机动车但未办理所

有权转移登记，发生交通事故后属于该机动车一方责任的，由保险公司在机动车强制保险责任限额范围内予以赔偿。不足部分，由受让人承担赔偿责任。

第五十一条 以买卖等方式转让拼装或者已达到报废标准的机动车，发生交通事故造成损害的，由转让人和受让人承担连带责任。

第五十二条 盗窃、抢劫或者抢夺的机动车发生交通事故造成损害的，由盗窃人、抢劫人或者抢夺人承担赔偿责任。保险公司在机动车强制保险责任限额范围内垫付抢救费用的，有权向交通事故责任人追偿。

第五十三条 机动车驾驶人发生交通事故后逃逸，该机动车参加强制保险的，由保险公司在机动车强制保险责任限额范围内予以赔偿；机动车不明或者该机动车未参加强制保险，需要支付被侵权人人身伤亡的抢救、丧葬等费用的，由道路交通事故社会救助基金垫付。道路交通事故社会救助基金垫付后，其管理机构有权向交通事故责任人追偿。

第七章 医疗损害责任

第五十四条 患者在诊疗活动中受到损害，医疗机构及其医务人员有过错的，由医疗机构承担赔偿责任。

第五十五条 医务人员在诊疗活动中应当向患者说明病情和医疗措施。需要实施手术、特殊检查、特殊治疗的，医务人员应当及时向患者说明医疗风险、替代医疗方案等情况，并取得其书面同意；不宜向患者说明的，应当向患者的近亲属说明，并取得其书面同意。

医务人员未尽到前款义务，造成患者损害的，医疗机构应当承担赔偿责任。

第五十六条 因抢救生命垂危的患者等紧急情况，不能取得患者或者其近亲属意见的，经医疗机构负责人或者授权的负责人批准，可以立即实施相应的医疗措施。

第五十七条 医务人员在诊疗活动中未尽到与当时的医疗水平相应的诊疗义务，造成患者损害的，医疗机构应当承担赔偿责任。

第五十八条 患者有损害，因下列情形之一的，推定医疗机构有过错：

（一）违反法律、行政法规、规章以及其他有关诊疗规范的规定；

（二）隐匿或者拒绝提供与纠纷有关的病历资料；

（三）伪造、篡改或者销毁病历资料。

第五十九条 因药品、消毒药剂、医疗器械的缺陷，或者输入不合格的血液造成患者损害的，患者可以向生产者或者血液提供机构请求赔偿，也可以向医疗机构请求赔偿。患者向医疗机构请求赔偿的，医疗机构赔偿后，有权向负有责任的生产者或者血液提供机构追偿。

第六十条 患者有损害，因下列情形之一的，医疗机构不承担赔偿责任：

（一）患者或者其近亲属不配合医疗机构进行符合诊疗规范的诊疗；

（二）医务人员在抢救生命垂危的患者等紧急情况下已经尽到合理诊疗义务；

（三）限于当时的医疗水平难以诊疗。

前款第一项情形中，医疗机构及其医务人员也有过错的，应当承担相应的赔偿责任。

第六十一条 医疗机构及其医务人员应当按照规定填写并妥善保管住院志、医嘱单、检验报告、手术及麻醉记录、病理资料、护理记录、医疗费用等病历资料。

患者要求查阅、复制前款规定的病历资料的，医疗机构应当提供。

第六十二条 医疗机构及其医务人员应当对患者的隐私保密。泄露患者隐私或者未经患者同意公开其病历资料，造成患者损害的，应当承担侵权责任。

第六十三条 医疗机构及其医务人员不得违反诊疗规范实施不必要的检查。

第六十四条 医疗机构及其医务人员的合法权益受法律保护。干扰医疗秩序，妨害医务人员工作、生活的，应当依法承担法律责任。

第八章 环境污染责任

第六十五条 因污染环境造成损害的，污染者应当承担侵权责任。

第六十六条 因污染环境发生纠纷，污染者应当就法律规定的不承担责任或者减轻责任的情形及其行为与损害之间不存在因果关系承担举证责任。

第六十七条 两个以上污染者污染环境，污染者承担责任的大小，根据污染物的种类、排放量等因素确定。

第六十八条 因第三人的过错污染环境造成损害的，被侵权人可以向污染者请求赔偿，也可以向第三人请求赔偿。污染者赔偿后，有权向第三人追偿。

第九章 高度危险责任

第六十九条 从事高度危险作业造成他人损害的，应当承担侵权责任。

第七十条 民用核设施发生核事故造成他人损害的，民用核设施的经营者应当承担侵权责任，但能够证明损害是因战争等情形或者受害人故意造成

的，不承担责任。

第七十一条 民用航空器造成他人损害的，民用航空器的经营者应当承担侵权责任，但能够证明损害是因受害人故意造成的，不承担责任。

第七十二条 占有或者使用易燃、易爆、剧毒、放射性等高度危险物造成他人损害的，占有人或者使用人应当承担侵权责任，但能够证明损害是因受害人故意或者不可抗力造成的，不承担责任。被侵权人对损害的发生有重大过失的，可以减轻占有人或者使用人的责任。

第七十三条 从事高空、高压、地下挖掘活动或者使用高速轨道运输工具造成他人损害的，经营者应当承担侵权责任，但能够证明损害是因受害人故意或者不可抗力造成的，不承担责任。被侵权人对损害的发生有过失的，可以减轻经营者的责任。

第七十四条 遗失、抛弃高度危险物造成他人损害的，由所有人承担侵权责任。所有人将高度危险物交由他人管理的，由管理人承担侵权责任；所有人有过错的，与管理人承担连带责任。

第七十五条 非法占有高度危险物造成他人损害的，由非法占有人承担侵权责任。所有人、管理人不能证明对防止他人非法占有尽到高度注意义务的，与非法占有人承担连带责任。

第七十六条 未经许可进入高度危险活动区域或者高度危险物存放区域受到损害，管理人已经采取安全措施并尽到警示义务的，可以减轻或者不承担责任。

第七十七条 承担高度危险责任，法律规定赔偿限额的，依照其规定。

第十章 饲养动物损害责任

第七十八条 饲养的动物造成他人损害的，动物饲养人或者管理人应当承担侵权责任，但能够证明损害是因被侵权人故意或者重大过失造成的，可以不承担或者减轻责任。

第七十九条 违反管理规定，未对动物采取安全措施造成他人损害的，动物饲养人或者管理人应当承担侵权责任。

第八十条 禁止饲养的烈性犬等危险动物造成他人损害的，动物饲养人或者管理人应当承担侵权责任。

第八十一条 动物园的动物造成他人损害的，动物园应当承担侵权责任，但能够证明尽到管理职责的，不承担责任。

第八十二条 遗弃、逃逸的动物在遗弃、逃逸期间造成他人损害的，由原动物饲养人或者管理人承担侵权责任。

第八十三条 因第三人的过错致使动物造成他人损害的，被侵权人可以

向动物饲养人或者管理人请求赔偿，也可以向第三人请求赔偿。动物饲养人或者管理人赔偿后，有权向第三人追偿。

第八十四条 饲养动物应当遵守法律，尊重社会公德，不得妨害他人生活。

第十一章 物件损害责任

第八十五条 建筑物、构筑物或者其他设施及其搁置物、悬挂物发生脱落、坠落造成他人损害，所有人、管理人或者使用人不能证明自己没有过错的，应当承担侵权责任。所有人、管理人或者使用人赔偿后，有其他责任人的，有权向其他责任人追偿。

第八十六条 建筑物、构筑物或者其他设施倒塌造成他人损害的，由建设单位与施工单位承担连带责任。建设单位、施工单位赔偿后，有其他责任人的，有权向其他责任人追偿。

因其他责任人的原因，建筑物、构筑物或者其他设施倒塌造成他人损害的，由其他责任人承担侵权责任。

第八十七条 从建筑物中抛掷物品或者从建筑物上坠落的物品造成他人损害，难以确定具体侵权人的，除能够证明自己不是侵权人的外，由可能加害的建筑物使用人给予补偿。

第八十八条 堆放物倒塌造成他人损害，堆放人不能证明自己没有过错的，应当承担侵权责任。

第八十九条 在公共道路上堆放、倾倒、遗撒妨碍通行的物品造成他人损害的，有关单位或者个人应当承担侵权责任。

第九十条 因林木折断造成他人损害，林木的所有人或者管理人不能证明自己没有过错的，应当承担侵权责任。

第九十一条 在公共场所或者道路上挖坑、修缮安装地下设施等，没有设置明显标志和采取安全措施造成他人损害的，施工人应当承担侵权责任。

窨井等地下设施造成他人损害，管理人不能证明尽到管理职责的，应当承担侵权责任。

第十二章 附 则

第九十二条 本法自 2010 年 7 月 1 日起施行。

中华人民共和国消费者权益保护法

（1993 年 10 月 31 日第八届全国人民代表大会常务委员会第四次会议通过，根据 2009 年 8 月 27 日第十一届全国人民代表大会常务委员会第十次会议《关于修改部分法律的决定》第一次修正，根据 2013 年 10 月 25 日第十二届全国人民代表大会常务委员会第五次会议《关于修改〈中华人民共和国消费者权益保护法〉的决定》第二次修正）

第一章　总　　则

第一条　为保护消费者的合法权益，维护社会经济秩序，促进社会主义市场经济健康发展，制定本法。

第二条　消费者为生活消费需要购买、使用商品或者接受服务，其权益受本法保护；本法未作规定的，受其他有关法律、法规保护。

第三条　经营者为消费者提供其生产、销售的商品或者提供服务，应当遵守本法；本法未作规定的，应当遵守其他有关法律、法规。

第四条　经营者与消费者进行交易，应当遵循自愿、平等、公平、诚实信用的原则。

第五条　国家保护消费者的合法权益不受侵害。

国家采取措施，保障消费者依法行使权利，维护消费者的合法权益。

国家倡导文明、健康、节约资源和保护环境的消费方式，反对浪费。

第六条　保护消费者的合法权益是全社会的共同责任。

国家鼓励、支持一切组织和个人对损害消费者合法权益的行为进行社会监督。

大众传播媒介应当做好维护消费者合法权益的宣传，对损害消费者合法权益的行为进行舆论监督。

第二章　消费者的权利

第七条　消费者在购买、使用商品和接受服务时享有人身、财产安全不受损害的权利。

消费者有权要求经营者提供的商品和服务，符合保障人身、财产安全的要求。

第八条 消费者享有知悉其购买、使用的商品或者接受的服务的真实情况的权利。

消费者有权根据商品或者服务的不同情况，要求经营者提供商品的价格、产地、生产者、用途、性能、规格、等级、主要成份、生产日期、有效期限、检验合格证明、使用方法说明书、售后服务，或者服务的内容、规格、费用等有关情况。

第九条 消费者享有自主选择商品或者服务的权利。

消费者有权自主选择提供商品或者服务的经营者，自主选择商品品种或者服务方式，自主决定购买或者不购买任何一种商品、接受或者不接受任何一项服务。

消费者在自主选择商品或者服务时，有权进行比较、鉴别和挑选。

第十条 消费者享有公平交易的权利。

消费者在购买商品或者接受服务时，有权获得质量保障、价格合理、计量正确等公平交易条件，有权拒绝经营者的强制交易行为。

第十一条 消费者因购买、使用商品或者接受服务受到人身、财产损害的，享有依法获得赔偿的权利。

第十二条 消费者享有依法成立维护自身合法权益的社会组织的权利。

第十三条 消费者享有获得有关消费和消费者权益保护方面的知识的权利。

消费者应当努力掌握所需商品或者服务的知识和使用技能，正确使用商品，提高自我保护意识。

第十四条 消费者在购买、使用商品和接受服务时，享有人格尊严、民族风俗习惯得到尊重的权利，享有个人信息依法得到保护的权利。

第十五条 消费者享有对商品和服务以及保护消费者权益工作进行监督的权利。

消费者有权检举、控告侵害消费者权益的行为和国家机关及其工作人员在保护消费者权益工作中的违法失职行为，有权对保护消费者权益工作提出批评、建议。

第三章 经营者的义务

第十六条 经营者向消费者提供商品或者服务，应当依照本法和其他有关法律、法规的规定履行义务。

经营者和消费者有约定的，应当按照约定履行义务，但双方的约定不得违背法律、法规的规定。

经营者向消费者提供商品或者服务，应当恪守社会公德，诚信经营，保障消费者的合法权益；不得设定不公平、不合理的交易条件，不得强制交易。

第十七条 经营者应当听取消费者对其提供的商品或者服务的意见，接受消费者的监督。

第十八条 经营者应当保证其提供的商品或者服务符合保障人身、财产安全的要求。对可能危及人身、财产安全的商品和服务，应当向消费者作出真实的说明和明确的警示，并说明和标明正确使用商品或者接受服务的方法以及防止危害发生的方法。

宾馆、商场、餐馆、银行、机场、车站、港口、影剧院等经营场所的经营者，应当对消费者尽到安全保障义务。

第十九条 经营者发现其提供的商品或者服务存在缺陷，有危及人身、财产安全危险的，应当立即向有关行政部门报告和告知消费者，并采取停止销售、警示、召回、无害化处理、销毁、停止生产或者服务等措施。采取召回措施的，经营者应当承担消费者因商品被召回支出的必要费用。

第二十条 经营者向消费者提供有关商品或者服务的质量、性能、用途、有效期限等信息，应当真实、全面，不得作虚假或者引人误解的宣传。

经营者对消费者就其提供的商品或者服务的质量和使用方法等问题提出的询问，应当作出真实、明确的答复。

经营者提供商品或者服务应当明码标价。

第二十一条 经营者应当标明其真实名称和标记。

租赁他人柜台或者场地的经营者，应当标明其真实名称和标记。

第二十二条 经营者提供商品或者服务，应当按照国家有关规定或者商业惯例向消费者出具发票等购货凭证或者服务单据；消费者索要发票等购货凭证或者服务单据的，经营者必须出具。

第二十三条 经营者应当保证在正常使用商品或者接受服务的情况下其提供的商品或者服务应当具有的质量、性能、用途和有效期限；但消费者在购买该商品或者接受该服务前已经知道其存在瑕疵，且存在该瑕疵不违反法律强制性规定的除外。

经营者以广告、产品说明、实物样品或者其他方式表明商品或者服务的质量状况的，应当保证其提供的商品或者服务的实际质量与表明的质量状况相符。

经营者提供的机动车、计算机、电视机、电冰箱、空调器、洗衣机等耐用商品或者装饰装修等服务，消费者自接受商品或者服务之日起六个月内发现瑕疵，发生争议的，由经营者承担有关瑕疵的举证责任。

第二十四条 经营者提供的商品或者服务不符合质量要求的，消费者可以依照国家规定、当事人约定退货，或者要求经营者履行更换、修理等义务。没有国家规定和当事人约定的，消费者可以自收到商品之日起七日内退货；七日后符合法定解除合同条件的，消费者可以及时退货，不符合法定解除合同条件的，可以要求经营者履行更换、修理等义务。

依照前款规定进行退货、更换、修理的，经营者应当承担运输等必要费用。

第二十五条 经营者采用网络、电视、电话、邮购等方式销售商品，消费者有权自收到商品之日起七日内退货，且无需说明理由，但下列商品除外：

（一）消费者定作的；

（二）鲜活易腐的；

（三）在线下载或者消费者拆封的音像制品、计算机软件等数字化商品；

（四）交付的报纸、期刊。

除前款所列商品外，其他根据商品性质并经消费者在购买时确认不宜退货的商品，不适用无理由退货。

消费者退货的商品应当完好。经营者应当自收到退回商品之日起七日内返还消费者支付的商品价款。退回商品的运费由消费者承担；经营者和消费者另有约定的，按照约定。

第二十六条 经营者在经营活动中使用格式条款的，应当以显著方式提请消费者注意商品或者服务的数量和质量、价款或者费用、履行期限和方式、安全注意事项和风险警示、售后服务、民事责任等与消费者有重大利害关系的内容，并按照消费者的要求予以说明。

经营者不得以格式条款、通知、声明、店堂告示等方式，作出排除或者限制消费者权利、减轻或者免除经营者责任、加重消费者责任等对消费者不公平、不合理的规定，不得利用格式条款并借助技术手段强制交易。

格式条款、通知、声明、店堂告示等含有前款所列内容的，其内容无效。

第二十七条 经营者不得对消费者进行侮辱、诽谤，不得搜查消费者的身体及其携带的物品，不得侵犯消费者的人身自由。

第二十八条 采用网络、电视、电话、邮购等方式提供商品或者服务的

经营者，以及提供证券、保险、银行等金融服务的经营者，应当向消费者提供经营地址、联系方式、商品或者服务的数量和质量、价款或者费用、履行期限和方式、安全注意事项和风险警示、售后服务、民事责任等信息。

第二十九条 经营者收集、使用消费者个人信息，应当遵循合法、正当、必要的原则，明示收集、使用信息的目的、方式和范围，并经消费者同意。经营者收集、使用消费者个人信息，应当公开其收集、使用规则，不得违反法律、法规的规定和双方的约定收集、使用信息。

经营者及其工作人员对收集的消费者个人信息必须严格保密，不得泄露、出售或者非法向他人提供。经营者应当采取技术措施和其他必要措施，确保信息安全，防止消费者个人信息泄露、丢失。在发生或者可能发生信息泄露、丢失的情况时，应当立即采取补救措施。

经营者未经消费者同意或者请求，或者消费者明确表示拒绝的，不得向其发送商业性信息。

第四章　国家对消费者合法权益的保护

第三十条 国家制定有关消费者权益的法律、法规、规章和强制性标准，应当听取消费者和消费者协会等组织的意见。

第三十一条 各级人民政府应当加强领导，组织、协调、督促有关行政部门做好保护消费者合法权益的工作，落实保护消费者合法权益的职责。

各级人民政府应当加强监督，预防危害消费者人身、财产安全行为的发生，及时制止危害消费者人身、财产安全的行为。

第三十二条 各级人民政府工商行政管理部门和其他有关行政部门应当依照法律、法规的规定，在各自的职责范围内，采取措施，保护消费者的合法权益。

有关行政部门应当听取消费者和消费者协会等组织对经营者交易行为、商品和服务质量问题的意见，及时调查处理。

第三十三条 有关行政部门在各自的职责范围内，应当定期或者不定期对经营者提供的商品和服务进行抽查检验，并及时向社会公布抽查检验结果。

有关行政部门发现并认定经营者提供的商品或者服务存在缺陷，有危及人身、财产安全危险的，应当立即责令经营者采取停止销售、警示、召回、无害化处理、销毁、停止生产或者服务等措施。

第三十四条 有关国家机关应当依照法律、法规的规定，惩处经营者在提供商品和服务中侵害消费者合法权益的违法犯罪行为。

第三十五条　人民法院应当采取措施，方便消费者提起诉讼。对符合《中华人民共和国民事诉讼法》起诉条件的消费者权益争议，必须受理，及时审理。

第五章　消费者组织

第三十六条　消费者协会和其他消费者组织是依法成立的对商品和服务进行社会监督的保护消费者合法权益的社会组织。

第三十七条　消费者协会履行下列公益性职责：

（一）向消费者提供消费信息和咨询服务，提高消费者维护自身合法权益的能力，引导文明、健康、节约资源和保护环境的消费方式；

（二）参与制定有关消费者权益的法律、法规、规章和强制性标准；

（三）参与有关行政部门对商品和服务的监督、检查；

（四）就有关消费者合法权益的问题，向有关部门反映、查询，提出建议；

（五）受理消费者的投诉，并对投诉事项进行调查、调解；

（六）投诉事项涉及商品和服务质量问题的，可以委托具备资格的鉴定人鉴定，鉴定人应当告知鉴定意见；

（七）就损害消费者合法权益的行为，支持受损害的消费者提起诉讼或者依照本法提起诉讼；

（八）对损害消费者合法权益的行为，通过大众传播媒介予以揭露、批评。

各级人民政府对消费者协会履行职责应当予以必要的经费等支持。

消费者协会应当认真履行保护消费者合法权益的职责，听取消费者的意见和建议，接受社会监督。

依法成立的其他消费者组织依照法律、法规及其章程的规定，开展保护消费者合法权益的活动。

第三十八条　消费者组织不得从事商品经营和营利性服务，不得以收取费用或者其他牟取利益的方式向消费者推荐商品和服务。

第六章　争议的解决

第三十九条　消费者和经营者发生消费者权益争议的，可以通过下列途径解决：

（一）与经营者协商和解；

（二）请求消费者协会或者依法成立的其他调解组织调解；

（三）向有关行政部门投诉；

（四）根据与经营者达成的仲裁协议提请仲裁机构仲裁；

（五）向人民法院提起诉讼。

第四十条 消费者在购买、使用商品时，其合法权益受到损害的，可以向销售者要求赔偿。销售者赔偿后，属于生产者的责任或者属于向销售者提供商品的其他销售者的责任的，销售者有权向生产者或者其他销售者追偿。

消费者或者其他受害人因商品缺陷造成人身、财产损害的，可以向销售者要求赔偿，也可以向生产者要求赔偿。属于生产者责任的，销售者赔偿后，有权向生产者追偿。属于销售者责任的，生产者赔偿后，有权向销售者追偿。

消费者在接受服务时，其合法权益受到损害的，可以向服务者要求赔偿。

第四十一条 消费者在购买、使用商品或者接受服务时，其合法权益受到损害，因原企业分立、合并的，可以向变更后承受其权利义务的企业要求赔偿。

第四十二条 使用他人营业执照的违法经营者提供商品或者服务，损害消费者合法权益的，消费者可以向其要求赔偿，也可以向营业执照的持有人要求赔偿。

第四十三条 消费者在展销会、租赁柜台购买商品或者接受服务，其合法权益受到损害的，可以向销售者或者服务者要求赔偿。展销会结束或者柜台租赁期满后，也可以向展销会的举办者、柜台的出租者要求赔偿。展销会的举办者、柜台的出租者赔偿后，有权向销售者或者服务者追偿。

第四十四条 消费者通过网络交易平台购买商品或者接受服务，其合法权益受到损害的，可以向销售者或者服务者要求赔偿。网络交易平台提供者不能提供销售者或者服务者的真实名称、地址和有效联系方式的，消费者也可以向网络交易平台提供者要求赔偿；网络交易平台提供者作出更有利于消费者的承诺的，应当履行承诺。网络交易平台提供者赔偿后，有权向销售者或者服务者追偿。

网络交易平台提供者明知或者应知销售者或者服务者利用其平台侵害消费者合法权益，未采取必要措施的，依法与该销售者或者服务者承担连带责任。

第四十五条 消费者因经营者利用虚假广告或者其他虚假宣传方式提供商品或者服务，其合法权益受到损害的，可以向经营者要求赔偿。广告经营者、发布者发布虚假广告的，消费者可以请求行政主管部门予以惩处。广告

经营者、发布者不能提供经营者的真实名称、地址和有效联系方式的，应当承担赔偿责任。

广告经营者、发布者设计、制作、发布关系消费者生命健康商品或者服务的虚假广告，造成消费者损害的，应当与提供该商品或者服务的经营者承担连带责任。

社会团体或者其他组织、个人在关系消费者生命健康商品或者服务的虚假广告或者其他虚假宣传中向消费者推荐商品或者服务，造成消费者损害的，应当与提供该商品或者服务的经营者承担连带责任。

第四十六条 消费者向有关行政部门投诉的，该部门应当自收到投诉之日起七个工作日内，予以处理并告知消费者。

第四十七条 对侵害众多消费者合法权益的行为，中国消费者协会以及在省、自治区、直辖市设立的消费者协会，可以向人民法院提起诉讼。

第七章 法律责任

第四十八条 经营者提供商品或者服务有下列情形之一的，除本法另有规定外，应当依照其他有关法律、法规的规定，承担民事责任：

（一）商品或者服务存在缺陷的；

（二）不具备商品应当具备的使用性能而出售时未作说明的；

（三）不符合在商品或者其包装上注明采用的商品标准的；

（四）不符合商品说明、实物样品等方式表明的质量状况的；

（五）生产国家明令淘汰的商品或者销售失效、变质的商品的；

（六）销售的商品数量不足的；

（七）服务的内容和费用违反约定的；

（八）对消费者提出的修理、重作、更换、退货、补足商品数量、退还货款和服务费用或者赔偿损失的要求，故意拖延或者无理拒绝的；

（九）法律、法规规定的其他损害消费者权益的情形。

经营者对消费者未尽到安全保障义务，造成消费者损害的，应当承担侵权责任。

第四十九条 经营者提供商品或者服务，造成消费者或者其他受害人人身伤害的，应当赔偿医疗费、护理费、交通费等为治疗和康复支出的合理费用，以及因误工减少的收入。造成残疾的，还应当赔偿残疾生活辅助具费和残疾赔偿金。造成死亡的，还应当赔偿丧葬费和死亡赔偿金。

第五十条 经营者侵害消费者的人格尊严、侵犯消费者人身自由或者侵害消费者个人信息依法得到保护的权利的，应当停止侵害、恢复名誉、消除

影响、赔礼道歉，并赔偿损失。

第五十一条 经营者有侮辱诽谤、搜查身体、侵犯人身自由等侵害消费者或者其他受害人人身权益的行为，造成严重精神损害的，受害人可以要求精神损害赔偿。

第五十二条 经营者提供商品或者服务，造成消费者财产损害的，应当依照法律规定或者当事人约定承担修理、重作、更换、退货、补足商品数量、退还货款和服务费用或者赔偿损失等民事责任。

第五十三条 经营者以预收款方式提供商品或者服务的，应当按照约定提供。未按照约定提供的，应当按照消费者的要求履行约定或者退回预付款；并应当承担预付款的利息、消费者必须支付的合理费用。

第五十四条 依法经有关行政部门认定为不合格的商品，消费者要求退货的，经营者应当负责退货。

第五十五条 经营者提供商品或者服务有欺诈行为的，应当按照消费者的要求增加赔偿其受到的损失，增加赔偿的金额为消费者购买商品的价款或者接受服务的费用的三倍；增加赔偿的金额不足五百元的，为五百元。法律另有规定的，依照其规定。

经营者明知商品或者服务存在缺陷，仍然向消费者提供，造成消费者或者其他受害人死亡或者健康严重损害的，受害人有权要求经营者依照本法第四十九条、第五十一条等法律规定赔偿损失，并有权要求所受损失二倍以下的惩罚性赔偿。

第五十六条 经营者有下列情形之一，除承担相应的民事责任外，其他有关法律、法规对处罚机关和处罚方式有规定的，依照法律、法规的规定执行；法律、法规未作规定的，由工商行政管理部门或者其他有关行政部门责令改正，可以根据情节单处或者并处警告、没收违法所得、处以违法所得一倍以上十倍以下的罚款，没有违法所得的，处以五十万元以下的罚款；情节严重的，责令停业整顿、吊销营业执照：

（一）提供的商品或者服务不符合保障人身、财产安全要求的；

（二）在商品中掺杂、掺假，以假充真，以次充好，或者以不合格商品冒充合格商品的；

（三）生产国家明令淘汰的商品或者销售失效、变质的商品的；

（四）伪造商品的产地，伪造或者冒用他人的厂名、厂址，篡改生产日期，伪造或者冒用认证标志等质量标志的；

（五）销售的商品应当检验、检疫而未检验、检疫或者伪造检验、检疫结果的；

（六）对商品或者服务作虚假或者引人误解的宣传的；

（七）拒绝或者拖延有关行政部门责令对缺陷商品或者服务采取停止销售、警示、召回、无害化处理、销毁、停止生产或者服务等措施的；

（八）对消费者提出的修理、重作、更换、退货、补足商品数量、退还货款和服务费用或者赔偿损失的要求，故意拖延或者无理拒绝的；

（九）侵害消费者人格尊严、侵犯消费者人身自由或者侵害消费者个人信息依法得到保护的权利的；

（十）法律、法规规定的对损害消费者权益应当予以处罚的其他情形。

经营者有前款规定情形的，除依照法律、法规规定予以处罚外，处罚机关应当记入信用档案，向社会公布。

第五十七条 经营者违反本法规定提供商品或者服务，侵害消费者合法权益，构成犯罪的，依法追究刑事责任。

第五十八条 经营者违反本法规定，应当承担民事赔偿责任和缴纳罚款、罚金，其财产不足以同时支付的，先承担民事赔偿责任。

第五十九条 经营者对行政处罚决定不服的，可以依法申请行政复议或者提起行政诉讼。

第六十条 以暴力、威胁等方法阻碍有关行政部门工作人员依法执行职务的，依法追究刑事责任；拒绝、阻碍有关行政部门工作人员依法执行职务，未使用暴力、威胁方法的，由公安机关依照《中华人民共和国治安管理处罚法》的规定处罚。

第六十一条 国家机关工作人员玩忽职守或者包庇经营者侵害消费者合法权益的行为的，由其所在单位或者上级机关给予行政处分；情节严重，构成犯罪的，依法追究刑事责任。

第八章 附　　则

第六十二条 农民购买、使用直接用于农业生产的生产资料，参照本法执行。

第六十三条 本法自 1994 年 1 月 1 日起施行。

最高人民法院关于审理人身损害赔偿案件适用法律若干问题的解释

法释〔2003〕20号

为正确审理人身损害赔偿案件，依法保护当事人的合法权益，根据《中华人民共和国民法通则》（以下简称民法通则）、《中华人民共和国民事诉讼法》（以下简称民事诉讼法）等有关法律规定，结合审判实践，就有关适用法律的问题作如下解释：

第一条 因生命、健康、身体遭受侵害，赔偿权利人起诉请求赔偿义务人赔偿财产损失和精神损害的，人民法院应予受理。

本条所称“赔偿权利人”，是指因侵权行为或者其他致害原因直接遭受人身损害的受害人、依法由受害人承担扶养义务的被扶养人以及死亡受害人的近亲属。

本条所称“赔偿义务人”，是指因自己或者他人的侵权行为以及其他致害原因依法应当承担民事责任的自然人、法人或者其他组织。

第二条 受害人对同一损害的发生或者扩大有故意、过失的，依照民法通则第一百三十一条的规定，可以减轻或者免除赔偿义务人的赔偿责任。但侵权人因故意或者重大过失致人损害，受害人只有一般过失的，不减轻赔偿义务人的赔偿责任。

适用民法通则第一百零六条第三款规定确定赔偿义务人的赔偿责任时，受害人有重大过失的，可以减轻赔偿义务人的赔偿责任。

第三条 二人以上共同故意或者共同过失致人损害，或者虽无共同故意、共同过失，但其侵害行为直接结合发生同一损害后果的，构成共同侵权，应当依照民法通则第一百三十条规定承担连带责任。

二人以上没有共同故意或者共同过失，但其分别实施的数个行为间接结合发生同一损害后果的，应当根据过失大小或者原因力比例各自承担相应的赔偿责任。

第四条 二人以上共同实施危及他人人身安全的行为并造成损害后果，不能确定实际侵害行为人的，应当依照民法通则第一百三十条规定承担连带

责任。共同危险行为人能够证明损害后果不是由其行为造成的，不承担赔偿责任。

第五条 赔偿权利人起诉部分共同侵权人的，人民法院应当追加其他共同侵权人作为共同被告。赔偿权利人在诉讼中放弃对部分共同侵权人的诉讼请求的，其他共同侵权人对被放弃诉讼请求的被告应当承担的赔偿份额不承担连带责任。责任范围难以确定的，推定各共同侵权人承担同等责任。

人民法院应当将放弃诉讼请求的法律后果告知赔偿权利人，并将放弃诉讼请求的情况在法律文书中叙明。

第六条 从事住宿、餐饮、娱乐等经营活动或者其他社会活动的自然人、法人、其他组织，未尽合理限度范围内的安全保障义务致使他人遭受人身损害，赔偿权利人请求其承担相应赔偿责任的，人民法院应予支持。

因第三人侵权导致损害结果发生的，由实施侵权行为的第三人承担赔偿责任。安全保障义务人有过错的，应当在其能够防止或者制止损害的范围内承担相应的补充赔偿责任。安全保障义务人承担责任后，可以向第三人追偿。赔偿权利人起诉安全保障义务人的，应当将第三人作为共同被告，但第三人不能确定的除外。

第七条 对未成年人依法负有教育、管理、保护义务的学校、幼儿园或者其他教育机构，未尽职责范围内的相关义务致使未成年人遭受人身损害，或者未成年人致他人人身损害的，应当承担与其过错相应的赔偿责任。

第三人侵权致未成年人遭受人身损害的，应当承担赔偿责任。学校、幼儿园等教育机构有过错的，应当承担相应的补充赔偿责任。

第八条 法人或者其他组织的法定代表人、负责人以及工作人员，在执行职务中致人损害的，依照民法通则第一百二十一条的规定，由该法人或者其他组织承担民事责任。上述人员实施与职务无关的行为致人损害的，应当由行为人承担赔偿责任。

属于《国家赔偿法》赔偿事由的，依照《国家赔偿法》的规定处理。

第九条 雇员在从事雇佣活动中致人损害的，雇主应当承担赔偿责任；雇员因故意或者重大过失致人损害的，应当与雇主承担连带赔偿责任。雇主承担连带赔偿责任的，可以向雇员追偿。

前款所称“从事雇佣活动”，是指从事雇主授权或者指示范围内的生产经营活动或者其他劳务活动。雇员的行为超出授权范围，但其表现形式是履行职务或者与履行职务有内在联系的，应当认定为“从事雇佣活动”。

第十条 承揽人在完成工作过程中对第三人造成损害或者造成自身损害

的，定作人不承担赔偿责任。但定作人对定作、指示或者选任有过失的，应当承担相应的赔偿责任。

第十一条 雇员在从事雇佣活动中遭受人身损害，雇主应当承担赔偿责任。雇佣关系以外的第三人造成雇员人身损害的，赔偿权利人可以请求第三人承担赔偿责任，也可以请求雇主承担赔偿责任。雇主承担赔偿责任后，可以向第三人追偿。

雇员在从事雇佣活动中因安全生产事故遭受人身损害，发包人、分包人知道或者应当知道接受发包或者分包业务的雇主没有相应资质或者安全生产条件的，应当与雇主承担连带赔偿责任。

属于《工伤保险条例》调整的劳动关系和工伤保险范围的，不适用本条规定。

第十二条 依法应当参加工伤保险统筹的用人单位的劳动者，因工伤事故遭受人身损害，劳动者或者其近亲属向人民法院起诉请求用人单位承担民事赔偿责任的，告知其按《工伤保险条例》的规定处理。

因用人单位以外的第三人侵权造成劳动者人身损害，赔偿权利人请求第三人承担民事赔偿责任的，人民法院应予支持。

第十三条 为他人无偿提供劳务的帮工人，在从事帮工活动中致人损害的，被帮工人应当承担赔偿责任。被帮工人明确拒绝帮工的，不承担赔偿责任。帮工人存在故意或者重大过失，赔偿权利人请求帮工人和被帮工人承担连带责任的，人民法院应予支持。

第十四条 帮工人因帮工活动遭受人身损害的，被帮工人应当承担赔偿责任。被帮工人明确拒绝帮工的，不承担赔偿责任；但可以在受益范围内予以适当补偿。

帮工人因第三人侵权遭受人身损害的，由第三人承担赔偿责任。第三人不能确定或者没有赔偿能力的，可以由被帮工人予以适当补偿。

第十五条 为维护国家、集体或者他人的合法权益而使自己受到人身损害，因没有侵权人、不能确定侵权人或者侵权人没有赔偿能力，赔偿权利人请求受益人在受益范围内予以适当补偿的，人民法院应予支持。

第十六条 下列情形，适用民法通则第一百二十六条的规定，由所有人或者管理人承担赔偿责任，但能够证明自己没有过错的除外：

（一）道路、桥梁、隧道等人工建造的构筑物因维护、管理瑕疵致人损害的；

（二）堆放物品滚落、滑落或者堆放物倒塌致人损害的；

（三）树木倾倒、折断或者果实坠落致人损害的。

前款第（一）项情形，因设计、施工缺陷造成损害的，由所有人、管理人与设计、施工者承担连带责任。

第十七条 受害人遭受人身损害，因就医治疗支出的各项费用以及因误工减少的收入，包括医疗费、误工费、护理费、交通费、住宿费、住院伙食补助费、必要的营养费，赔偿义务人应当予以赔偿。

受害人因伤致残的，其因增加生活上需要所支出的必要费用以及因丧失劳动能力导致的收入损失，包括残疾赔偿金、残疾辅助器具费、被扶养人生活费，以及因康复护理、继续治疗实际发生的必要的康复费、护理费、后续治疗费，赔偿义务人也应当予以赔偿。

受害人死亡的，赔偿义务人除应当根据抢救治疗情况赔偿本条第一款规定的相关费用外，还应当赔偿丧葬费、被扶养人生活费、死亡补偿费以及受害人亲属办理丧葬事宜支出的交通费、住宿费和误工损失等其他合理费用。

第十八条 受害人或者死者近亲属遭受精神损害，赔偿权利人向人民法院请求赔偿精神损害抚慰金的，适用《最高人民法院关于确定民事侵权精神损害赔偿责任若干问题的解释》予以确定。

精神损害抚慰金的请求权，不得让与或者继承。但赔偿义务人已经以书面方式承诺给予金钱赔偿，或者赔偿权利人已经向人民法院起诉的除外。

第十九条 医疗费根据医疗机构出具的医药费、住院费等收款凭证，结合病历和诊断证明等相关证据确定。赔偿义务人对治疗的必要性和合理性有异议的，应当承担相应的举证责任。

医疗费的赔偿数额，按照一审法庭辩论终结前实际发生的数额确定。器官功能恢复训练所必要的康复费、适当的整容费以及其他后续治疗费，赔偿权利人可以待实际发生后另行起诉。但根据医疗证明或者鉴定结论确定必然发生的费用，可以与已经发生的医疗费一并予以赔偿。

第二十条 误工费根据受害人的误工时间和收入状况确定。

误工时间根据受害人接受治疗的医疗机构出具的证明确定。受害人因伤致残持续误工的，误工时间可以计算至定残日前一天。

受害人有固定收入的，误工费按照实际减少的收入计算。受害人无固定收入的，按照其最近三年的平均收入计算；受害人不能举证证明其最近三年的平均收入状况的，可以参照受诉法院所在地相同或者相近行业上一年度职工的平均工资计算。

第二十一条 护理费根据护理人员的收入状况和护理人数、护理期限确定。

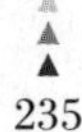

护理人员有收入的，参照误工费的规定计算；护理人员没有收入或者雇佣护工的，参照当地护工从事同等级别护理的劳务报酬标准计算。护理人员原则上为一人，但医疗机构或者鉴定机构有明确意见的，可以参照确定护理人员人数。

护理期限应计算至受害人恢复生活自理能力时止。受害人因残疾不能恢复生活自理能力的，可以根据其年龄、健康状况等因素确定合理的护理期限，但最长不超过二十年。

受害人定残后的护理，应当根据其护理依赖程度并结合配制残疾辅助器具的情况确定护理级别。

第二十二条 交通费根据受害人及其必要的陪护人员因就医或者转院治疗实际发生的费用计算。交通费应当以正式票据为凭；有关凭据应当与就医地点、时间、人数、次数相符合。

第二十三条 住院伙食补助费可以参照当地国家机关一般工作人员的出差伙食补助标准予以确定。

受害人确有必要到外地治疗，因客观原因不能住院，受害人本人及其陪护人员实际发生的住宿费和伙食费，其合理部分应予赔偿。

第二十四条 营养费根据受害人伤残情况参照医疗机构的意见确定。

第二十五条 残疾赔偿金根据受害人丧失劳动能力程度或者伤残等级，按照受诉法院所在地上一年度城镇居民人均可支配收入或者农村居民人均纯收入标准，自定残之日起按二十年计算。但六十周岁以上的，年龄每增加一岁减少一年；七十五周岁以上的，按五年计算。

受害人因伤致残但实际收入没有减少，或者伤残等级较轻但造成职业妨害严重影响其劳动就业的，可以对残疾赔偿金作相应调整。

第二十六条 残疾辅助器具费按照普通适用器具的合理费用标准计算。伤情有特殊需要的，可以参照辅助器具配制机构的意见确定相应的合理费用标准。

辅助器具的更换周期和赔偿期限参照配制机构的意见确定。

第二十七条 丧葬费按照受诉法院所在地上一年度职工月平均工资标准，以六个月总额计算。

第二十八条 被扶养人生活费根据扶养人丧失劳动能力程度，按照受诉法院所在地上一年度城镇居民人均消费性支出和农村居民人均年生活消费支出标准计算。被扶养人为未成年人的，计算至十八周岁；被扶养人无劳动能力又无其他生活来源的，计算二十年。但六十周岁以上的，年龄每增加一岁减少一年；七十五周岁以上的，按五年计算。

被扶养人是指受害人依法应当承担扶养义务的未成年人或者丧失劳动能力又无其他生活来源的成年近亲属。被扶养人还有其他扶养人的，赔偿义务人只赔偿受害人依法应当负担的部分。被扶养人有数人的，年赔偿总额累计不超过上一年度城镇居民人均消费性支出额或者农村居民人均年生活消费支出额。

第二十九条 死亡赔偿金按照受诉法院所在地上一年度城镇居民人均可支配收入或者农村居民人均纯收入标准，按二十年计算。但六十周岁以上的，年龄每增加一岁减少一年；七十五周岁以上的，按五年计算。

第三十条 赔偿权利人举证证明其住所地或者经常居住地城镇居民人均可支配收入或者农村居民人均纯收入高于受诉法院所在地标准的，残疾赔偿金或者死亡赔偿金可以按照其住所地或者经常居住地的相关标准计算。

被扶养人生活费的相关计算标准，依照前款原则确定。

第三十一条 人民法院应当按照民法通则第一百三十一条以及本解释第二条的规定，确定第十九条至第二十九条各项财产损失的实际赔偿金额。

前款确定的物质损害赔偿金与按照第十八条第一款规定确定的精神损害抚慰金，原则上应当一次性给付。

第三十二条 超过确定的护理期限、辅助器具费给付年限或者残疾赔偿金给付年限，赔偿权利人向人民法院起诉请求继续给付护理费、辅助器具费或者残疾赔偿金的，人民法院应予受理。赔偿权利人确需继续护理、配制辅助器具，或者没有劳动能力和生活来源的，人民法院应当判令赔偿义务人继续给付相关费用五至十年。

第三十三条 赔偿义务人请求以定期金方式给付残疾赔偿金、被扶养人生活费、残疾辅助器具费的，应当提供相应的担保。人民法院可以根据赔偿义务人的给付能力和提供担保的情况，确定以定期金方式给付相关费用。但一审法庭辩论终结前已经发生的费用、死亡赔偿金以及精神损害抚慰金，应当一次性给付。

第三十四条 人民法院应当在法律文书中明确定期金的给付时间、方式以及每期给付标准。执行期间有关统计数据发生变化的，给付金额应当适时进行相应调整。

定期金按照赔偿权利人的实际生存年限给付，不受本解释有关赔偿期限的限制。

第三十五条 本解释所称“城镇居民人均可支配收入”、“农村居民人均纯收入”、“城镇居民人均消费性支出”、“农村居民人均年生活消费支出”、“职工平均工资”，按照政府统计部门公布的各省、自治区、直辖市以

及经济特区和计划单列市上一年度相关统计数据确定。

"上一年度"，是指一审法庭辩论终结时的上一统计年度。

第三十六条 本解释自2004年5月1日起施行。2004年5月1日后新受理的一审人身损害赔偿案件，适用本解释的规定。已经作出生效裁判的人身损害赔偿案件依法再审的，不适用本解释的规定。

在本解释公布施行之前已经生效施行的司法解释，其内容与本解释不一致的，以本解释为准。

最高人民法院关于确定民事侵权精神损害赔偿责任若干问题的解释

法释〔2001〕7号

为在审理民事侵权案件中正确确定精神损害赔偿责任，根据《中华人民共和国民法通则》等有关法律规定，结合审判实践经验，对有关问题作如下解释：

第一条 自然人因下列人格权利遭受非法侵害，向人民法院起诉请求赔偿精神损害的，人民法院应当依法予以受理：

（一）生命权、健康权、身体权；

（二）姓名权、肖像权、名誉权、荣誉权；

（三）人格尊严权、人身自由权。

违反社会公共利益、社会公德侵害他人隐私或者其他人格利益，受害人以侵权为由向人民法院起诉请求赔偿精神损害的，人民法院应当依法予以受理。

第二条 非法使被监护人脱离监护，导致亲子关系或者近亲属间的亲属关系遭受严重损害，监护人向人民法院起诉请求赔偿精神损害的，人民法院应当依法予以受理。

第三条 自然人死亡后，其近亲属因下列侵权行为遭受精神痛苦，向人民法院起诉请求赔偿精神损害的，人民法院应当依法予以受理：

（一）以侮辱、诽谤、贬损、丑化或者违反社会公共利益、社会公德的其他方式，侵害死者姓名、肖像、名誉、荣誉；

（二）非法披露、利用死者隐私，或者以违反社会公共利益、社会公德的其他方式侵害死者隐私；

（三）非法利用、损害遗体、遗骨，或者以违反社会公共利益、社会公德的其他方式侵害遗体、遗骨。

第四条 具有人格象征意义的特定纪念物品，因侵权行为而永久性灭失或者毁损，物品所有人以侵权为由，向人民法院起诉请求赔偿精神损害的，人民法院应当依法予以受理。

第五条 法人或者其他组织以人格权利遭受侵害为由，向人民法院起诉请求赔偿精神损害的，人民法院不予受理。

第六条 当事人在侵权诉讼中没有提出赔偿精神损害的诉讼请求，诉讼终结后又基于同一侵权事实另行起诉请求赔偿精神损害的，人民法院不予受理。

第七条 自然人因侵权行为致死，或者自然人死亡后其人格或者遗体遭受侵害，死者的配偶、父母和子女向人民法院起诉请求赔偿精神损害的，列其配偶、父母和子女为原告；没有配偶、父母和子女的，可以由其他近亲属提起诉讼，列其他近亲属为原告。

第八条 因侵权致人精神损害，但未造成严重后果，受害人请求赔偿精神损害的，一般不予支持，人民法院可以根据情形判令侵权人停止侵害、恢复名誉、消除影响、赔礼道歉。

因侵权致人精神损害，造成严重后果的，人民法院除判令侵权人承担停止侵害、恢复名誉、消除影响、赔礼道歉等民事责任外，可以根据受害人一方的请求判令其赔偿相应的精神损害抚慰金。

第九条 精神损害抚慰金包括以下方式：

（一）致人残疾的，为残疾赔偿金；

（二）致人死亡的，为死亡赔偿金；

（三）其他损害情形的精神抚慰金。

第十条 精神损害的赔偿数额根据以下因素确定：

（一）侵权人的过错程度，法律另有规定的除外；

（二）侵害的手段、场合、行为方式等具体情节；

（三）侵权行为所造成的后果；

（四）侵权人的获利情况；

（五）侵权人承担责任的经济能力；

（六）受诉法院所在地平均生活水平。

法律、行政法规对残疾赔偿金、死亡赔偿金等有明确规定的，适用法律、行政法规的规定。

第十一条 受害人对损害事实和损害后果的发生有过错的，可以根据其过错程度减轻或者免除侵权人的精神损害赔偿责任。

第十二条 在本解释公布施行之前已经生效施行的司法解释，其内容有与本解释不一致的，以本解释为准。

参考书目

1. 奚晓明主编：《中华人民共和国侵权责任法条文理解与适用》，人民法院出版社 2010 年版。
2. 郭卫华、常鹏翱编著：《人身权法典型判例研究》，人民法院出版社 2002 年版。
3. 蔡永民、李功国、贾登勋主编：《民法学》，人民法院出版社、中国社会科学出版社 2006 年版。
4. 吴在存、刘玉民、马军编著：《民事审判技能》，中国民主法制出版社 2013 年版。
5. 鲁为主编：《人身损害赔偿纠纷诉讼指引与实务解答》，法律出版社 2014 年版。
6. 鲁为主编：《医疗损害责任纠纷诉讼指引与实务解答》，法律出版社 2014 年版。
7. 李克、宋才发主编：《精神损害赔偿》，人民法院出版社 2006 年版。
8. 周信、宋才发主编：《最新人身侵权疑难案例解析》，南海出版公司 2006 年版。
9. 宋才发、刘玉民主编：《大众维权 600 问——民事卷》，中国发展出版社 2006 年版。
10. 宋才发、刘玉民主编：《大众维权 600 问——商事行政卷》，中国发展出版社 2006 年版。